★문제 해결 진행은 이렇게 해요!★

완성된 자동차 로봇 미리 보기 ▶ 해결할 문제 확인하기 ▶ 로봇 조립하기 ▶ 모터와 센서 연결하기 ▶ 문제 분석 및 해결 전략 세우기 ▶ 프로그래밍하여 실행하기

## PART 3 | EV3 창작 프로젝트(기본)

EV3 기본 코어 세트(45544)를 이용하여 줄넘기 로봇, 움직이는     로봇, 밀당 로봇, 격투 로봇, 시간 예측 로봇, 기억력 게임 로봇, 깃발 들기 로봇          만들고, 각각의 로봇 이 주어진 문제를 해결할 수 있도록 엔트리          을 배워 다양한 프 로젝트를 재구성하는 능력을 키웁니다.

★문제 해결 진행은 이렇게 해요!★

완성된 로봇 미리 보기 ▶ 해결할 문제 확인하기 ▶ 로봇 조립하기 ▶    센서 연결하기 ▶ 문제 분석 및 문제 나누기 ▶ 나눈 문제, 해결 전략 세우기 ▶ 프로그래밍하여 실행하기

## PART 4 | EV3 창작 프로젝트(확장)

확장 세트(45560)를 추가하여 탁구공 슈팅기와 저금통을 만들고, 프로그램으로 각 로봇을 조종 하여 문제를 해결하는 방법을 배워 실력을 한 단계 향상시킵니다.

★문제 해결 진행은 이렇게 해요!★

완성된 로봇 미리 보기 ▶ 해결할 문제 확인하기 ▶ 로봇 조립하기 ▶ 모터와 센서 연결하기 ▶ 문제 분석 및 문제 나누기 ▶ 나눈 문제, 해결 전략 세우기 ▶ 프로그래밍하여 실행하기

학생들이 단계별로 따라 하면서 배우다 보면, 단지 생각 속에만 있던 로봇을 직접 디자인하여 만들고, 그것을 원하는 방향으로 동작할 수 있게 하는 프로그래밍 실력도 쌓을 수 있을 것입니다.

끝으로 이 책의 출간을 위해 같이 노력하고 검토해 주신 양미연 선생님, 놀라운 창의력과 아이 디어로 하드웨어 창작에 도움을 준 '인하로보' 1기부터 현재까지의 학생들, 특히 졸업 후에도 즐겁 게 달려와 도움을 준 서용준 학생, 홍우진 학생, 끝으로 삼양미디어의 편집진께도 감사드립니다.

저자

# 구성과 특징

이 책은 일상생활에서 발생하는 다양한 문제를 로봇이 해결할 수 있도록 필요한 로봇을 조립하고 프로그래밍하는 방법을 익혀, 다양한 창작 활동을 할 수 있게 구성하였습니다.

**|단원 소개|** 이 단원에서 학습할 내용을 미리 짚어 볼 수 있습니다.

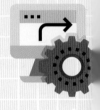

**P·A·R·T**
**2**

## EV3 자동차 로봇 주행하기

01 EV3 자동차 움직이기
02 버튼을 이용하여 로봇 제어하기
03 초음파 센서를 이용하여 장애물 피하기
04 컬러 센서를 이용하여 라인 트레이싱하기

**• 이번 단원에서는 무엇을 배우나요?**
자동차 로봇을 만들고 원하는 방향으로 움직이는 방법에 대해 알아봅니다. 또한 터치 센서, 초음파 센서, 컬러 센서를 이용하여 자동차 로봇을 제어하는 방법에 대해 알아봅니다.

**• 준비 도구 •**

**|준비 도구|**
이 단원에서 필요한 준비 도구가 무엇인지 알기 쉽게 이미지로 보여 줍니다.

**|생각 열기|** 문제 해결에 필요한 로봇과 해결할 문제를 알아봄으로써, 자연스럽게 배울 내용에 흥미를 느끼도록 하였습니다.

조립 난이도 기본  프로그램 난이도 기본

**CHAPTER**
**01** **EV3 자동차 움직이기**

제공된 조립도를 보고 기본 자동차 로봇을 조립한 후, 센서와 모터를 선으로 연결하여 원하는 방향으로 움직여 봅시다.

완성된 로봇

**1 >> 조립하기**

자동차 로봇을 만들어 봅시다.

❶ LDD 조립도 프로그램을 실행하여 아래와 같이 5개의 모듈을 만들어 놓습니다.

**|로봇 조립하기|**
조립도를 보면서 문제 해결에 필요한 로봇을 쉽게 조립할 수 있습니다.

해결할 문제
문제를 해결하면서 프로그램 방법을 익혀 봅시다.

**| 문제 분석 및 해결 전략 세우기 |** 문제를 분석한 후 필요에 따라 작은 문제로 나눈 다음, 각 문제에서 할 일을 구체적으로 설계하도록 하였습니다.

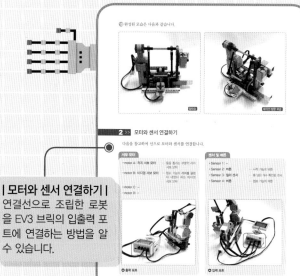

**| 모터와 센서 연결하기 |**
연결선으로 조립한 로봇을 EV3 브릭의 입출력 포트에 연결하는 방법을 알 수 있습니다.

**| 프로그래밍 언어 |** 엔트리와 ROBOTC 중 원하는 프로그래밍 언어로 문제를 해결할 수 있도록 하였습니다.

**| 따라 하면서 코딩하기 |**
조립한 로봇을 직접 조종하여 문제를 해결할 수 있도록 필요한 명령어들을 순서대로 나열하는 과정을 따라 하면서 프로그래밍을 익히고, 프로그램을 완성할 수 있도록 하였습니다.

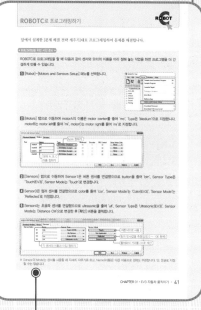

**| 프로그래밍을 위한 사전 준비 & Tip |** 문제 해결에 필요한 명령 혹은 장치들에 대한 설명을 적시적소에 배치하고 설명해 줌으로써 학습 능률을 높였습니다.

# CONTENTS
# 차 례

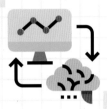

## P·A·R·T 1
## EV3 이해 및 설치

## P·A·R·T 2
## EV3 자동차 로봇 주행하기

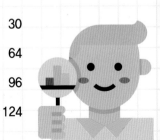

## P·A·R·T

# 3

## EV3 창작 프로젝트 (기본)

## P·A·R·T

# 4

## EV3 창작 프로젝트 (확장)

★부록★

도로주행 맵

P·A·R·T

# 1

# EV3
# 이해 및 설치

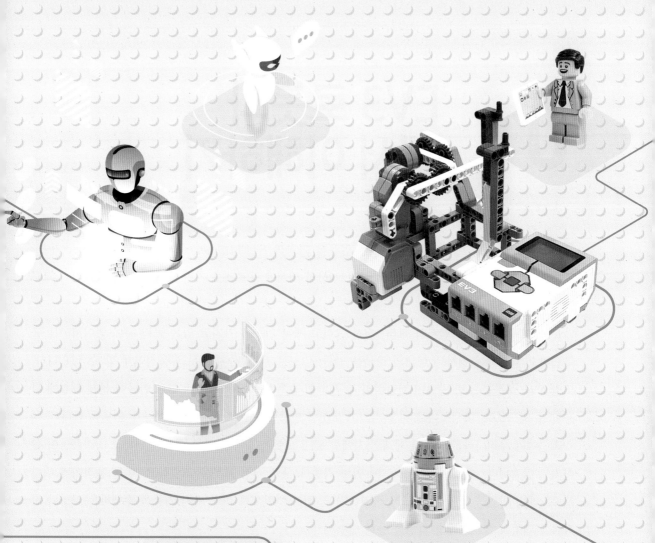

## ●이번 단원에서는 무엇을 배우나요?●

EV3 로봇과 함께 제공되는 센서에 대해 알아보고, 로봇을 원하는 대로 움직이면서 주어진 문제를 해결할 때 필요한 프로그래밍 언어인 '엔트리'와 'ROBOTC'를 다운로드하여 설치하는 방법을 알아봅니다. 또한 EV3 로봇을 조립할 때 필요한 조립도 프로그램인 'LDD(Lego Digital Designer)'를 설치하고, 조립 방법을 알아봅니다.

### ●준비 도구●

| EV3 45544 세트 |

엔트리 오프라인 프로그램

| 엔트리 오프라인 프로그램 |

ROBOTC for LEGO MINDSTORMS
Platforms: EV3, NXT
Version: 4.56
Date Posted: August 16, 2017

| ROBOTC 프로그램 |

LEGO Digital Designer 4.3

>> A FREE APPLICATION <<
For Windows PC & Mac OSX

DOWNLOAD LDD 4.3

| LDD 프로그램 |

# EV3 로봇과 센서 이해하기

레고 마인드스톰 에듀케이션 EV3는 컴퓨터 과학과 STEM(Science(과학), Technology(기술), Engineering(공학), Maths(수학)의 융합 교육)의 세계에 프로젝트 기반 학습이 접목된 획기적 교구입니다.

EV3 교구에는 각종 센서와 모터, 전선 그리고 제어 기능을 가지고 있는 브릭 등이 있어서 이들을 조립하고 연결하여 원하는 형태의 로봇을 만들고, 프로그래밍하여 로봇을 움직이게 할 수 있습니다. 또한 EV3 로봇은 조립 방법이 간단하여 누구나 쉽게 특정 동작을 하는 로봇을 만들어 문제 해결에 활용할 수 있으므로, 학생들이 흥미를 가지고 로봇을 활용한 SW 교육에 푹 빠져들 수 있도록 합니다.

최근에는 우리나라뿐 아니라 세계 각지에서 EV3 로봇을 활용한 각종 대회가 열리고 창작품들이 쏟아지고 있습니다. 이 책에서는 EV3에 있는 각종 교구로 직접 로봇을 조립하고, 이를 움직이기 위한 프로그래밍 방법을 익힐 수 있도록 하였습니다. 이를 기반으로 여러 가지 기능을 수행하는 다양한 창작물을 만들고 프로그래밍 과정을 통해 실행해 봄으로써, 창의력뿐 아니라 문제 해결력을 키우고 사고력을 확장할 수 있도록 하였습니다.

이 책에서 사용할 EV3 코어 세트(45544)에는 로봇 제작에 필요한 인텔리전트 EV3 브릭(이하 EV3 브릭이라 칭함)과 함께 라지 서보 모터 2개, 미디엄 서보 모터 1개, 센서 5개(터치 2개, 초음파, 컬러, 자이로), 충전식 배터리와 각종 부품 541개 등이 들어 있으므로, 문제 상황에 맞게 로봇을 직접 디자인하고 조립하여 다양한 창작물을 만들어 활용해 보는 시간을 갖도록 합니다.

● EV3 코어 세트(45544) 로봇 제작에 필요한 각종 모터와 센서, 기어, 바퀴와 축, 전선 그리고 여러 가지 교구를 연결하고 제어할 때 필요한 컨트롤러인 EV3 브릭을 제공합니다.

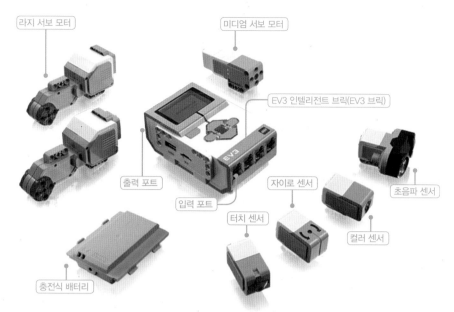

라지 서보 모터

미디엄 서보 모터

EV3 인텔리전트 브릭(EV3 브릭)

출력 포트

입력 포트

자이로 센서

초음파 센서

터치 센서

컬러 센서

충전식 배터리

🔺 EV3 브릭과 각종 모터 및 센서들을 연결한 모습

## 1 >> EV3 브릭 이해하기

제어 기능을 가지고 있는 EV3 브릭은 리눅스 기반의 운영 체제를 사용하고 있으며, 기본 하드웨어 사양은 ARM 9 프로세서 300MHz, 16MB 플래시 메모리, 64MB RAM으로 구성되어 있습니다. EV3 브릭에는 센서나 모터와 같이 여러 종류의 장치를 연결하여 사용 할 수 있도록 여러 개의 포트가 있습니다.

EV3 브릭의 정면을 살펴보면 다음과 같이 다양한 기능을 수행하는 6개의 버튼이 있고, LCD 창에는 여러 가지 기능을 수행하는 메뉴가 나옵니다.

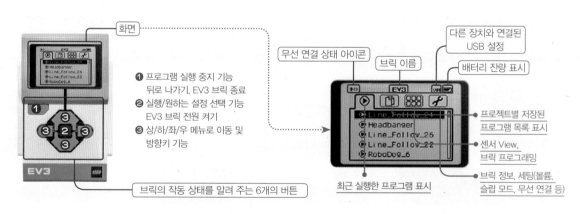

화면

❶ 프로그램 실행 중지 기능
  뒤로 나가기, EV3 브릭 종료
❷ 실행/원하는 설정 선택 기능
  EV3 브릭 전원 켜기
❸ 상/하/좌/우 메뉴로 이동 및
  방향키 기능

브릭의 작동 상태를 알려 주는 6개의 버튼

무선 연결 상태 아이콘

브릭 이름

다른 장치와 연결된 USB 설정

배터리 잔량 표시

프로젝트별 저장된 프로그램 목록 표시

센서 View, 브릭 프로그래밍

브릭 정보, 세팅(볼륨, 슬립 모드, 무선 연결 등)

최근 실행한 프로그램 표시

🔺 EV3 브릭의 정면 구성 요소

또한 EV3 브릭에는 각종 센서를 연결하여 외부 자료를 수집할 때 사용하는 입력 포트와 다양한 모터를 연결하여 명령을 수행할 때 사용하는 출력 포트, 컴퓨터에서 작성한 프로그램을 EV3로 저장하거나 호스트 EV3의 명령을 받아 구동할 때 사용하는 PC 포트가 있습니다. 이외에도 USB와 SD 슬롯 등이 있습니다.

입력 포트(자료 수집)
입력 포트 1, 2, 3, 4는
다양한 센서를 EV3 브
릭에 연결하는 데 사용

PC 포트(미니 USB PC 포트)
EV3 브릭을 컴퓨터에 연결하는 데 사용

출력 포트(명령 실행)
출력 포트 A, B, C, D는 다양한 모터를
EV3 브릭에 연결하는 데 사용

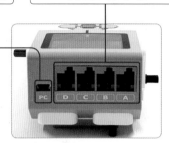

SD 카드 포트
최대 32GB의 SD
카드를 삽입하여
메모리 공간을 늘
릴 수 있음

스피커
EV3의 모든 소리를 출
력하는 스피커, 로봇을
만들 때 스피커가 가려
지면 소리가 작아질 수
있으므로 주의할 것

USB 호스트 포트
무선 네트워크 연결을 위한 USB Wi-Fi 동글을 추가하거나
데이지 체인(최대 4개의 EV3 브릭을 연결)에 사용

🔺 EV3 브릭의 측면 구성 요소

## 2 >> 출력 포트에 연결하는 서보 모터 이해하기

EV3 코어 세트에서는 라지 서보 모터와 미디엄 서보 모터를 제공합니다. 서보 모터는 브릭의 위쪽에 있는 4개의 출력 포트 A~D에 연결하여 모터의 신호값을 출력하는 데, 한번에 최대 4개까지 연결하여 사용할 수 있습니다.

### ●라지 서보 모터와 미디엄 서보 모터

라지 서보 모터

최대 파워에서 160
~170RPM을 출력
하며, 20Ncm의 기동
토크 및 40Ncm 스
톨 토크로 구동됩니
다. 이때 시계 방향으
로 회전하는 것을 정
회전(+ 파워), 반시계
방향으로 회전하는
것을 역회전(- 파워)
이라고 합니다.

미디엄 서보 모터

최대 파워에서 240
~250RPM을 출력
하며, 8Ncm의 기동
토크 및 12Ncm 스
톨 토크로 구동됩니
다. 이때 시계 방향으
로 회전하는 것을 정
회전(+ 파워), 반시계
방향으로 회전하는
것을 역회전(- 파워)
이라고 합니다.

※ RPM(Revolutions Per Minute)은 분당 회전수를 말합니다.

EV3 코어 세트에서는 터치 센서 2개, 초음파 센서, 컬러 센서, 자이로 센서와 같이 5개의 센서를 제공합니다. 센서들은 브릭의 아래쪽에 있는 숫자 1~4가 적힌 입력 포트에 연결하여 신호값을 입력받아 자료를 수집합니다. 그리고 센서는 총 4개까지 연결하여 사용할 수 있습니다.

### ❶ 터치 센서

터치 센서는 스프링으로 연결된 가운데 버튼이 눌렸는지의 여부를 알려 주는 가장 간단한 센서로, 스위치 또는 버튼 등의 이름으로도 불립니다. 이 센서가 사용된 물품은 우리 주변에서 쉽게 찾아볼 수 있는데 키보드, 마우스, 전등 스위치, 스마트폰 버튼 등이 있습니다. 터치 센서는 주로 장애물 유무를 판별하는 프로그램이나 특정 작업을 시작하기 위한 준비를 할 때 많이 사용합니다.

🔺 터치 센서

| 눌림 | 눌리지 않음 | 누름 횟수(눌렀다가 떼어짐) |

🔺 **세 가지 모드로 구성된 터치 센서** 빨간색 버튼 안쪽에 스프링으로 연결되어 있으며, 평소에는 전기가 흐르지 않다가 버튼을 누르면 전기가 흐르면서 버튼이 눌렸는지 혹은 눌리지 않았는지를 감지합니다.

### ❷ 초음파 센서

초음파 센서는 사람의 눈처럼 생긴 외형을 하고 있으며, 고주파를 내보내면 이것이 반사되어 되돌아오는 시간을 측정하여 물체까지의 거리를 감지합니다. 장애물과의 거리는 inch, cm 단위로 측정할 수 있지만, 우리나라에서는 주로 cm를 사용합니다.

🔺 **초음파 센서** 거리 측정, 두께, 물체의 움직임 감지 등을 자동으로 인식합니다.

초음파 센서의 한쪽 원형에서 초음파를 발사하면 장애물에서 반사되는 초음파를 반대편 원형에서 인식하면서 시간차를 이용하여 최대 250cm까지의 거리를 mm 단위로 알려 줍니다. 이때 초음파는 사람이 들을 수 있는 20Hz~20KHz의 주파수(가청 주파수)보다 큰 20kHz 이상의 주파수를 사용합니다. 또한 초음파는 자궁 내 태아 사진, 각종 물품 세척, 거리 탐사 등에 활용되며, 초음파 센서는 자동차 후방 감지, 마트 주차장의 빈자리 검색, 어군 탐지, 속도 측정, 움직

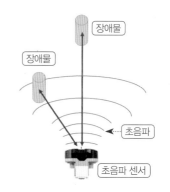

임 감지, 높이 측정 등에 활용되고 있습니다.

초음파 센서는 레이저와 달리 직진성이 좋지 않지만, 15° 정도의 측면에 있는 장애물도 측정할 수 있습니다. 이때 장애물과의 거리가 너무 가까우면 인식이 안 되므로 5cm 이상의 최소 거리를 유지하고, 유효 거리를 200cm 미만으로 하는 것이 좋습니다.

### ③ 컬러 센서

컬러 센서는 EV3에서 가장 활용도가 높은 센서 중 하나로 센서 앞면을 통해 빛의 색이나 감도를 감지합니다. 이 센서는 주변광 모드와 반사광 모드, 컬러 모드와 같이 세 가지 모드로 설정할 수 있습니다.

▲ 컬러 센서

먼저 주변광 모드(ambient light)는 파란색 LED가 나오며 색상과 상관없이 주변의 밝기에 따라 밝으면 100에 가까운 값, 어두우면 0에 가까운 값을 반환합니다. 반사광 모드(reflected)는 빨간색 LED가 나오며, 밝고 어둠을 측정할 수 있는 빛 센서의 역할을 합니다. 또한 현재 측정하고 있는 표면이 빛에 반사되는 정도를 감지하여 어두우면 0, 밝으면 100에 가까운 값을 반환합니다.

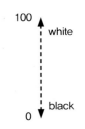

이처럼 컬러 센서로 어두운 영역과 밝은 영역을 구분하기 위해서는 두 영역의 경계로 판단할 수 있는 문턱값을 정해야 하는데, 두 표면의 빛 값을 측정한 후 평균값을 계산하여 사용하는 것이 가장 일반적입니다.

컬러 센서는 RGB LED 색이 나오며, 컬러 모드는 다음과 같이 7개의 컬러색을 판별할 수 있습니다.

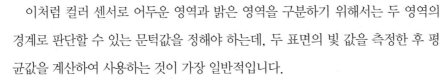

| 숫자 | 1 | 2 | 3 | 4 | 5 | 6 | 7 |
|------|------|------|-------|--------|-----|-------|-------|
| 색상 | Black | Blue | Green | Yellow | Red | White | Brown |

▲ 컬러 모드가 판별할 수 있는 색의 종류

### ④ 자이로 센서

센서 윗부분의 화살표 방향으로 로봇의 기준점인 0도를 중심으로 로봇을 회전하면 몇 도 회전했는지 그리고 로봇의 회전 속도, 즉 각속도 값을 구하는 센서입니다.

▲ 자이로 센서

우측 그림처럼 빨간 점을 중심으로 시계 방향 또는 반시계 방향으로의 회전 여부를 알 수 있습니다. 로봇의 회전 속도는 '시간(초)당 회전하는 각도를 나눈 값(각도/초)'으로, 자이로 센서는 초당 최대 440도를 감지할 수 있습니다.

시계 방향 회전 양의 값(+)    90...°    -90...°    반시계 방향 회전 음의 값(-)

# EV3 로봇과 컴퓨터 연결하기

EV3 로봇과 컴퓨터를 연결할 때 ROBOTC와 엔트리 중 어떤 프로그래밍 언어를 사용할 것인가에 따라 연결하는 방법이 달라질 수 있습니다. 어떻게 다른지 살펴보도록 할까요?

## 1 >> USB 연결선으로 컴퓨터와 EV3 연결하기    <<< ROBOT **ROBOTC의 경우**

EV3 로봇을 움직이기 위해서는 로봇이 수행할 동작들을 컴퓨터에서 프로그래밍하고, EV3와 함께 동봉된 USB 연결선으로 컴퓨터와 연결한 후 작성한 프로그램을 EV3에 다운로드하여 실행해야 합니다.

USB 연결선을 EV3 브릭에 있는 PC 포트에 연결합니다.

USB 반대쪽 핀은 컴퓨터에 있는 USB 포트에 연결합니다.

※ 만약 엔트리로 EV3를 제어할 경우에는 블루투스로 연결하도록 합니다.

## 2 >> 블루투스와 EV3 연결하기    <<< entry **엔트리의 경우**

❶ EV3 로봇의 전원을 켜고 네 번째 탭으로 이동하여 [Bluetooth]를 선택한 후 가운데 선택 버튼을 누릅니다. 그런 다음 위로 이동하여 [Bluetooth]에서 가운데 선택 버튼을 눌러 블루투스를 활성화합니다.

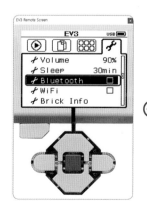

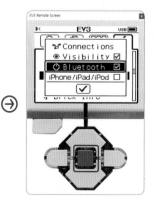

❷ 컴퓨터 모니터의 오른쪽 아래 작업 표시 줄에 있는 🚹(블루투스 장치)를 연 후, 🖳 EV3 연결할 준비가 되었습니다.를 선택하고 [연결] 버튼을 클릭합니다.

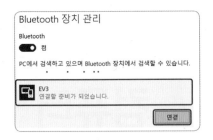

❸ 연결할 컴퓨터의 이름과 함께 "Connect?" 를 묻는 EV3 화면이 나오면, ✔ 버튼으로 이동하여 "PASSKEY" 항목을 선택한 후 비 밀번호(초깃값 1234)를 입력하고 선택 버튼 을 클릭합니다.

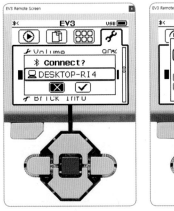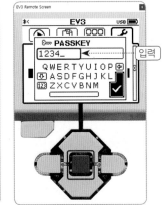

❹ 컴퓨터에서 같은 비밀번호(예 1234)를 입력 하고, [다음] 버튼을 클릭하면 자동으로 필 요한 프로그램을 설치한 후 연결이 완료됩 니다.

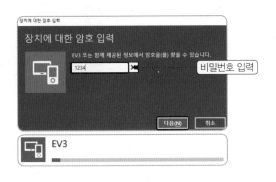

※ 처음 연결될 때 COM 포트를 확인할 수 있습니다. 이는 추 후 엔트리에서 EV3를 연결할 포트이므로 기억해 놓으면 쉽게 연결할 수 있습니다.

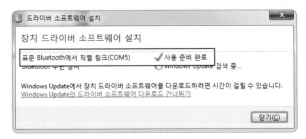

❺ 연결이 완료되면 EV3 화면에 '⟩⟨' 표시가 되 어 블루투스가 연결되었음을 알 수 있습니다.

# 03 엔트리와 ROBOTC 프로그램 설치하기

EV3 로봇을 제어하는 데 필요한 프로그래밍 언어를 다운로드하여 설치합니다. 이때 사용할 프로그래밍 언어, 즉 '엔트리'와 'ROBOTC'는 다음과 같이 각각의 홈페이지에 접속하여 해당 프로그램을 다운로드하여 설치합니다.

## 1 >> 엔트리로 EV3 제어하기

오프라인 상태에서 프로그램을 작성하고 실행하기 위해서는 다음과 같은 절차에 따라 오프라인용 엔트리 프로그램을 다운로드하여 설치합니다.

❶ 엔트리 홈페이지(http://playentry.org)에 접속한 후 왼쪽 위의 [Entry]−[다운로드] 메뉴를 선택합니다.

❷ 자신이 사용하는 컴퓨터 사양과 운영 체제에 맞는 오프라인 버전을 다운로드하여 설치합니다.

**TIP** | 내 컴퓨터 시스템의 사양과 및 운영 체제를 확인하려면?
[제어판]−[시스템 및 보안]−[시스템] 메뉴로 이동하면 확인할 수 있습니다.

❸ 설치가 완료되면 엔트리 오프라인 프로그램을 실행하고, [블록] 탭의 맨 아래 [하드웨어]를 선택한 후 [연결 프로그램 열기]를 클릭합니다.

❹ 엔트리 하드웨어 목록에서 [EV3]를 찾아 선택하고, 연결한 COM 포트를 선택합니다.

※ 앞에서 기억한 COM 포트 번호를 클릭하거나 EV3와 연결된 COM1 포트를 제외하고 순서대로 연결하면서 연결되는 포트를 확인해야 합니다. 한 번 연결된 포트 번호를 계속 사용하며, 연결되기까지 잠시 기다려야 합니다.

❺ 연결이 완료되면 다음과 같이 [연결 성공]으로 확인할 수 있습니다.

※ 이 창을 닫으면 연결이 끊어지므로 함부로 닫지 않도록 주의합니다.

⑥ [하드웨어 연결하기] 버튼을 클릭하면 우측 그림과 같이
EV3와 함께 연동하여 사용할 수 있는 블록들이 [블록 카테
고리]-[하드웨어] 영역에 나타납니다.

2 >> ROBOTC로 EV3 제어하기

다음과 같은 절차에 따라 ROBOTC 프로그램을 다운로드하여 설치합니다.

❶ ROBOTC 홈페이지(http://www.robotc.net/)에 접속한 후 메뉴 중 [Download]-[ROBOTC 4.x
for MINDSTORMS]를 클릭합니다.

❷ 오른쪽 [Download version 4.xx]를 클릭하여 설치 프로그램을 다운로드합니다.

※ 단, 프로그램을 구매하지 않은 경우에는 해당 프로그램을 10일간만 무료
로 사용할 수 있습니다.

❸ 다운로드한 설치 파일을 더블 클릭하여 프로그램을 실행한 후 절차에 따라 프로그램 설치를 진행합니다.

❹ 설치가 완료되면 바탕 화면에 나타나는 바로가기 아이콘 을 더블 클릭하여 프로그램을 실행합니다.

❺ EV3를 사용하기 위해 [Robot]-[Platform Type]-[LEGO Mindstorms EV3] 메뉴를 선택합니다.

❻ 만약 ROBOTC 라이선스가 준비되어 있으면 [Help]-[Add License] 메뉴를 클릭한 후 [Product]에서 'ROBOTC for LEGO MINDSTORMS 4.x'를 선택합니다. 그리고 LicenseID와 Password를 입력한 후 [Activate Online] 버튼을 클릭합니다.

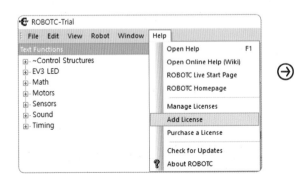

❼ ROBOTC를 사용하기 위해서는 EV3 커널과 펌웨어를 변경해야 합니다. 이를 위해 [Robot]-[Download EV3 Linux Kernel]-[Standard File...] 메뉴를 선택하여 커널을 업데이트합니다. 약 4~5분 정도 소요되며, 계속 ROBOTC를 사용할 경우에는 한 번만 진행합니다.

❽ 펌웨어를 업데이트하기 위해 [Robot]-[Download Firmware]-[Standard File..] 메뉴를 선택하여 업데이트를 진행합니다.

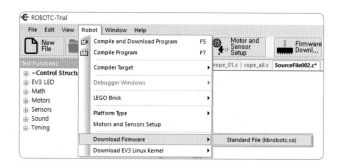

# 04 조립도 프로그램 LDD 사용하기

CHAPTER

EV3로 필요한 로봇을 조립하여 사용하기 위해서는 먼저 LDD 프로그램을 설치한 후, 조립도를 보면서 로봇을 조립합니다.

## 1 >> LDD 설치하기

다음과 같은 절차에 따라 LDD(레고 디지털 디자이너) 프로그램을 다운로드하여 설치합니다.

❶ LEGO LDD 홈페이지(http://www. lego.com/)에 접속한 후 'DOWN LOAD LDD 4.X'를 찾아 클릭합니다.

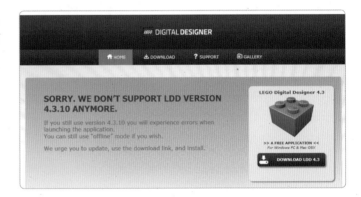

❷ 자신이 사용하는 컴퓨터의 운영 체제에 맞는 프로그램의 [DOWNLOAD NOW] 버튼을 클릭하여 다운로드합니다.

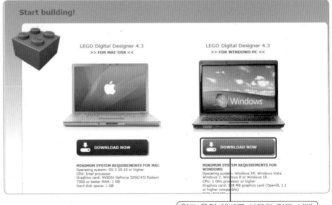

윈도 운영 체제를 사용할 경우 선택

❸ 주의 메시지 화면이 나타나면 [Continue]를 클릭하여 다음으로 이동합니다.

❹ 잠시 기다리면 파일 저장 메시지가 나옵니다. 그러면 파일을 저장한 후 설치 파일을 더블 클릭하여 프로그램 설치를 시작합니다.

❺ [Setup Wizard] 창에서 [Next]를 눌러 다음으로 이동합니다.

❻ 'License Agreement'에서 아래 'I accept the..'를 체크하고, [Next]를 눌러 다음으로 이동합니다.

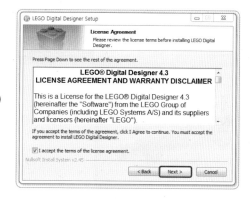

❼ 바로 가기 등의 체크를 확인하고 [Next]를 눌러 다음으로 이동합니다.

❽ 'System requirements check'에서 [Next]를 눌러 다음으로 이동합니다.

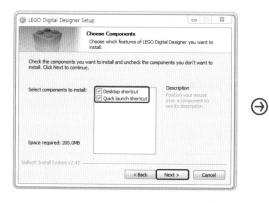
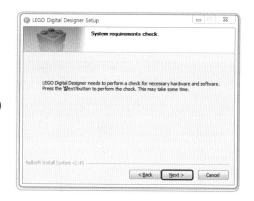

❾ 내 컴퓨터에서 파일이 설치될 위치를 선택한 후 [In
 stall]을 눌러 프로그램 설치를 완료합니다.

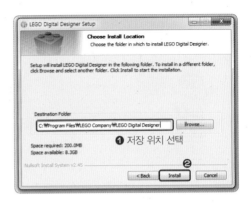

**LDD로 조립도 확인하기**

LDD 프로그램 설치가 완료되었으면 다음과 같은 절차에 따라 조립도를 확인합니다.

❶ 바탕 화면의 바로가기 아이콘 ![](레고 디지털 디자이너)를 더블 클릭하여 프로그램을 실행합니다.
 프로그램이 시작되면, 버튼 또는 [File]-[Open] 메뉴를 선택하여 제공된 조립도 파일
 을 불러옵니다.

❷ 이 책에서는 먼저 자동차 로봇을 만든 후, 로봇을 움직이는 프로그래밍을 배우므로, 여기서는 예로
 [창작 조립도]-[PART 2] 폴더에서 '베이스로봇_01'을 불러옵니다.

❸ 불러온 조립도 모형을 마우스 오른쪽 버튼으로 클릭한 상태에서 상하좌우로 움직여 원하는 방향으로
회전해 봅니다.

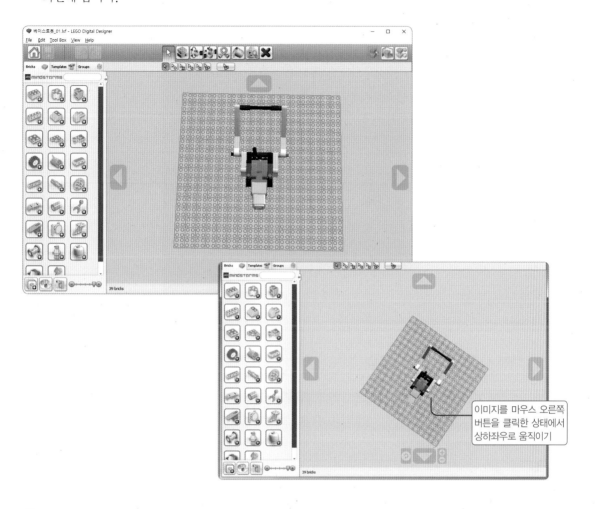

이미지를 마우스 오른쪽
버튼을 클릭한 상태에서
상하좌우로 움직이기

❹ 이번에는 마우스 휠을 위아래로 움직여 모형의 크기를 확대/축소하면서 모듈의 구조를 확인해 봅니다.

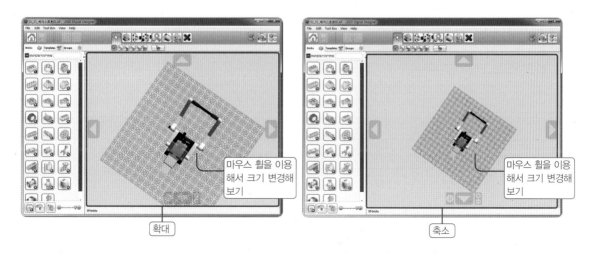

마우스 휠을 이용
해서 크기 변경해
보기

마우스 휠을 이용
해서 크기 변경해
보기

확대

축소

⑤ 이번에는 화면 오른쪽 상단의  버튼을 누르면 나오는 조립도를 순서대로 따라하면서 자동차 로봇을 조립해 봅니다. 필요에 따라  버튼으로 조립 순서를 이전 또는 다음으로 이동할 수 있습니다.

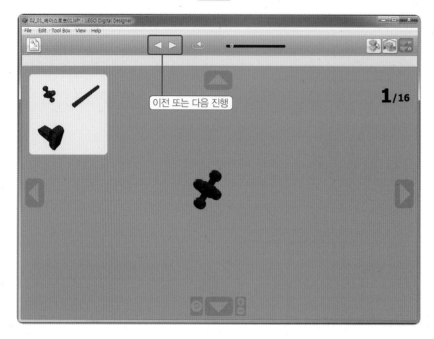

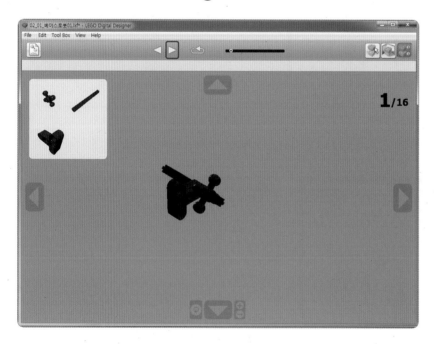

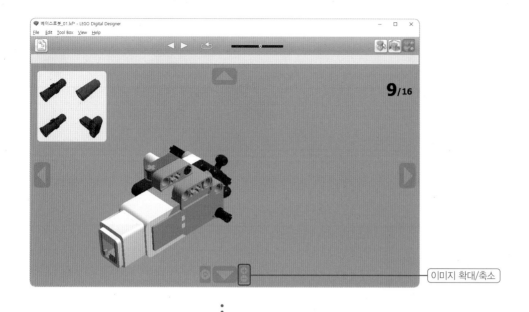

이미지 확대/축소

상하좌우 버튼을 클릭하면 조립 중인 모듈의 앞뒤, 좌우를 자세히 살펴볼 수 있습니다.

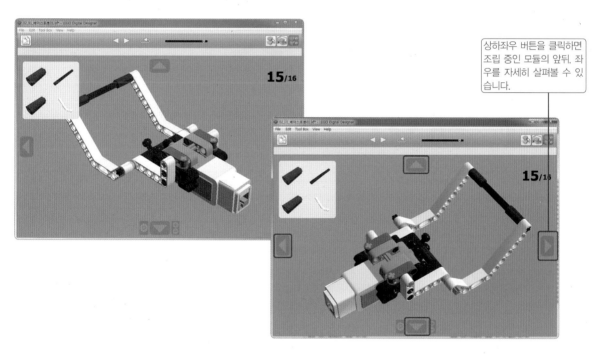

※ 간혹 LDD 조립도가 다소 억지스럽게 합체되는 경우가 있으므로, 그럴 때는 완성된 이미지를 보면서 부분적으로 해당 부분을 다시 조립하도록 합니다. 이 책에서는 이러한 부분을 최소화하기 위해 조립도를 여러 개로 나누어 만들고, 이를 합쳐서 완성할 수 있도록 하였습니다.

❻ 다음 모듈을 조립하려면 🛠 또는 [File]–[Open] 메뉴를 이용하여 파일을 불러오도록 합니다.

P·A·R·T

# 2

# EV3
# 자동차 로봇 주행하기

## ● 이번 단원에서는 무엇을 배우나요? ●

자동차 로봇을 만들고 원하는 방향으로 움직이는 방법에 대해 알아봅니다. 또한 터치 센서, 초음파 센서, 컬러 센서를 이용하여 자동차 로봇을 제어하는 방법에 대해 알아봅니다.

## ● 준비 도구 ●

| EV3 45544 세트 |

| 엔트리 오프라인 프로그램 |

| ROBOTC 프로그램 |

| LDD 프로그램 |

▶ 엔트리와 ROBOTC 소스 파일 및 조립도 파일 제공: 삼양미디어 홈페이지(http://www.samyangm.com)의 [고객센터] – [자료실]에 올린 파일을 내려받아서 사용하세요.

C·H·A·P·T·E·R

# 01 EV3 자동차 움직이기

제공된 조립도를 보고 기본 자동차 로봇을 조립한 후, 센서와 모터를 선으로 연결하여 원하는 방향으로 움직여 봅시다.

**완성된 로봇**

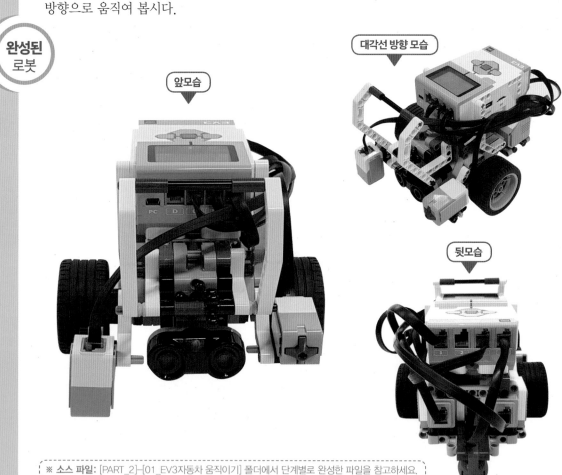

앞모습

대각선 방향 모습

뒷모습

※ **소스 파일:** [PART_2]-[01_EV3자동차 움직이기] 폴더에서 단계별로 완성한 파일을 참고하세요.

**해결할 문제**

문제를 해결하면서 프로그래밍 방법을 익혀 봅시다.

| 1단계 | 2단계 | 3단계 | 4단계 |
|---|---|---|---|
| 자동차 로봇을 1초간 전진하고 정지하기 | 자동차 로봇을 1초간 전진, 1초간 정지, 1초간 후진 후 정지하기 | 사각형 돌기 | 주어진 경로 주행하기 |

자동차 로봇을 만들어 봅시다.

❶ LDD 조립도 프로그램을 실행하여 아래와 같이 5개의 모듈을 만들어 놓습니다.

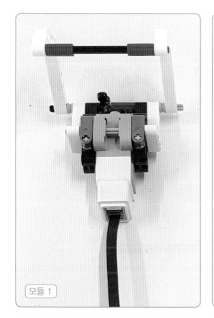

모듈 1

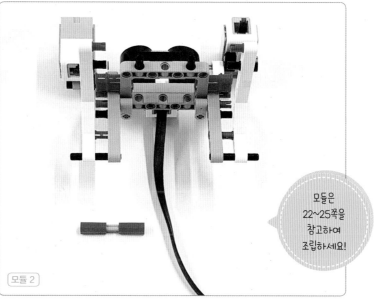

모듈 2

모듈은
22~25쪽을
참고하여
조립하세요!

모듈 3

모듈 4

모듈 5

※ EV3 45544 세트에서 제공하는 조립도를 이용하여 자동차 로봇을 만듭니다. 이때 초음파 센서와 미디엄 서보 모터에는 연결을 쉽게 하기 위해 선을 연결한 상태로 조립하도록 합니다.

※ 제공한 [창작 조립도]−[PART_2] 폴더에서 '02_01_베이스로봇01.lxf' ~ '베이스로봇05.lxf' 조립도 파일을 하나씩 열어 모듈 1 ~ 모듈 5 까지 조립하여 나열하도록 합니다.

❷ 먼저 모듈 2 , 모듈 4 , 모듈 5 를 준비합니다.

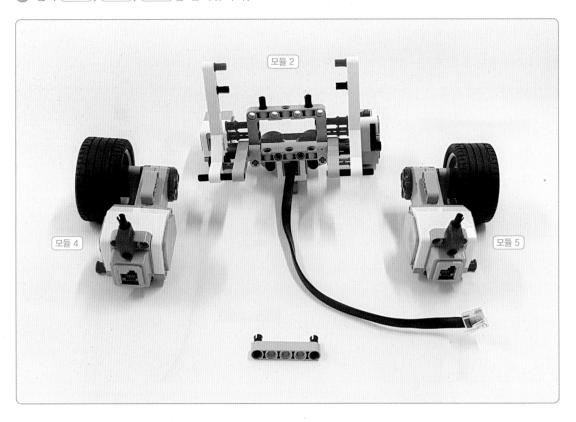

❸ 모듈 2 의 오른쪽에 모듈 5 의 'ㄱ'자 블록을 끼워 넣어 결합합니다.

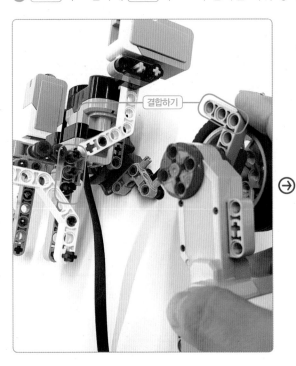

결합하기

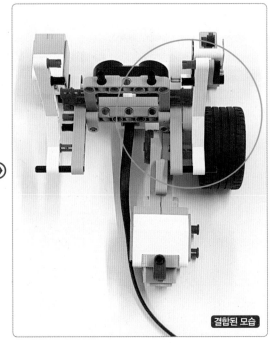

결합된 모습

❹ 이번에는 `모듈2`의 왼쪽에 `모듈4`의 'ㄱ'자 블록을 끼워 넣어 결합하고 일자 블록을 준비합니다.

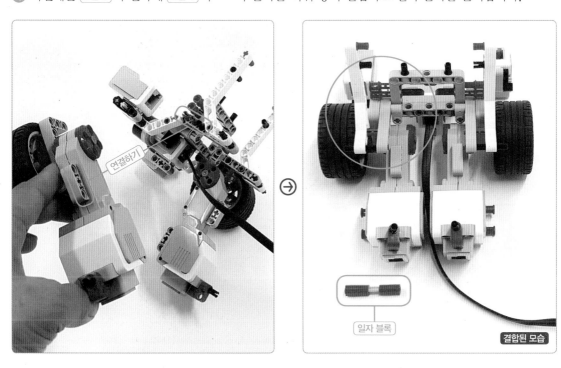

❺ 아래와 같이 일자 블록을 올려놓고, 좌우 막대를 밀어 고정합니다.

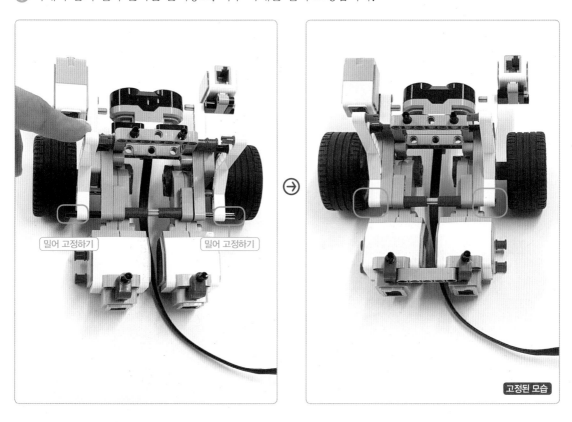

**⑥** 남은 블록을 가져와 결합합니다.

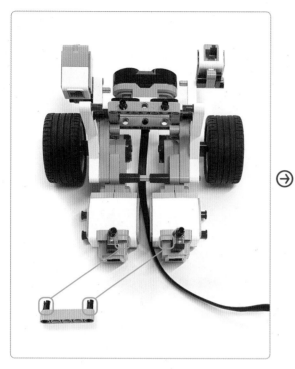 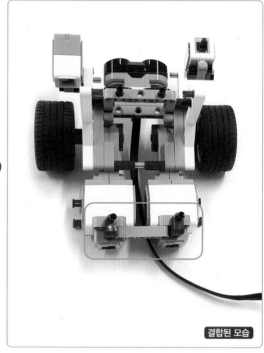

결합된 모습

**⑦** 결합된 모듈과 모듈 3 을 준비합니다.

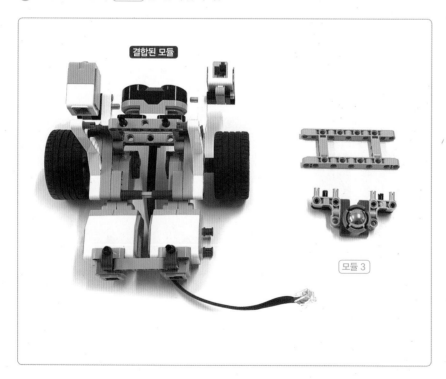

결합된 모듈

모듈 3

❽ 먼저 결합된 모듈을 뒤집고, 'ㅍ'자 블록을 준비합니다.

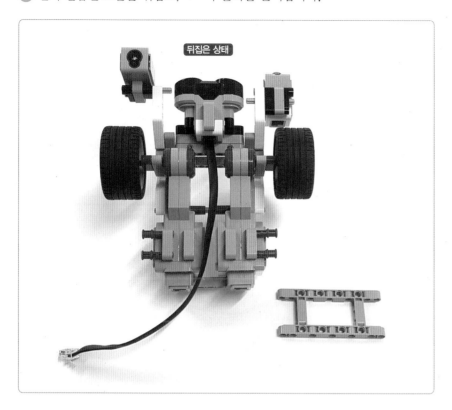

뒤집은 상태

❾ 'ㅍ'자 블록을 올려놓은 후 고정합니다.

❷ 안으로 밀어서 고정하기

❶ 'ㅍ'자 블록 올리기

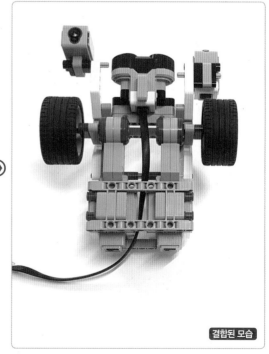

결합된 모습

⑩ 결합된 모듈에 모듈 3 의 구슬 바퀴를 고정합니다.

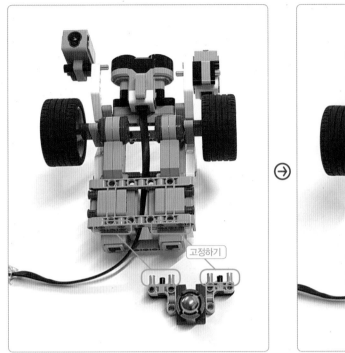
고정하기

고정된 모습

⑪ 결합된 모듈과 모듈 1 을 준비합니다.

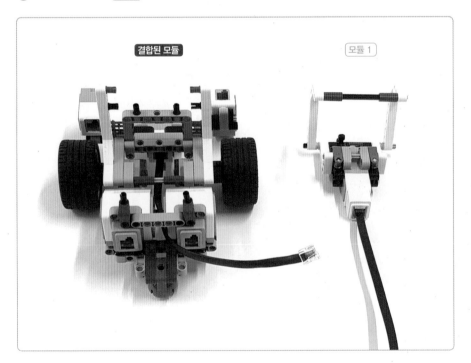
결합된 모듈
모듈 1

⓬ 모듈 1 을 결합된 모듈에 끼워 넣어 고정합니다.

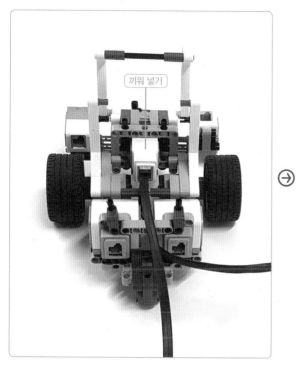

끼워 넣기

밀어 넣어
고정하기

고정된 모습

⓭ 결합된 모듈과 EV3 브릭 을 준비한 후 EV3 브릭 을 결합된 모듈 위에 올린 다음 고정합니다.

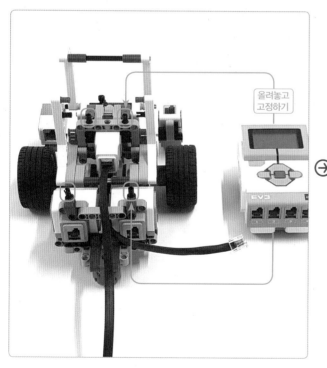

올려놓고
고정하기

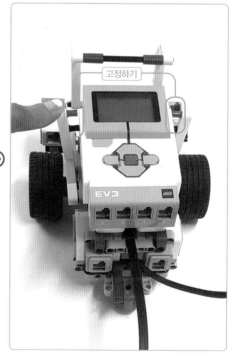

고정하기

고정된 모습

⑭ 완성된 자동차 모습은 다음과 같습니다.

## 2 >> 모터와 센서 연결하기

조립한 자동차 로봇에 아래 모터와 센서들을 참고하여 브릭에 연결합니다.

### 서보 모터

- motorA: 미디엄 서보 모터  ← 물체 잡기
- motorB: 라지 서보 모터  ← 왼쪽 바퀴 연결
- motorC: 라지 서보 모터  ← 오른쪽 바퀴 연결
- motorD: −

○ 출력 포트

### 센서 및 버튼

- Sensor1: 버튼  ← 시작 기능의 버튼
- Sensor2: −
- Sensor3: 컬러 센서  ← 라인 주행 및 컬러 감지
- Sensor4: 초음파 센서  ← 물체 감지

○ 입력 포트

---

## 문제 | 01    자동차 로봇을 1초간 전진하고 정지해 봅시다.

  1초간 전진 후 정지하기

**TIP** | 모터의 회전

로봇을 전진하기 위해서는 왼쪽 바퀴(B)와 오른쪽 바퀴(C)를 회전해야 합니다. 이때 모터의 회전 속도로는 −100~100 사이의 값을 입력할 수 있습니다. 값이 양수이면 시계 방향으로, 음수이면 반시계 방향으로 회전합니다.

###  문제 해결 전략 세우기

**1단계** 로봇의 왼쪽과 오른쪽 바퀴의 출력값을 30으로 지정하여 전진하기

**2단계** 1초 기다리기

**3단계** 로봇의 왼쪽과 오른쪽 바퀴의 출력값을 0으로 지정하여 정지하기

앞에서 설계한 [문제 해결 전략 세우기]대로 프로그래밍하여 문제를 해결합니다.

**1단계** 로봇의 왼쪽과 오른쪽 바퀴의 출력값을 30으로 지정하여 전진해 봅시다.

❶ [하드웨어] 블록 메뉴에서 [A의 값을 50 으로출력] 을 가져와 [시작하기 버튼을 클릭했을 때] 블록 아래에 연결하는 작업을 두 번 반복합니다.

❷ A를 B와 C로 각각 변경하고, 숫자 50을 30으로 변경합니다.

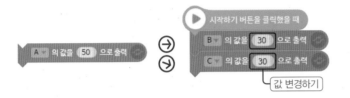

**2단계** 1초 기다리게 해 봅시다.

[흐름] 블록 메뉴에서 [2 초 기다리기] 를 가져와 연결하고 숫자 2를 1로 변경합니다.

```
▶ 시작하기 버튼을 클릭했을 때
  B▼ 의값을 30 으로 출력
  C▼ 의값을 30 으로 출력
  1 초 기다리기
  └ 값 변경하기
```

**3단계** 로봇의 왼쪽과 오른쪽 바퀴의 출력값을 0으로 지정하여 정지해 봅시다.

왼쪽 바퀴 모터 B와 오른쪽 바퀴 모터 C를 정지하기 위해 출력값을 0으로 지정합니다.

```
▶ 시작하기 버튼을 클릭했을 때
  B▼ 의값을 30 으로 출력
  C▼ 의값을 30 으로 출력
  1 초 기다리기
  B▼ 의값을 0 으로 출력
  C▼ 의값을 0 으로 출력
```
◀ 프로그램 완성

**실행하기** 원하는 대로 프로그램이 동작하는지 실행해 봅시다.

엔트리 화면에 있는 [ ▶ 시작하기 ] 버튼을 클릭하여 로봇이 제대로 동작하는지 확인합니다.

# ROBOTC로 프로그래밍하기

앞에서 설계한 [문제 해결 전략 세우기]대로 프로그래밍하여 문제를 해결합니다.

**● 프로그래밍을 위한 사전 준비 ●**

ROBOTC로 프로그래밍을 할 때 다음과 같이 센서와 모터의 이름을 미리 정해 놓는 작업을 하면 프로그램을 더 간결하게 만들 수 있습니다.

**1** [Robot]−[Motors and Sensors Setup] 메뉴를 선택합니다.

**2** [Motors] 탭으로 이동하여 motorA의 이름은 motor center를 줄여 'mc', Type은 'Medium'으로 지정합니다. motorB는 motor left를 줄여 'ml', motorC는 motor right를 줄여 'mr'로 지정합니다.

**3** [Sensors] 탭으로 이동하여 Sensor1은 버튼 센서를 연결했으므로 button을 줄여 'btn', Sensor Type은 'Touch(EV3)', Sensor Mode는 'Touch'로 변경합니다.

**4** Sensor3은 컬러 센서를 연결했으므로 color를 줄여 'cor', 'Sensor Mode'는 'Color(EV3)', 'Sensor Mode'는 'Reflected'로 지정합니다.

**5** Sensor4는 초음파 센서를 연결했으므로 ultrasonic을 줄여 'ult', Sensor Type은 'Ultrasonic(EV3)', Sensor Mode는 'Distance CM'으로 변경한 후 [확인] 버튼을 클릭합니다.

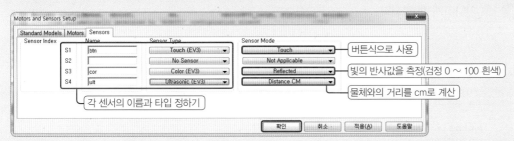

※ Sensor의 Mode는 센서를 사용할 때 자세히 다루기로 하고, Name(이름)은 다른 이름으로 정해도 무관합니다. 단, 한글로 지정할 수는 없습니다.

**6** [Motors and Sensors Setup]을 완료하면 아래와 같이 자동으로 프로그램이 생성됩니다.

프로그램

```
1   #pragma config(Sensor, S1,      btn,         sensorEV3_Touch)
2   #pragma config(Sensor, S3,      cor,         sensorEV3_Color)
3   #pragma config(Sensor, S4,      ult,         sensorEV3_Ultrasonic)
4   #pragma config(Motor,  motorA,       mc,         tmotorEV3_Medium, PIDControl, encoder)
5   #pragma config(Motor,  motorB,       ml,         tmotorEV3_Large, PIDControl, encoder)
6   #pragma config(Motor,  motorC,       mr,         tmotorEV3_Large, PIDControl, encoder)
7   //*!!Code automatically generated by 'ROBOTC' configuration wizard          !!*//
8
```

※ 화면(글자) 크기는 단축키 [ctrl]+[±], [ctrl]+[⊟]로 크게 또는 작게 조절할 수 있습니다.

---

**1단계** 로봇의 왼쪽과 오른쪽 바퀴의 출력값을 30으로 지정하여 전진해 봅시다.

양쪽 모터에 출력값을 30으로 지정합니다.

프로그램

```
1   #pragma config(Sensor, S1,      btn,         sensorEV3_Touch)
2   #pragma config(Sensor, S3,      cor,         sensorEV3_Color)
3   #pragma config(Sensor, S4,      ult,         sensorEV3_Ultrasonic)
4   #pragma config(Motor,  motorA,       mc,         tmotorEV3_Medium, PIDControl, encoder)
5   #pragma config(Motor,  motorB,       ml,         tmotorEV3_Large, PIDControl, encoder)
6   #pragma config(Motor,  motorC,       mr,         tmotorEV3_Large, PIDControl, encoder)
7   //*!!Code automatically generated by 'ROBOTC' configuration wizard          !!*//
8
9   task main()
10  {
11    motor[ml] = 30;  ← 왼쪽 바퀴 모터의 출력값을 30으로 지정하기 ┐
12    motor[mr] = 30;  ← 오른쪽 바퀴 모터의 출력값을 30으로 지정하기 ┘ ROBOTC 프로그램 작성하기
13  }
```

명령 추가

※ C 언어에서는 main( ) 함수 안에 프로그램을 작성하듯이 ROBOTC에서는 task main( ) 함수를 사용합니다.

**TIP** | motor 명령
모터에 출력값을 지정하기 위해서는 아래 형식으로 프로그램을 작성합니다.

[형식] motor [motorA~C 또는 설정에서 정한 이름] = −100~100 사이의 수로 출력값 지정
[예]   motor[motorA] = 50;   ← 모터A의 출력값을 50으로 지정하기
      motor[mc] = −50;      ← 이름을 'mc'로 지정한 모터의 출력값을 − 50으로 지정하기

---

**2단계** 1초 기다리게 해 봅시다.

앞에서 30의 속도로 전진하는 명령을 1초간 유지하기 위해 delay 함수를 추가합니다.

프로그램

```
9    task main()
10   {
11     motor[ml] = 30;
12     motor[mr] = 30;
13     delay(1000);    ← 1초간 기다린 후 다음 줄로 이동하기 위한 명령 추가하기
14   }
```

명령 추가

**3단계** 로봇의 왼쪽과 오른쪽 바퀴의 출력값을 0으로 지정하여 정지해 봅시다.

왼쪽과 오른쪽 바퀴를 정지하기 위해서는 motor 출력값을 0으로 지정합니다.

**프로그램**

```
 9    task main()
10    {
11       motor[ml] = 30;
12       motor[mr] = 30;
13       delay(1000);
14       motor[ml] = 0;      ← 왼쪽 바퀴 모터의 출력값을 0으로 지정하여 ml 모터를 정지하기
15       motor[mr] = 0;      ← 오른쪽 바퀴 모터의 출력값을 0으로 지정하여 mr 모터를 정지하기
16    }
```

명령 추가

**실행하기** 원하는 대로 프로그램이 동작하는지 확인해 봅시다.

❶ 작성한 ROBOTC 프로그램을 EV3에 다운로드하여 실행하기 위해서는 먼저 USB 연결선을 컴퓨터와 연결한 상태에서 프로그램을 작성합니다.

USB 연결선을 EV3 본체에 있는 컴퓨터에 연결합니다.

USB 반대쪽 핀은 컴퓨터의 USB 포트에 연결합니다.

▲ EV3와 컴퓨터를 USB 선으로 연결하기

❷ 작성한 프로그램을 EV3로 다운로드하기 위해서는 영문 이름으로 지정하여 저장해야 합니다. [File]-[Save] 메뉴를 클릭하면 나오는 창에서 파일명을 영문으로 지정합니다.

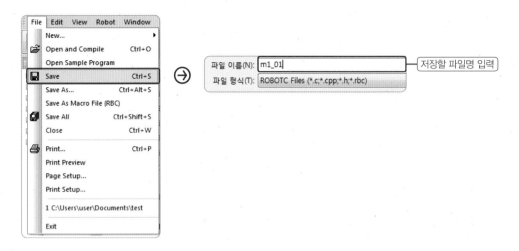

❸ 저장한 프로그램을 EV3로 다운로드하기 위해 [Robot]-[Compile and Download Program]메뉴를 클릭합니다.

❹ 프로그램에 문제가 없으면 EV3에 다운로드된 후 아래와 같이 [Program Debug] 창이 나타납니다. USB 선을 연결한 상태에서 프로그램을 실행하려면 [Start] 버튼을 클릭하여 로봇이 1초간 전진하고 정지하는지 확인합니다.

※ [Program Debug] 창이 실행된 상태에서 USB 연결선을 뺄 경우, 간혹 엄청난 양의 쓰레기 파일이 만들어지기도 하므로 빼지 않도록 합니다. 반드시 [Program Debug] 창의 오른쪽 버튼을 눌러 창을 닫은 후 USB 연결선을 빼도록 합니다.

❺ 한번 다운로드한 프로그램은 EV3 프로그램 목록에 있으므로 원할 때마다 선택하여 실행할 수 있습니다. USB 연결선을 제거한 후 EV3 브릭 화면에서 오른쪽 버튼을 누르면 [rc] 폴더가 나타나고, 가운데 '엔터' 기능의 버튼을 누르면 저장된 프로그램이 나타납니다.

실행할 프로그램을 선택하고 '엔터' 기능의 가운데 버튼을 누르면 프로그램이 실행됩니다.

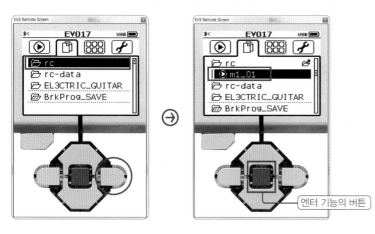

엔터 기능의 버튼

**문제|02**    1초간 전진 후 1초간 정지, 다시 1초간 후진해 봅시다.

❷ 1초간 정지하기

❶ 1초간 전진하기

❸ 1초간 후진하기

❹ 정지하기

### 문제 해결 전략 세우기

**1단계** 로봇의 양쪽 모터 출력값을 30으로 지정하여 1초간 전진하기

**2단계** 로봇을 정지하고 1초 기다리기

**3단계** 로봇의 양쪽 모터 출력값을 −30으로 지정하여 1초간 후진하기

**4단계** 로봇을 정지하고 종료하기

앞에서 설계한 [문제 해결 전략 세우기]대로 프로그래밍하여 문제를 해결합니다.

**1단계** 로봇의 양쪽 모터 출력값을 30으로 지정하여 1초간 전진해 봅시다.

모터B와 모터C의 출력값을 30으로 지정하고, 1초간 전진을
위해 1초 기다리기를 추가합니다.

**2단계** 로봇을 정지하고 1초간 기다리게 해 봅시다.

모터B와 모터C의 출력값을 0으로 지정하고, 1초 기다리기를
추가합니다.

**3단계** 로봇의 양쪽 모터 출력값을 −30으로 지정하여 1초간 후진해 봅시다.

모터B와 모터C의 출력값을 −30으로 지정하고, 1초 기다리
기를 추가합니다.

**4단계** 로봇을 정지하고 종료해 봅시다.

모터B와 모터C의 출력값을 0으로 지정하고, 1초 기다리기
명령을 추가합니다.

프로그램 완성 ▶

**실행하기** 원하는 대로 프로그램이 동작하는지 실행하여 확인해 봅시다.

프로그램 작성이 완료되면 [▶ 시작하기] 버튼을 클릭하여 로봇이 제대로 동작하는지 확인합니다.

※ 프로그램 작성 중 언제든지 [▶ 시작하기] 버튼을 눌러 현재까지 작성한 프로그램의 결과를 확인할 수 있습니다.

# ROBOTC로 프로그래밍하기

앞에서 설계한 [문제 해결 전략 세우기]대로 프로그래밍하여 문제를 해결합니다.

**1단계** 로봇의 양쪽 모터 출력값을 30으로 지정하여 1초간 전진해 봅시다.

**❶** 41쪽 `프로그래밍을 위한 사전 준비` 대로 사용할 센서와 모터의 이름을 설정하여 프로그램을 생성합니다.

`프로그램`
```
1    #pragma config(Sensor, S1,      btn,              sensorEV3_Touch)
2    #pragma config(Sensor, S3,      cor,              sensorEV3_Color)
3    #pragma config(Sensor, S4,      ult,              sensorEV3_Ultrasonic)
4    #pragma config(Motor,  motorA,          mc,           tmotorEV3_Medium, PIDControl, encoder)
5    #pragma config(Motor,  motorB,          ml,           tmotorEV3_Large, PIDControl, encoder)
6    #pragma config(Motor,  motorC,          mr,           tmotorEV3_Large, PIDControl, encoder)
7    //*!!Code automatically generated by 'ROBOTC' configuration wizard          !!*//
8
```

**❷** 모터 ml과 mr의 출력값을 30으로 지정하고, delay 함수를 이용하여 1초 기다립니다.

`프로그램`
```
9    task main()
10   {
11     motor[ml] = 30;      ⎫ 모터 출력값 지정하기
12     motor[mr] = 30;      ⎭
13     delay(1000);         ← 1초 기다리기
14   }
```

**2단계** 로봇을 정지하고 1초간 기다리게 해 봅시다.

모터 ml과 mr의 출력값을 0으로 지정하고, 1초 기다리기를 추가합니다.

`프로그램`
```
9    task main()
10   {
11     motor[ml] = 30;
12     motor[mr] = 30;
13     delay(1000);
14     motor[ml] = 0;       ⎫ 모터 출력값 지정하기
15     motor[mr] = 0;       ⎭
16     delay(1000);         ← 1초 기다리기
17   }
```

**3단계** 로봇의 양쪽 모터 출력값을 −30으로 지정하여 1초간 후진해 봅시다.

모터 ml과 mr의 출력값을 −30으로 지정하고, 1초 기다리기를 추가합니다.

프로그램

```
 9   task main()
10   {
11     motor[ml] = 30;
12     motor[mr] = 30;
13     delay(1000);
14     motor[ml] = 0;
15     motor[mr] = 0;
16     delay(1000);
17     motor[ml] = -30;
18     motor[mr] = -30;    } ml과 mr의 모터 출력값을 -30으로 지정하기
19     delay(1000);
20   }
```

**4단계** 로봇을 정지하고 종료해 봅시다.

모터 ml과 mr의 출력값을 0으로 지정하는 명령을 추가합니다.

프로그램

```
 9   task main()
10   {
11     motor[ml] = 30;
12     motor[mr] = 30;
13     delay(1000);
14     motor[ml] = 0;
15     motor[mr] = 0;
16     delay(1000);
17     motor[ml] = -30;
18     motor[mr] = -30;
19     delay(1000);
20     motor[ml] = 0;
21     motor[mr] = 0;    } 로봇을 정지하기 위한 명령 추가하기
22   }
```

**실행하기** 원하는 대로 프로그램이 동작하는지 실행하여 확인해 봅시다.

프로그램 작성이 완료되면 프로그램을 실행하여 로봇이 제대로 동작하는지 확인합니다.

# 문제 | 03  자동차 로봇이 직진과 -90도 우회전을 4회 반복하여 4각형을 돌게 해 봅시다.

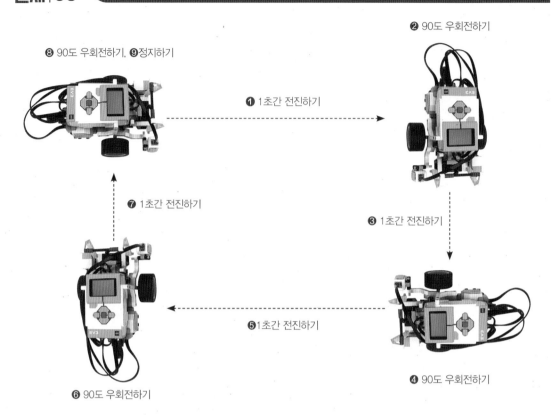

❷ 90도 우회전하기

❽ 90도 우회전하기, ❾정지하기

❶ 1초간 전진하기

❼ 1초간 전진하기

❸ 1초간 전진하기

❺ 1초간 전진하기

❹ 90도 우회전하기

❻ 90도 우회전하기

**TIP** | [~신호 보내기]

| 포인트 턴 | 스윙 턴 | 커브 턴 |
|---|---|---|
| 양쪽 모터의 출력값을 같은 크기의 양수와 음수값으로 지정합니다. | 한쪽 바퀴의 모터 출력값만 양수, 다른 한쪽은 0으로 지정합니다. | 한쪽 바퀴의 모터 출력값을 다른 쪽 바퀴의 모터 출력값보다 크게 지정합니다. |

[예] 좌회전하기

| 구분 | 포인트 턴 | 스윙 턴 | 커브 턴 |
|---|---|---|---|
| 모터 | 왼쪽 출력값: -30<br>오른쪽 출력값: 30 | 왼쪽 출력값: 0<br>오른쪽 출력값: 30 | 왼쪽 출력값: 10<br>오른쪽 출력값: 30 |

## 문제 해결 전략 세우기

1초간 전진하기와 90도 우회전하기가 4번 반복되는 패턴을 파악하여 해결 전략을 세웁니다.

**1단계** 1초간 전진 후 정지하기

**2단계** 90도로 우회전하기

**3단계** [1단계], [2단계]를 4번 반복하기

앞에서 설계한 [문제 해결 전략 세우기]대로 프로그래밍하여 문제를 해결합니다.

● 프로그래밍을 위한 사전 준비 ●

프로그래밍을 할 때 로봇을 90도 회전시킬 수 있어야 하는 데, 엔트리에서 모터를 회전시킬 수 있는 방법에는 두 가지가 있습니다.

**1** ┃ ① 초 기다리기 ┃ 블록을 이용하여 회전하기

• 제자리에서 우회전을 할 경우: 왼쪽 바퀴는 전진, 오른쪽 바퀴는 후진합니다.

• 90도 우회전할 경우: 만든 로봇으로 여러 번 테스트하면서 적당한 값을 찾도록 합니다.

※ ┃ ① 초 기다리기 ┃는 배터리와 바닥 마찰 등 다양한 외부 요인에 따라 회전하는 값이 많이 바뀔 수 있습니다.

**2** ┃ A의 값을 시계 으로 90° 도 만큼 회전 ┃ 블록을 이용하여 원하는 각도로 회전하기

• 모터를 시계 또는 반시계 방향으로 각도만큼 회전할 수 있습니다.

• 90도는 로봇이 90도를 도는 값이 아니라 모터를 돌리는 값으로, 로봇을 90도 돌리기 위해서는 해당 값을 찾아야 합니다.

※ 각도를 돌리는 방식은 ┃ ① 초 기다리기 ┃ 보다 외부 환경의 영향을 덜 받습니다. 하지만 0~359도 사이의 값만 사용할 수 있습니다.

[예]

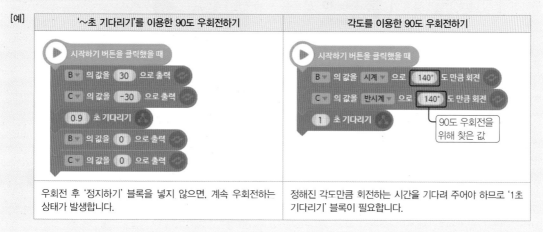

| '~초 기다리기'를 이용한 90도 우회전하기 | 각도를 이용한 90도 우회전하기 |
|---|---|
| 우회전 후 '정지하기' 블록을 넣지 않으면, 계속 우회전하는 상태가 발생합니다. | 정해진 각도만큼 회전하는 시간을 기다려 주어야 하므로 '1초 기다리기' 블록이 필요합니다. |

## 1단계 ┃ 1초간 전진 후 정지해 봅시다.

양쪽 바퀴의 모터를 30의 속도로 1초간 전진하고, 다시 양쪽 모터의 출력값을 0으로 하여 정지한 후 0.5초 기다리기를 추가합니다.

※ 로봇의 움직임마다 정지 시간을 일정하게 지정하면, 좀 더 정확하게 움직이도록 할 수 있습니다.

각도 회전하기를 이용하여 90도 우회전하기를 추가합니다. 이때 우회전하고 잠시 정지하기 위해 `1 초 기다리기` 블록을 추가합니다.

**3단계** [1단계], [2단계]를 4번 반복해 봅시다.

로봇이 사각형을 돌려면 전진과 우회전을 4번 반복해야 합니다. `흐름` 블록의 `7 번 반복하기` 블록을 가져오고 숫자 10을 4로 변경하여 전진 후 우회전을 4회 반복하도록 합니다.

프로그램 완성 ▶

**실행하기** 원하는 대로 프로그램이 동작하는지 실행하여 확인해 봅시다.

프로그램 작성이 완료되면 ▶ 시작하기 버튼을 클릭하여 로봇이 제대로 동작하는지 확인합니다.

앞에서 설계한 [문제 해결 전략 세우기]대로 프로그래밍하여 문제를 해결합니다.

**● 프로그래밍을 위한 사전 준비 ●**

• 프로그래밍을 할 때 로봇을 90도 회전시킬 수 있어야 합니다.

• ROBOTC에서는 엔코더를 사용하여 모터의 정해진 각도로 바퀴를 회전하면 외부 환경의 영향을 덜 받을 수 있습니다. 따라서 정확한 거리를 이동하거나, 정확한 각도만큼 회전하기 위해서는 엔코더를 사용하는 것이 유리합니다.

• 엔코더를 사용하여 모터의 각도를 회전하는 방법은 여러 가지가 있지만, 여기서는 'moveMotorTarget' 함수를 주로 이용하도록 합니다.

---

[형식1] moveMotorTarget(모터 이름, 모터 회전 각도, 모터 출력값) ← '모터 이름'의 모터를 '모터 출력값'으로 '모터 회전 각도'까지 회전하기

[형식2] waitUntilMotorStop(모터 이름); ← '지정한 모터'의 회전이 멈출 때까지 기다리기

---

[예1] 모터A를 100의 출력값으로 1000도 회전하기
moveMotorTarget(motorA, 1000, 100);

[예2] 모터의 회전이 멈출 때까지 기다리기
waitUntilMotorStop(motorA);

[예3] 'ml' 이름의 모터를 −30의 출력값으로 −800도 회전하기
moveMotorTarget(ml, −800, −30);

[예4] 모터의 회전이 멈출 때까지 기다리기
waitUntilMotorStop(ml);

[예5] 로봇을 1000도만큼 30의 속도로 전진 후 정지하기
moveMotorTarget(ml, 1000, 30);
moveMotorTarget(mr, 1000, 30);
waitUntilMotorStop(ml);
waitUntilMotorStop(mr);

---

• delay 함수와 엔코더를 각각 사용하여 우회전하는 프로그램 비교하기

| delay 함수를 사용하여 우회전하기 | 엔코더를 사용하여 우회전하기 |
|---|---|
| <pre>9    task main()<br>10   {<br>11     motor[ml] = 30;<br>12     motor[mr] = -30;<br>13     delay(650);<br>14     motor[ml] = 0;<br>15     motor[mr] = 0;<br>16     delay(500);<br>17   }</pre> | <pre>9    task main()<br>10   {<br>11     moveMotorTarget (ml, 175, 30);<br>12     moveMotorTarget (mr, -175, -30);<br>13     waitUntilMotorStop( ml);<br>14     waitUntilMotorStop( mr);<br>15   }</pre> |

※ delay 함수를 이용한 시간을 통한 모터 회전은 배터리, 바닥 마찰 등 다양한 외부 요인에 따라 회전값이 많이 바뀔 수 있습니다.

**1단계** **1초간 전진 후 정지해 봅시다.**

**❶** 41쪽 **프로그래밍을 위한 사전 준비** 대로 사용할 센서와 모터의 이름을 설정하여 프로그램을 생성합니다.

**프로그램**

```
1  #pragma config(Sensor, S1,    btn,              sensorEV3_Touch)
2  #pragma config(Sensor, S3,    cor,              sensorEV3_Color)
3  #pragma config(Sensor, S4,    ult,              sensorEV3_Ultrasonic)
4  #pragma config(Motor,  motorA,        mc,        tmotorEV3_Medium, PIDControl, encoder)
5  #pragma config(Motor,  motorB,        ml,        tmotorEV3_Large, PIDControl, encoder)
6  #pragma config(Motor,  motorC,        mr,        tmotorEV3_Large, PIDControl, encoder)
7  //*!!Code automatically generated by 'ROBOTC' configuration wizard              !!*//
8
```

❷ 양쪽 바퀴의 모터를 30의 속도로 1초간 전진하고,
0.5초간 정지하는 프로그램을 작성합니다.

프로그램

```
 9    task main()
10    {
11      motor[ml] = 30;
12      motor[mr] = 30;
13      delay(1000);
14      motor[ml] = 0;
15      motor[mr] = 0;
16      delay(500);
17    }
```

**2단계** 90도로 우회전해 봅시다.

moveMotorTarget 함수와 waitUntilMotorStop 함수를 이용하여 우회전하는 명령을 추가합니다.

프로그램

```
 9    task main()
10    {
11      motor[ml] = 30;
12      motor[mr] = 30;
13      delay(1000);
14      motor[ml] = 0;
15      motor[mr] = 0;
16      delay(500);
17      moveMotorTarget (ml, 175, 30);
18      moveMotorTarget (mr, -175, -30);
19      waitUntilMotorStop( ml );
20      waitUntilMotorStop( mr );
21    }
```

※ 우회전을 위한 '모터 회전 각도'인 175는 로봇마다 다르므로 90도로 우회전하는 정확한 값을 찾아 그 값으로 변경할 수도 있습니다.

**3단계** [1단계], [2단계]를 4번 반복해 봅시다.

전진, 우회전을 4번 반복하기 위해 for문을 추가합니다.

프로그램

```
 9    task main()
10    {
11      int count = 1;          ← 숫자를 1부터 4까지 세기 위한 정수형 변수를 count로 선언하고 초깃값을 1로 지정하기
12      for(count = 1; count <= 4; count++)  ← count값을 1부터 4보다 작거나 같을 때까지 1씩
13      {                                        증가하면서 13~24행을 4번 반복하기
14        motor[ml] = 30;
15        motor[mr] = 30;
16        delay(1000);
17        motor[ml] = 0;
18        motor[mr] = 0;
19        delay(500);
20        moveMotorTarget(ml, 175, 30);
21        moveMotorTarget(mr, -175, -30);
22        waitUntilMotorStop(ml);
23        waitUntilMotorStop(mr);
24      }
25    }
```

TIP | 변수와 반복문의 이해

**1** 변수

• 자료를 저장하는 기억 공간을 변수라고 합니다.

• 변수에 임의로 이름을 붙여 사용하는 데, 이를 변수명 또는 변수 이름이라고 합니다.

• 변수는 프로그램에서 숫자, 문자 등의 자료를 기억했다가 필요할 때마다 꺼내서 사용하기 위한 것으로, 기억할 값에 따라 변수의 유형은 정수형, 실수형, 문자형 변수로 나눌 수 있습니다. ROBOTC에서는 주로 정수형 변수를 많이 사용합니다.

[예]   int a;                    ← a라는 이름의 정수형 변수 선언하기
       int b = 10;               ← b라는 이름의 정수형 변수를 선언하고 초깃값을 10으로 지정하기

**2** 반복문

• 특정 범위의 명령들을 조건이 만족하는 동안 반복 수행할 때 사용하는 명령입니다.

• 반복문의 종류에는 while, do~while, for문이 있습니다. 특히, for문의 형식이 반복 횟수를 쉽게 알 수 있어서 많이 사용합니다.

[형식]
for(초깃값, 조건, 증감값)
{
    반복 수행할 명령들 나열
}

[예]    1부터 10까지의 합 구하기
int count, sum = 0;
for (count =1; count <=10; count++)     ← 1부터 10까지 1씩 증가하면서
{                                           10번 반복하기
    sum = sum + count;                  ← 합 구하기 10번 반복
}

---

**4단계** 로봇을 정지하고 종료해 봅시다.

로봇을 정지하고 비프 음을 울린 후 종료하는 명령을 추가합니다.

**프로그램**

```
 9    task main()
10    {
11      int count = 1;
12      for(count = 1; count <= 4; count++)
13      {
14        motor[ml] = 30;
15        motor[mr] = 30;
16        delay(1000);
17        motor[ml] = 0;
18        motor[mr] = 0;
19        delay(500);
20        moveMotorTarget(ml, 175, 30);
21        moveMotorTarget(mr, -175, -30);
22        waitUntilMotorStop(ml);
23        waitUntilMotorStop(mr);
24      }
25      motor[ml] = 0;
26      motor[mr] = 0;                    } 로봇을 정지하기 위해 ml과 mr의 모터 출력값을 0으로 저장하기
27      playSound(soundBeepBeep); ← 내장 함수인 playSound 함수로 비프 음을 0.5초간 출력하기
28      delay(500);
29    }
```

**TIP** | EV3에서 소리내기

EV3에는 다양한 비프 음이 내장되어 있습니다. 이들 비프 음을 출력하기 위해서는 playSound 함수를 이용합니다. playSound 함수에 들어갈 수 있는 비프 음은 우측과 같이 확인할 수 있습니다.

```
playSound (
    nNumbOfSystemSounds
    soundBeepBeep
    soundBlip
    soundDownwardTones
    soundException
    soundFastUpwardTones
    soundLowBuzz
    soundLowBuzzShort
    soundShortBlip
    soundUpwardTones
```

**실행하기** 원하는 대로 프로그램이 동작하는지 실행하여 확인해 봅시다.

프로그램 작성이 완료되면 프로그램을 실행하여 로봇이 제대로 동작하는지 확인합니다.

## 문제|04  주어진 경로를 따라 주행해 봅시다.

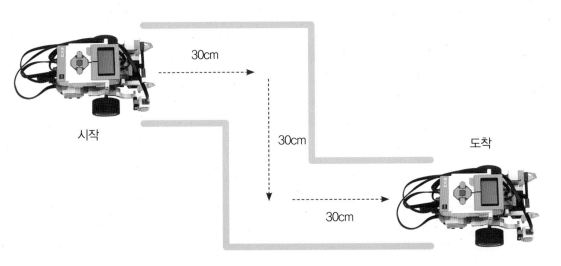

시작    30cm    30cm    도착    30cm

※ 30cm 직진하는 값을 조사해야 합니다.

### 문제 해결 전략 세우기

**1단계** 30cm 전진하기

**2단계** 90도 우회전하기

**3단계** 30cm 전진하기

**4단계** 90도 좌회전하기

**5단계** 30cm 전진하고 정지하기

앞에서 설계한 [문제 해결 전략 세우기]대로 프로그래밍하여 문제를 해결합니다.

**• 프로그래밍을 위한 사전 준비 •**

문제 해결을 위해서는 30cm 전진하는 값을 찾아야 합니다. 이때 30cm 자를 이용하여 [예]처럼 프로그램을 작성하고, '███ 초 기다리기' 값을 수정하여 30cm 전진 후 정지하도록 합니다.

[예]

▶ 시작하기 버튼을 클릭했을 때
B▼ 의 값을 30 으로 출력
C▼ 의 값을 30 으로 출력
2.7 초 기다리기
B▼ 의 값을 0 으로 출력
C▼ 의 값을 0 으로 출력

※ 엔트리에서는 각도를 360도까지만 사용할 수 있으므로, 이것을 2개 연결할 때 오히려 틀어지는 문제가 발생할 수 있습니다. 따라서 15cm 이상은 '~초 기다리기' 블록으로 이동합니다.

**1단계** 30cm 전진해 봅시다.

❶ 30cm 전진하기를 3번 반복해야 하므로 '신호 보내기'를 함수처럼 만들어 사용하면 더 효과적입니다. [속성] 탭에서 [신호]-[+ 신호 추가]를 차례대로 선택하고, '전진하기' 이름의 신호를 만듭니다.

신호 만들기 ▶

❷ [시작] 블록 메뉴에서 (전진하기▼ 신호를 받았을 때) 블록을 가져와 30cm 전진하고 정지하는 프로그램을 만든 후 다시 (▶ 시작하기 버튼을 클릭했을 때) 블록 다음에 (전진하기▼ 신호 보내고 기다리기) 블록을 연결합니다.

🔽 시작하기 버튼을 클릭했을 때
전진하기▼ 신호 보내고 기다리기

◐ 전진하는 프로그램 완성

2단계 90도로 우회전해 봅시다.

[1단계]와 같은 방법으로 우회전하기 신호를 만들고, 신호를 이용하여 우회전하기 명령을 추가합니다.

← 우회전하기 신호 추가

◬ 우회전하는 프로그램 완성

3단계 30cm 전진해 봅시다.

앞에서 만든 '전진하기' 신호를 보내고 기다리기 명령을 추가합니다.

```
시작하기 버튼을 클릭했을 때
전진하기 ▼ 신호 보내고 기다리기
우회전하기 ▼ 신호 보내고 기다리기
전진하기 ▼ 신호 보내고 기다리기    ← 추가
```

4단계 90도로 좌회전해 봅시다.

우회전과 같은 방법으로 좌회전하기 신호를 만들고, 신호를 이용하여 좌회전하기 명령을 추가합니다.

← 추가

◬ 좌회전하는 프로그램 완성

5단계 30cm 전진하고 정지해 봅시다.

앞에서 만든 ['전진하기' 신호 보내고 기다리기] 블록을 추가합니다.

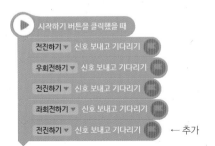

```
시작하기 버튼을 클릭했을 때
전진하기 ▼ 신호 보내고 기다리기
우회전하기 ▼ 신호 보내고 기다리기
전진하기 ▼ 신호 보내고 기다리기
좌회전하기 ▼ 신호 보내고 기다리기
전진하기 ▼ 신호 보내고 기다리기    ← 추가
```

• 전체 완성 프로그램 확인하기 •

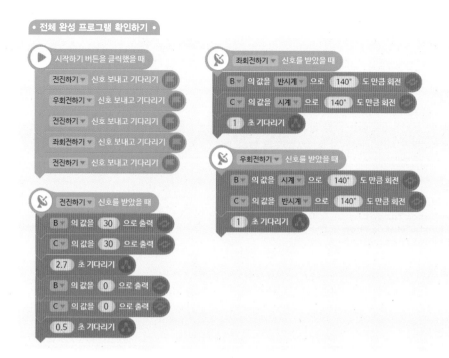

실행하기 원하는 대로 프로그램이 동작하는지 실행하여 확인해 봅시다.

프로그램 작성이 완료되면 ▶ 시작하기 버튼을 클릭하여 로봇이 제대로 동작하는지 확인합니다.

# ROBOTC로 프로그래밍하기

앞에서 설계한 [문제 해결 전략 세우기]대로 프로그래밍하여 문제를 해결합니다.

**● 프로그래밍을 위한 사전 준비**

프로그래밍을 하기 위해서는 30cm 전진하는 값을 찾아야 합니다. 30cm 자를 이용하여 [예]와 같이 프로그램을 작성하고, 엔코더값(650)을 수정하면서 30cm 전진 후 정지하도록 합니다.

[예]
```
 9    task main()
10    {
11      moveMotorTarget(ml, 650, 30);
12      moveMotorTarget(mr, 650, 30);
13      waitUntilMotorStop(ml);
14      waitUntilMotorStop(mr);
15    }
```

**1단계** 30cm 전진해 봅시다.

**❶** 41쪽 **프로그래밍을 위한 사전 준비** 대로 사용할 센서와 모터의 이름을 설정하여 프로그램을 생성합니다.

**프로그램**
```
1   #pragma config(Sensor, S1,     btn,                sensorEV3_Touch)
2   #pragma config(Sensor, S3,     cor,                sensorEV3_Color)
3   #pragma config(Sensor, S4,     ult,                sensorEV3_Ultrasonic)
4   #pragma config(Motor,  motorA,         mc,         tmotorEV3_Medium, PIDControl, encoder)
5   #pragma config(Motor,  motorB,         ml,         tmotorEV3_Large, PIDControl, encoder)
6   #pragma config(Motor,  motorC,         mr,         tmotorEV3_Large, PIDControl, encoder)
7   //*!!Code automatically generated by 'ROBOTC' configuration wizard              !!*//
8
```

**❷** 30cm 전진하고 정지하는 함수 go를 만들고, task main에서 go 함수를 호출하여 30cm 전진하도록 합니다.

**프로그램**
```
 9    void go()                    ← go 함수를 정의. 이때 void로 선언하면 반환값은 없음
10    {
11      moveMotorTarget(ml, 650, 30);  ┐
12      moveMotorTarget(mr, 650, 30);  │  30cm 전진하고 정지하기
13      waitUntilMotorStop(ml);        │
14      waitUntilMotorStop(mr);        ┘
15    }
16
17    task main()
18    {
19      go();                      ← go 함수를 호출하기
20    }
```

※ 프로그램은 17행→18행→19행→9행~15행→20행순으로 실행됩니다.

❶ 90도로 우회전하는 turn_right 함수를 만들고, task main에서 turn_right 함수를 호출하여 90도
로 우회전합니다.

프로그램

```
17    void turn_right()                              ← turn_right 함수를 정의하기
18    {
19      moveMotorTarget(ml, 175, 30);
20      moveMotorTarget(mr, -175, -30);              90도로 우회전하고 정지하기
21      waitUntilMotorStop(ml);
22      waitUntilMotorStop(mr);
23    }
24
25    task main()
26    {
27      go();
28      turn_right();                                ← turn_right 함수를 호출하기
29    }
```

60쪽 1단계 에서 만든 go 함수를 호출하는 명령을 task main에 추가합니다.

프로그램

```
25    task main()
26    {
27      go();
28      turn_right();
29      go();                  ← go 함수를 호출하기
30    }
```

90도로 좌회전하는 turn_left 함수를 만들고, task main에서 turn_left 함수를 호출하여 90도로 좌
회전합니다.

프로그램

```
25    void turn_left()                               ← turn_left 함수를 정의하기
26    {
27      moveMotorTarget(ml, -175, -30);
28      moveMotorTarget(mr, 175, 30);                90도로 좌회전하고 정지하기
29      waitUntilMotorStop(ml);
30      waitUntilMotorStop(mr);
31    }
32
33    task main()
34    {
```

```
35      go();
36      turn_right();
37      go();
38      turn_left();      ←  turn_left 함수를 호출하기
39   }
```

## 5단계 30cm 전진하고 정지해 봅시다.

1단계 에서 만든 go 함수를 호출하는 명령을 task main에 추가합니다.

프로그램

```
33   task main()
34   {
35      go();
36      turn_right();
37      go();
38      turn_left();
39      go();                ←  go 함수를 호출하기
40   }
```

• 전체 완성 프로그램 확인하기 •

```
1    #pragma config(Sensor, S1,      btn,              sensorEV3_Touch)
2    #pragma config(Sensor, S3,      cor,              sensorEV3_Color)
3    #pragma config(Sensor, S4,      ult,              sensorEV3_Ultrasonic)
4    #pragma config(Motor,  motorA,           mc,              tmotorEV3_Medium, PIDControl, encoder)
5    #pragma config(Motor,  motorB,           ml,              tmotorEV3_Large, PIDControl, encoder)
6    #pragma config(Motor,  motorC,           mr,              tmotorEV3_Large, PIDControl, encoder)
7    //*!!Code automatically generated by 'ROBOTC' configuration wizard            !!*//
8
9    void go()
10   {
11      moveMotorTarget(ml, 650, 30);
12      moveMotorTarget(mr, 650, 30);
13      waitUntilMotorStop(ml);
14      waitUntilMotorStop(mr);
15   }
16
17   void turn_right()
18   {
19      moveMotorTarget(ml, 175, 30);
20      moveMotorTarget(mr, -175, -30);
21      waitUntilMotorStop(ml);
22      waitUntilMotorStop(mr);
23   }
24
25   void turn_left()
26   {
27      moveMotorTarget(ml, -175, -30);
28      moveMotorTarget(mr, 175, 30);
29      waitUntilMotorStop(ml);
30      waitUntilMotorStop(mr);
31   }
32
33   task main()
34   {
35      go();
```

```
36       turn_right();
37       go();
38       turn_left();
39       go();
40   }
```

실행하기 원하는 대로 프로그램이 동작하는지 실행하여 확인해 봅시다.

프로그램 작성이 완료되면 프로그램을 실행하여 로봇이 제대로 동작하는지 확인합니다.

CHAPTER 01 · EV3 자동차 움직이기 · **63**

# 02 버튼을 이용하여 로봇 제어하기

16쪽에서 조립한 자동차 로봇에 연결된 터치 센서를 이용하여 버튼을 누를 때마다 로봇을 제어해 봅시다.

**완성된** 로봇

※ **소스 파일:** [PART_2]-[02_버튼을 이용하여 로봇 제어하기] 폴더에서 단계별로 완성한 파일을 참고하세요.

**해결할** 문제

문제를 해결하면서 프로그래밍 방법을 익혀 봅시다.

**1단계**
로봇이 전진하다 버튼이 눌리면 정지하기

**2단계**
버튼을 누르고 있을 때 전진하고, 누르지 않으면 정지하기

**3단계**
버튼을 누를 때마다 전진, 정지 동작 반복하기

**4단계**
버튼을 누를 때마다 전진, 정지, 후진, 정지 동작하기

**5단계**
EV3 브릭 버튼에 따라 움직이기

**6단계**
기억한 대로 움직이기

조립한 자동차 로봇에 다음과 같이 모터와 센서를 연결합니다.

## 서보 모터

- motorA: 미디엄 서보 모터  ← 물체 잡기
- motorB: 라지 서보 모터  ← 왼쪽 바퀴 연결
- motorC: 라지 서보 모터  ← 오른쪽 바퀴 연결
- motorD: –

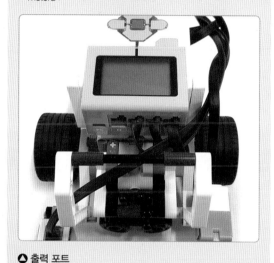

△ 출력 포트

## 센서 및 버튼

- Sensor1: 버튼  ← 시작 기능의 버튼
- Sensor2: –
- Sensor3: 컬러 센서  ← 라인 주행 및 컬러 감지
- Sensor4: 초음파 센서  ← 물체 감지

△ 입력 포트

---

**TIP** | 연결된 센서값을 브릭에서 확인하기

연결된 센서들의 값을 프로그램이 아닌 EV3 본체 화면에서 직접 확인할 수 있습니다. 이는 센서들이 잘 연결되었는지를 확인할 수 있고, 컬러 센서로 컬러값이나 빛의 음영값을 측정하는 데도 사용합니다. 또한 초음파 센서로 물체와의 거리를 계산할 때 사용하면 좋습니다.

**1** 브릭의 버튼 중 오른쪽 버튼을 두 번 눌러 [Port View]가 나타나면 가운데 버튼을 눌러 선택합니다.

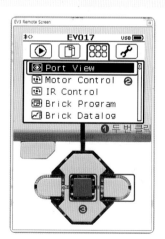

**2** 1번부터 4번까지 연결된 센서가 있으면 표시되고, 센서별로 값을 출력합니다.

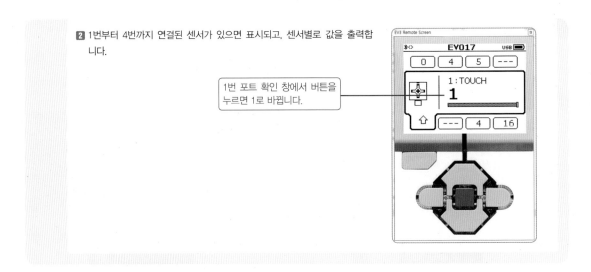

1번 포트 확인 창에서 버튼을 누르면 1로 바뀝니다.

---

## 문제 | 01   로봇이 전진하다가 버튼이 눌리면 정지해 봅시다.

프로그램을 실행하면 로봇이 계속 전진하다가 버튼이 눌리면 정지하도록 합니다.

전진하다 터치 센서가 눌리면 정지하기

벽

터치

### 문제 해결 전략 세우기

로봇을 계속 전진하다가 버튼이 눌리면 정지하고 종료하도록 합니다.

**1단계** 계속 전진하기

**2단계** 터치 센서가 눌리면 정지하기

## 엔트리로 프로그래밍하기

앞에서 설계한 [문제 해결 전략 세우기]대로 프로그래밍하여 문제를 해결합니다.

**1단계** 로봇이 계속 전진하도록 해 봅시다.

 블록 메뉴에서 [계속 반복하기] 블록을 가져와 로봇이 계속 전진할 수 있도록 합니다.

> ▶ 시작하기 버튼을 클릭했을 때
> 계속 반복하기
>   B 의 값을 30 으로 출력
>   C 의 값을 30 으로 출력

**2단계** 터치 센서가 눌리면 정지하도록 해 봅시다.

❶ 터치 센서가 1번에 연결되어 있으므로 [하드웨어] 블록 메뉴에서 < 1 의 터치센서가 작동되었는가? >, [흐름] 블록 메뉴에서 [만일 (참) 이라면] 블록을 가져와 연결합니다.

❷ 만약 1번 센서가 눌리면 모터를 정지하고 종료합니다.

> ▶ 시작하기 버튼을 클릭했을 때
> 계속 반복하기
>   B 의 값을 30 으로 출력
>   C 의 값을 30 으로 출력
>   만일 1 의 터치센서가 작동되었는가? 이라면
>     B 의 값을 0 으로 출력 ┐
>     C 의 값을 0 으로 출력 │ 1번 센서가 눌릴 경우, 모터 출력값을 0으로 지정하여 정지하기
>   반복 중단하기

● 프로그램 완성

**TIP** 왼쪽 프로그램을 조건 반복문으로 바꾸면 프로그램을 좀 더 간단하게 만들 수 있습니다.

> ▶ 시작하기 버튼을 클릭했을 때        터치 센서가 눌릴
>   1 의 터치센서가 작동되었는가? 이 될때까지 반복하기  → 때까지 반복하기
>     B 의 값을 30 으로 출력 ┐
>     C 의 값을 30 으로 출력 ┘ 전진하기를 반복하기
>   B 의 값을 0 으로 출력 ┐
>   C 의 값을 0 으로 출력 ┘ 터치 센서가 눌리면 정지하기

**실행하기** 원하는 대로 프로그램이 동작하는지 실행하여 확인해 봅시다.

프로그램 작성이 완료되면 ▶ 시작하기 버튼을 클릭하여 로봇이 제대로 동작하는지 확인합니다.

# ROBOTC로 프로그래밍하기

앞에서 설계한 [문제 해결 전략 세우기]대로 프로그래밍하여 문제를 해결합니다.

● 프로그래밍을 위한 사전 준비 ●

## 1. 센서값 읽어오기

• 센서값을 확인하기 위해서는 SensorValue 내장 변수를 사용해야 하며, SensorValue[센서 이름]으로 호출하면 해당 센서값을 확인할 수 있습니다.

• 터치 센서는 버튼을 누르면 1, 버튼을 누르고 있지 않으면 0을 반환하므로 정수형 변수로 결괏값을 받아 사용할 수 있습니다.

> [형식] 센서 읽은 값(0~100 사이의 정수형으로 반환)=SensorValue[센서 이름];
> [예]   int nb=SensorValue[btn];   ← btn 이름의 센서값을 읽어 정수형 변수 nb에 저장하기

## 2. 센서값을 EV3 브릭 화면에 출력하기

• EV3 화면에 읽은 센서값을 표현하기 위해 두 줄로 표현하는 displayBigTextLine( ) 함수와 한 줄마다 표현하는 displayTextLine( ) 함수를 사용할 수 있습니다.

> [형식] displayBigTextLine(행번호, '보여줄 내용');
> [형식] displayTextLine(행번호, '보여줄 내용');
> [예] 버튼 센서값을 읽어 화면에 큰 글자로 출력하기
> int nb = sensorValue[btn];
> while(1)
> {
>   displayBigTextLine(1, '%d', nb);   ← 화면 1행에 터치 센서값을 출력하기
> }

**1단계** 로봇이 계속 전진하도록 해 봅시다.

41쪽 프로그래밍을 위한 사전 준비 대로 사용할 센서와 모터의 이름을 설정하여 프로그램을 생성하고, 무한 반복을 위해 while(1)문을 사용하여 30의 출력값으로 로봇이 계속 전진하도록 합니다.

프로그램

```
1   #pragma config(Sensor, S1,      btn,              sensorEV3_Touch)
2   #pragma config(Sensor, S3,      cor,              sensorEV3_Color)
3   #pragma config(Sensor, S4,      ult,              sensorEV3_Ultrasonic)
4   #pragma config(Motor,  motorA,        mc,           tmotorEV3_Medium, PIDControl, encoder)
5   #pragma config(Motor,  motorB,        ml,           tmotorEV3_Large, PIDControl, encoder)
6   #pragma config(Motor,  motorC,        mr,           tmotorEV3_Large, PIDControl, encoder)
7   //*!!Code automatically generated by 'ROBOTC' configuration wizard          !!*//
8
9   task main()
10  {
11    while(1)              ← 12~15행 사이의 명령들을 무한 반복하기
12    {
13      motor[ml] = 30;
14      motor[mr] = 30;
15    }
16  }
```

**2단계** 터치 센서가 눌리면 정지하도록 해 봅시다.

'btn' 이름으로 1번에 터치 센서가 연결되어 있으므로 sensorValue[btn]로 센서값을 가져 옵니다. 만약 sensorValue[btn] 값이 1이면 모터를 정지하고 프로그램을 종료합니다.

> **프로그램**
>
> ```
>  9    task main()
> 10    {
> 11      while(1)                    ← 12~21 사이의 명령들을 무한 반복하기
> 12      {
> 13        motor[ml] = 30;     ⎫ 양쪽 모터가 30의 출력값으로 회전하기
> 14        motor[mr] = 30;     ⎭
> 15        if (SensorValue[btn] == 1)← 만약 btn 이름의 센서값이 1이면
> 16        {                             16~20행의 명령들을 실행하기
> 17          motor[ml] = 0;   ⎫ 양쪽 모터의 출력값을 0으로 하여 정지하기
> 18          motor[mr] = 0;   ⎭
> 19          break;             ← 현재 무한 반복 중인 while(1)문을 벗어나기
> 20        }
> 21      }
> 22    }
> ```

**실행하기** 원하는 대로 프로그램이 동작하는지 실행하여 확인해 봅시다.

프로그램 작성이 완료되면 프로그램을 실행하여 로봇이 제대로 동작하는지 확인합니다.

---

**TIP │ 조건문 이해**

**1. 단순 if문**

if문 다음의 조건이 참(만족)이면 '실행 영역'을 실행하고, 그렇지 않으면 if문, 즉 { }안의 명령을 실행하지 않고 벗어납니다.

[형식]
```
if (조건)
{
    실행 영역
}
```

[예] 1부터 100 사이의 수 중 홀수의 합 구하기
```
int n=1, sum=0;
while(n <= 100)
{
    if(n % 2 == 1)        ← n을 2로 나눈 나머지값이 1이면 홀수로
        sum = sum + n;         sum 변수에 누적하기
    n = n + 1;            ← n의 값을 1 증가하기
}
```

**2. if~else문**

if문 다음의 조건이 참(만족)이면 '실행 영역1'을, 거짓이면 else 다음의 '실행 영역2'를 실행합니다.

[형식]
```
if (조건)
{
    실행 영역1
}
else
{
    실행 영역2
}
```

[예] 1부터 100 사이의 수 중 홀수와 짝수의 합을 각각 구하기
```
int n=1, sum1=0, sum2=0;  ← 변수 선언 및 초기화

while(n <= 100)
{
    if(n % 2 == 1)
        sum1 = sum1 + n;   ⎫ 홀수일 때만 sum1에 홀수의 합 구하기
    else
        sum2 = sum2 + n;   ⎫ 짝수일 때만 sum2에 짝수의 합 구하기
    n = n+ 1;
}
```

### 3. if~elseif~else문

- 다중 if문으로 조건의 만족 여부에 따라 실행할 영역이 3곳 이상 달라질 때 사용합니다.
- if문 다음의 조건 A를 만족하면 '실행 영역1'을 실행하고, 만족하지 않으면 elseif 다음의 조건 B로 이동하여 만족 여부에 따라 실행 영역2 또는 다음의 elseif문 등으로 이동하여 조건에 맞는지를 묻게 됩니다. 위 조건이 모두 만족하지 않을 경우에는 else 다음의 '실행 영역n'을 실행합니다.

<table>
<tr><td>

[형식]
```
if (조건 A)
{
    실행 영역1
}
else if (조건 B)
{
    실행 영역2
}
else if (조건 C)
{
    실행 영역3
}
    ⋮
else
{
    실행 영역n
}
```
</td><td>

[예] 1부터 100 사이의 수 중 3의 배수와 5의 배수이 개수를 각각 구하기
```
int n=1, cnt = 0;          ← 정수형 변수 선언 및 초기화
while(n <= 100)            ← 100번 반복하기
{
   if(n % 3 == 0)   ⎫
      cnt = cnt + 1;  ⎬  n의 값이 3의 배수일 경우, 개수 구하기
   else if(n % 5 == 0)  ⎫
      cnt = cnt + 1;  ⎬  n의 값이 5의 배수일 경우, 개수 구하기

   n = n + 1;           ← 1부터 100까지 1씩 증가하기
}
```
</td></tr>
</table>

---

## 문제 | 02   버튼을 누르고 있을 때 전진하고, 누르지 않으면 정지해 봅시다.

버튼을 누르고 있으면 전진하기  ----------------▶  버튼을 누르지 않으면 정지하기

STOP

### 🔖➕ 문제 해결 전략 세우기

로봇을 계속 전진하다 버튼이 눌리면 정지하고 종료합니다.

**1단계** 버튼을 누르고 있으면 로봇 전진하기

**2단계** 버튼을 누르지 않으면 로봇 정지하기

앞에서 설계한 [문제 해결 전략 세우기]대로 프로그래밍하여 문제를 해결합니다.

### 1단계 버튼을 누르고 있으면 로봇이 전진하도록 해 봅시다.

버튼이 눌리는지 계속 확인하여 버튼을 누르면 30의 속도로 전진하기 위해  블록을 가져와 버튼이 눌릴 때와 눌리지 않을 때를 각각 다른 명령을 실행하도록 합니다.

> ▶ 시작하기 버튼을 클릭했을 때
>   계속 반복하기
>     만일 1▼ 의 터치센서가 작동되었는가? 이라면
>       B▼ 의 값을 30 으로 출력
>       C▼ 의 값을 30 으로 출력
>     아니면

### 2단계 버튼을 누르지 않으면 로봇을 정지해 봅시다.

버튼을 누르지 않으면 정지하기 위해 '아니면' 다음에 명령을 추가합니다.

> ▶ 시작하기 버튼을 클릭했을 때
>   계속 반복하기
>     만일 1▼ 의 터치센서가 작동되었는가? 이라면
>       B▼ 의 값을 30 으로 출력
>       C▼ 의 값을 30 으로 출력
>     아니면
>       B▼ 의 값을 0 으로 출력  ┐
>       C▼ 의 값을 0 으로 출력  ┘ 추가

◀ 프로그램 완성

### 실행하기 원하는 대로 프로그램이 동작하는지 실행하여 확인해 봅시다.

프로그램 작성이 완료되면 ▶ 시작하기 버튼을 클릭하여 로봇이 제대로 동작하는지 확인합니다.

# ROBOTC로 프로그래밍하기

앞에서 설계한 [문제 해결 전략 세우기]대로 프로그래밍하여 문제를 해결합니다.

**1단계** 버튼을 누르고 있으면 로봇이 전진하도록 해 봅시다.

❶ 41쪽 프로그래밍을 위한 사전 준비 대로 사용할 센서와 모터의 이름을 설정하여 프로그램을 생성합니다.

**프로그램**

```
1  #pragma config(Sensor, S1,      btn,              sensorEV3_Touch)
2  #pragma config(Sensor, S3,      cor,              sensorEV3_Color)
3  #pragma config(Sensor, S4,      ult,              sensorEV3_Ultrasonic)
4  #pragma config(Motor,  motorA,          mc,            tmotorEV3_Medium, PIDControl, encoder)
5  #pragma config(Motor,  motorB,          ml,            tmotorEV3_Large, PIDControl, encoder)
6  #pragma config(Motor,  motorC,          mr,            tmotorEV3_Large, PIDControl, encoder)
7  //*!!Code automatically generated by 'ROBOTC' configuration wizard              !!*//
8
```

❷ 무한 반복을 위한 while(1)문과 조건문인 if문으로 버튼을 누르고 있으면 로봇이 30의 속도로 전진하
도록 합니다.

**프로그램**

```
9   task main()
10  {
11    while(1)
12    {
13      if (SensorValue[btn] == 1)      ← 버튼이 눌리면 14~17행에 있는 명령을 실행하여 30의 속도로
14      {                                  전진하기
15        motor[ml] = 30;
16        motor[mr] = 30;
17      }
18    }
19  }
```

**2단계** 버튼을 누르지 않으면 로봇을 정지해 봅시다.

버튼이 눌리지 않았을 때는 else문 다음에 로봇이 정지하는 명령을 추가합니다.

**프로그램**

```
9   task main()
10  {
11    while(1)
12    {
13      if (SensorValue[btn] == 1)
14      {
15        motor[ml] = 30;
16        motor[mr] = 30;
17      }
18      else
19      {
20        motor[ml] = 0;          13행의 조건이 만족하지 않으면 19~22행의 명령으로 로봇을 정지하기
21        motor[mr] = 0;
22      }
```

```
23      }
24   }
```

원하는 대로 프로그램이 동작하는지 실행하여 확인해 봅시다.

프로그램 작성이 완료되면 프로그램을 실행하여 로봇이 제대로 동작하는지 확인합니다.

## 문제|03   버튼을 누를 때마다 전진, 정지를 반복해 봅시다.

버튼의 on/off 기능처럼 버튼을 누르면 전진하고, 다시 누르면 정지하기를 반복하도록 합니다.

버튼을 한 번 누르면 전진하기

다시 버튼을 누르면 정지하기

다시 버튼을 누르면 전진하기

### 문제 해결 전략 세우기

현재 버튼의 상태를 1(전진 중), 0(정지 중)으로 지장하고, 버튼을 누를 때마다 상태를 바꿔 가며 동작되도록 합니다.

1단계 버튼을 누르면 현재상태 변경하기

2단계 현재상태에 따라 로봇 전진 및 정지하기

앞에서 설계한 [문제 해결 전략 세우기]대로 프로그래밍하여 문제를 해결합니다.

**1단계** 버튼을 누르면 현재상태를 변경해 봅시다.

먼저 '현재상태를 0으로 지정하고, 버튼이 눌리는지를 계속 확인하여 버튼을 눌렀을 때 '현재상태'가 0이면 1로, 1이면 0으로 변경하는 작업을 합니다.

❶ 현재상태를 저장할 변수를 '현재상태'로 만들고, ?자료 블록 메뉴에서 [현재상태 ▼ 를 10 로 정하기]를 가져와 숫자 10을 0으로 변경합니다.

◐ 현재상태 변수 만들기

◐ 프로그램 만들기

❷ 버튼을 눌렀다 떼는 것을 확인하기 위해서는 먼저 터치 센서가 눌렸는지를 확인합니다. 버튼을 눌렀으면 다시 뗄 때까지 기다리기 위해 터치 센서를 누르지 않을 때까지 기다리기 명령어 블록이 추가되어야 합니다. 만약 눌렀던 버튼을 뗄 때까지 기다리기 명령을 추가하지 않으면 버튼을 누를 동안 여러 번 누른 조건이 만족되어 '현재상태' 값이 계속 변하는 탓에 원하는 값이 저장되지 않을 수도 있습니다. 흐름 블록 메뉴에서 [계속 반복하기], [만일 (이)라면], [[참] 이(가) 될 때까지 기다리기], 판단 블록 메뉴에서 <[참] (이)가 아니다>을 각각 가져와 다음과 같이 연결합니다.

시작하기 버튼을 클릭했을 때
현재상태 ▼ 를 0 로 정하기
계속 반복하기
　만일 1 ▼ 의 터치센서가 작동되었는가? 이라면
　　1 ▼ 의 터치센서가 작동되었는가? (이)가 아니다 이(가) 될 때까지 기다리기

❸ 버튼을 눌렀다 뗏을 때 '현재상태' 값이 0이면 1로 변경하고, 1이면 0으로 변경하는 명령어 블록을 추가 합니다.

```
시작하기 버튼을 클릭했을 때
현재상태 ▼ 를 0 로 정하기
계속 반복하기
    만일 1 ▼ 의 터치센서가 작동되었는가? 이라면
        ◁ 1 ▼ 의 터치센서가 작동되었는가? (이)가 아니다 이(가) 될 때까지 기다리기
        만일 현재상태 ▼ 값 = 0 이라면
            현재상태 ▼ 를 1 로 정하기        ⎫
        아니면                              ⎬ 추가
            현재상태 ▼ 를 0 로 정하기        ⎭
```

※ 버튼을 누를 때마다 현재상태의 값이 1 또는 0으로 바뀌는지를 확인하고 다음 명령으로 이동합니다.

**2단계** 현재상태에 따라 로봇을 전진 및 정지해 봅시다.

❶ '현재상태'의 값이 1이면 로봇을 30의 속도로 전진하고, 0이면 정지하는 명령어 블록을 추가합니다. 이때 '현재상태'의 값을 바꾼 다음 동작하도록 합니다.

```
시작하기 버튼을 클릭했을 때
현재상태 ▼ 를 0 로 정하기
계속 반복하기
    만일 1 ▼ 의 터치센서가 작동되었는가? 이라면
        ◁ 1 ▼ 의 터치센서가 작동되었는가? (이)가 아니다 이(가) 될 때까지 기다리기
        만일 현재상태 ▼ 값 = 0 이라면
            현재상태 ▼ 를 1 로 정하기
            B ▼ 의 값을 30 으로 출력        ⎫
            C ▼ 의 값을 30 으로 출력        ⎬ 추가
        아니면                              ⎭
            현재상태 ▼ 를 0 로 정하기
            B ▼ 의 값을 0 으로 출력          ⎫
            C ▼ 의 값을 0 으로 출력          ⎬ 추가
                                           ⎭
```

◀ 프로그램 완성

**실행하기** 원하는 대로 프로그램이 동작하는지 실행하여 확인해 봅시다.

프로그램 작성이 완료되면 ▶ 시작하기 버튼을 클릭하여 로봇이 제대로 동작하는지 확인합니다.

앞에서 설계한 [문제 해결 전략 세우기]대로 프로그래밍하여 문제를 해결합니다.

**1단계** 버튼을 누르면 현재상태를 변경해 봅시다.

현재상태를 저장할 변수 nstate를 정수형 변수로 선언하고, 초깃값을 0으로 지정합니다. 버튼이 눌렸는지를 확인한 후 만약 버튼이 눌렸을 경우 뗄 때까지 기다립니다. 이때 nstate값이 0이면 1로 변경하고, 1이면 0으로 변경한 후 로봇을 정지하는 명령을 추가합니다.

**프로그램**

```
1    #pragma config(Sensor, S1,      btn,              sensorEV3_Touch)
2    #pragma config(Sensor, S3,      cor,              sensorEV3_Color)
3    #pragma config(Sensor, S4,      ult,              sensorEV3_Ultrasonic)
4    #pragma config(Motor,  motorA,          mc,              tmotorEV3_Medium, PIDControl, encoder)
5    #pragma config(Motor,  motorB,          ml,              tmotorEV3_Large, PIDControl, encoder)
6    #pragma config(Motor,  motorC,          mr,              tmotorEV3_Large, PIDControl, encoder)
7    //*!!Code automatically generated by 'ROBOTC' configuration wizard         !!*//
8
9    task main()
10   {
11     int nstate = 0;
12     while(1)
13     {
14       if (SensorValue[btn] == 1)
15       {
16         while(SensorValue[btn] == 1){}
17         if(nstate == 0)
18         {
19           nstate = 1;
20         }
21         else
22         {
23           nstate = 0;
24         }
25       }
26     }
27   }
```

← 버튼이 눌리면 15~25행 안의 명령들을 실행하기

← 버튼이 눌려 있을 경우 계속 다음 명령 없이 기다리고, 버튼에서 손을 떼면 17행으로 이동하기

nstate값이 0이면 1로 변경하기

nstate값이 1이면 0으로 변경하기

**2단계** 버튼을 누르지 않으면 로봇을 정지해 봅시다.

nstate값이 1이면 로봇을 30의 속도로 전진하고, 0이면 로봇을 정지하는 명령을 추가합니다.

**프로그램**

```
9    task main()
10   {
11     int nstate = 0;
12     while(1)
13     {
14       if (SensorValue[btn] == 1)
15       {
16         while(SensorValue[btn] == 1){}
17         if(nstate == 0)
18         {
19           nstate = 1;
20           motor[ml] = 30;
21           motor[mr] = 30;
22         }
23         else
24         {
```

19행에서 nstate값이 1이 되므로 로봇을 30의 속도로 전진하기

```
25              nstate = 0;
26              motor[ml] = 0;
27              motor[mr] = 0;
28          }
29        }
30      }
31  }
```

25행에서 nstate값이 0이 되므로 로봇을 정지하기

**실행하기** 원하는 대로 프로그램이 동작하는지 실행하여 확인해 봅시다.

프로그램 작성이 완료되면 프로그램을 실행하여 로봇이 제대로 동작하는지 확인합니다.

## 문제│04   버튼을 누를 때마다 전진, 정지, 후진, 정지 동작을 해 봅시다.

한 개의 버튼을 이용하여 버튼을 누를 때마다 전진, 정지, 후진, 정지하는 동작을 반복하도록 합니다.

DRIVE — 버튼을 누르면 전진하기

STOP — 다시 버튼을 누르면 정지하기

REVERSE — 다시 버튼을 누르면 후진하기

STOP — 다시 버튼을 누르면 정지하기

DRIVE — 다시 버튼을 누르면 전진하기

### 문제 해결 전략 세우기

4개의 기능이 번갈아 실행되므로 버튼을 누를 때마다 1씩 증가하고, 해당 변수의 값을 4로 나눈 나머지값(0, 1, 2, 3)에 따라 로봇이 동작되도록 프로그램을 작성합니다.

**1단계** 버튼을 누를 때마다 변수의 값을 1 증가하기

**2단계** 변수의 값에 따라 로봇 동작하기

앞에서 설계한 [문제 해결 전략 세우기]대로 프로그래밍하여 문제를 해결합니다.

**1단계** 버튼을 누를 때마다 변수의 값을 1씩 증가해 봅시다.

'카운트' 변수를 만들고 버튼을 누를 때마다 카운트 변수의 값이 1씩 증가하도록 합니다.

```
시작하기 버튼을 클릭했을 때
카운트▼ 를 0 로 정하기
계속 반복하기
    만일  1 의 터치센서가 작동되었는가?  이라면
        1 의 터치센서가 작동되었는가? (이)가 아니다 이(가) 될 때까지 기다리기
        카운트▼ 에 1 만큼 더하기
```

**2단계** 변수의 값에 따라 로봇이 동작하도록 해 봅시다.

❶ 4개의 동작을 해야 하므로, '카운트' 변수의 값을 4로 나눈 나머지값에 따라 1이면 전진, 2이면 정지, 3이면 후진, 0이면 정지하는 명령어 블록을 추가합니다.

❷ 계산 블록 메뉴에서 ( 10 / 10 의 몫▼ ), 몫 나머지 블록을 가져와 프로그램을 작성합니다. '카운트'의 값이 2와 0일 때는 정지이므로 판단 블록 메뉴에서 참 또는 거짓 연산을 가져와 연결하면 프로그램을 간결하게 만들 수 있습니다.

```
시작하기 버튼을 클릭했을 때
카운트▼ 를 0 로 정하기
계속 반복하기
    만일  1 의 터치센서가 작동되었는가?  이라면
        1 의 터치센서가 작동되었는가? (이)가 아니다 이(가) 될 때까지 기다리기
        카운트▼ 에 1 만큼 더하기
        만일  ( 카운트▼ 값 / 4 의 나머지▼ = 1 ) 이라면
            B▼ 의 값을 30 으로 출력
            C▼ 의 값을 30 으로 출력
        만일  ( 카운트▼ 값 / 4 의 나머지▼ = 2  또는  카운트▼ 값 / 4 의 나머지▼ = 0 ) 이라면
            B▼ 의 값을 0 으로 출력
            C▼ 의 값을 0 으로 출력
        만일  ( 카운트▼ 값 / 4 의 나머지▼ = 3 ) 이라면
            B▼ 의 값을 -30 으로 출력
            C▼ 의 값을 -30 으로 출력
```

◀ 프로그램 완성

**TIP** | 다음과 같이 '만일 ~ 아니면' 블록으로 프로그램을 작성할 수도 있습니다. 만일 '카운트' 값이 1일 경우 전진, 3일 경우 후진, 나머지는 정지하기가 됩니다.

**실행하기** 원하는 대로 프로그램이 동작하는지 실행하여 확인해 봅시다.

프로그램 작성이 완료되면 ▶ 시작하기 버튼을 클릭하여 로봇이 제대로 동작하는지 확인합니다.

## ROBOTC로 프로그래밍하기

앞에서 설계한 [문제 해결 전략 세우기]대로 프로그래밍하여 문제를 해결합니다.

**1단계** 버튼을 누를 때마다 변수의 값을 1씩 증가해 봅시다.

❶ 버튼을 누를 때마다 1씩 증가하는 정수형 변수 count를 만들고, 0으로 초기화합니다.

❷ 버튼이 눌리는지 확인하고 버튼이 눌릴 때마다 count 변수의 값을 1씩 증가합니다.

**프로그램**

```
1   #pragma config(Sensor, S1,      btn,              sensorEV3_Touch)
2   #pragma config(Sensor, S3,      cor,              sensorEV3_Color)
3   #pragma config(Sensor, S4,      ult,              sensorEV3_Ultrasonic)
4   #pragma config(Motor,  motorA,          mc,            tmotorEV3_Medium, PIDControl, encoder)
5   #pragma config(Motor,  motorB,          ml,            tmotorEV3_Large, PIDControl, encoder)
6   #pragma config(Motor,  motorC,          mr,            tmotorEV3_Large, PIDControl, encoder)
7   //*!!Code automatically generated by 'ROBOTC' configuration wizard           !!*//
8
9   task main()
10  {
11    int count = 0;                      ← count 이름의 정수형 변수를 선언하고 0으로 초깃값을 지정하기
12    while(1)
13    {
14      if (SensorValue[btn] == 1)
15      {
16        while(SensorValue[btn] == 1){}
17        count++;                        ← 버튼을 눌렀다 놓으면 count값을 1 증가하기
18      }
19    }
20  }
```

**2단계** 변수의 값에 따라 로봇이 동작하도록 해 봅시다.

count 변수의 값을 4로 나눈 나머지값이 1일 때는 전진, 3일 때는 후진, 2와 0일 때는 정지하는 명령을 추가합니다. 나눈 나머지값을 구하는 연산자는 %를 이용합니다.

**프로그램**

```
9   task main()
10  {
11    int count = 0;
12    while(1)
13    {
14      if (SensorValue[btn] == 1)
15      {
16        while(SensorValue[btn] == 1){}
17        count++;
18
19        if(count % 4 == 1)          ┐ count 변수의 값을 4로 나눈
20        {                           │ 나머지가 1이면 로봇을 30의
21          motor[ml] = 30;           │ 속도로 전진하기
22          motor[mr] = 30;           │
23        }                           ┘
24        else if (count % 4 == 3)    ┐ count 변수의 값을 4로 나눈
25        {                           │ 나머지가 3이면 로봇을 -30의
26          motor[ml] = -30;          │ 속도로 후진하기
27          motor[mr] = -30;          │
28        }                           ┘
```

```
29              else
30              {
31                  motor[ml] = 0;
32                  motor[mr] = 0;
33              }
34          }
35      }
36  }
```

count 변수의 값을 4로 나눈 나머지가 2 또는 0이면 로봇을 정지하기

**실행하기** 원하는 대로 프로그램이 동작하는지 실행하여 확인해 봅시다.

프로그램 작성이 완료되면 프로그램을 실행하여 로봇이 제대로 동작하는지 확인합니다.

## 문제 | 05  EV3 브릭 버튼에 따라 움직이도록 해 봅시다.

EV3 프로그램에서 사용할 수 있는 버튼이 하나일까요? 다행히 EV3 본체 브릭에는 5개의 버튼을 사용할 수 있습니다. 전후좌우 버튼 중 누르는 버튼에 따라 자동차 로봇이 움직이는 프로그램을 작성하도록 합니다.

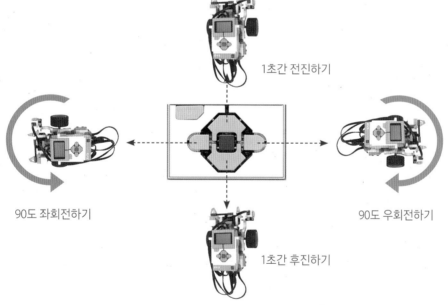

1초간 전진하기

90도 좌회전하기

90도 우회전하기

1초간 후진하기

## 🚩 문제 해결 전략 세우기

각 버튼에 해당하는 기능을 프로그램으로 작성합니다.

**1단계** 위쪽 버튼을 누르면 1초간 전진하기

**2단계** 아래쪽 버튼을 누르면 1초간 후진하기

**3단계** 왼쪽 버튼을 누르면 90도로 좌회전하고, 오른쪽 버튼을 누르면 90도로 우회전하기

## 엔트리로 프로그래밍하기

앞에서 설계한 [문제 해결 전략 세우기]대로 프로그래밍하여 문제를 해결합니다.

**1단계** 위쪽 버튼을 누르면 1초간 전진해 봅시다.

〈 위▼ 버튼이 눌려져있는가? 〉 블록을 가져와 '위' 버튼이 눌리면 30의 속도로 1초간 전진합니다.

▶ 시작하기 버튼을 클릭했을 때
계속 반복하기
  만일 위▼ 버튼이 눌려져있는가? 이라면
    B▼ 의 값을 30 으로 출력
    C▼ 의 값을 30 으로 출력      → 브릭의 위쪽 버튼을 누르면 1초간 30의 출력값으로 전진하기
    1 초 기다리기
  B▼ 의 값을 0 으로 출력
  C▼ 의 값을 0 으로 출력      → 동작이 끝나면 정지한 상태로 있기

※ 위쪽 버튼을 눌렀다 놓을 때까지 1초간 기다리기를 추가해야 합니다. 하지만 여기서는 버튼을 누르면 1초간 전진하는 프로그램이므로, 1초 안에 버튼을 눌렀다 놓을 때까지 기다리기 기능이 빠져도 정상적으로 작동됩니다.

**2단계** 아래쪽 버튼을 누르면 1초간 후진해 봅시다.

'아래' 버튼이 눌리면 30의 속도로 1초간 후진하는 명령을 추가합니다.

▶ 시작하기 버튼을 클릭했을 때
계속 반복하기
  만일 위▼ 버튼이 눌려져있는가? 이라면
    B▼ 의 값을 30 으로 출력
    C▼ 의 값을 30 으로 출력
    1 초 기다리기
  만일 아래▼ 버튼이 눌려져있는가? 이라면
    B▼ 의 값을 -30 으로 출력
    C▼ 의 값을 -30 으로 출력      → 브릭의 아래쪽 버튼을 누르면 1초간 -30의 출력값으로 후진하기
    1 초 기다리기
  B▼ 의 값을 0 으로 출력
  C▼ 의 값을 0 으로 출력

**3단계** 왼쪽 버튼을 누르면 90도로 좌회전하고, 오른쪽 버튼을 누르면 90도로 우회전해 봅시다.

　왼쪽 버튼을 누르면 90도로 좌회전하고, 오른쪽 버튼을 누르면 90도로 우회전하는 동작은 각도로 회전하기를 이용하여 프로그램을 완성합니다.

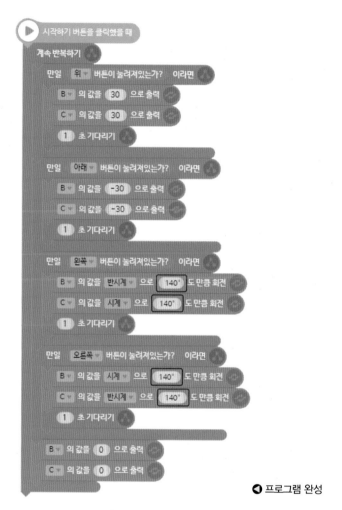

◀ 프로그램 완성

※ 140°는 51쪽에서 90도 우회전을 위해 찾아 놓은 값을 사용했습니다.

**실행하기** 원하는 대로 프로그램이 동작하는지 실행하여 확인해 봅시다.

　프로그램 작성이 완료되면 ▶ 시작하기 버튼을 클릭하여 로봇이 제대로 동작하는지 확인합니다.

# ROBOTC로 프로그래밍하기

앞에서 설계한 [문제 해결 전략 세우기]대로 프로그래밍하여 문제를 해결합니다.

### ● 프로그래밍을 위한 사전 준비 ●

브릭의 버튼을 사용하기 위해서는 조건문인 if문과 getButtonPress 함수를 함께 사용해야 합니다.

[형식]
getButtonPress('조작할 버튼')

'조작할 버튼'에 들어갈 수 있는 값
buttonNone: No button(0)
buttonUp: Up button(1)
buttonEnter: Enter button(2)
buttonDown: Down button(3)
buttonRight: Right button(4)
buttonLeft: Left button(5)
buttonBack: Back button(6)
buttonAny: Any button(7)

[예] 위쪽 버튼을 누르면 1초간 전진하기
```
if(getButtonPress(buttonUp) == 1)
{
    motor[ml] = 30;
    motor[mr] = 30;
    delay(1000);
}
```

### 1단계 위쪽 버튼을 누르면 1초간 전진해 봅시다.

위쪽 버튼을 누르는지 확인하고, 버튼이 눌리면 1초간 30의 출력값으로 전진하는 프로그램을 작성합니다.

**프로그램**

```
1   #pragma config(Sensor, S1,      btn,              sensorEV3_Touch)
2   #pragma config(Sensor, S3,      cor,              sensorEV3_Color)
3   #pragma config(Sensor, S4,      ult,              sensorEV3_Ultrasonic)
4   #pragma config(Motor,  motorA,           mc,      tmotorEV3_Medium, PIDControl, encoder)
5   #pragma config(Motor,  motorB,           ml,      tmotorEV3_Large, PIDControl, encoder)
6   #pragma config(Motor,  motorC,           mr,      tmotorEV3_Large, PIDControl, encoder)
7   //*!!Code automatically generated by 'ROBOTC' configuration wizard          !!*//
8
9   task main()
10  {
11    while(1)
12    {
13      if(getButtonPress(buttonUp) == 1)      ← 브릭의 위쪽 버튼이 눌리면 1을 반환하기
14      {
15        motor[ml] = 30;
16        motor[mr] = 30;                      } 브릭의 위쪽 버튼이 눌리면 1초간 30의 출력값으로 전진하기
17        delay(1000);
18      }
19      motor[ml] = 0;
20      motor[mr] = 0;                         } 버튼이 눌리지 않거나 눌려 처리가 끝난 후 정지하기
21    }
22  }
```

※ 버튼을 눌렀을 때 최소 1초간 동작하므로 버튼을 눌렀는지, 놓았는지를 확인하는 명령은 생략되었습니다.

### 2단계 아래쪽 버튼을 누르면 1초간 후진해 봅시다.

브릭의 '아래' 버튼을 누르는지 확인하고, '아래' 버튼을 누르면 1초간 후진하는 명령을 추가합니다.

```
 9    task main()
10    {
11      while(1)
12      {
13        if(getButtonPress(buttonUp) == 1)
14        {
15          motor[ml] = 30;
16          motor[mr] = 30;
17          delay(1000);
18        }
19        else if (getButtonPress(buttonDown) == 1)  ← 브릭의 아래쪽 버튼이 눌렸는지(반환값 1)
20        {                                              를 확인하기
21          motor[ml] = -30;
22          motor[mr] = -30;            아래쪽 버튼이 눌리면 1초간 -30의 속도로 후진하기
23          delay(1000);
24        }
25        motor[ml] = 0;
26        motor[mr] = 0;
27      }
28    }
```

**3단계** 왼쪽 버튼을 누르면 90도로 좌회전하고, 오른쪽 버튼을 누르면 90도로 우회전해 봅시다.

엔코더를 이용하여 왼쪽 버튼을 누르면 90도 좌회전하기와 오른쪽 버튼을 누르면 90도 우회전하는 프로그램을 완성합니다.

```
 9    task main()
10    {
11      while(1)
12      {
13        if(getButtonPress(buttonUp) == 1)
14        {
15          motor[ml] = 30;
16          motor[mr] = 30;
17          delay(1000);
18        }
19        else if (getButtonPress(buttonDown) == 1)
20        {
21          motor[ml] = -30;
22          motor[mr] = -30;
23          delay(1000);
24        }
25        else if (getButtonPress(buttonLeft) == 1)   ← 브릭의 왼쪽 버튼이 눌리는지(반환값 1)를
26        {                                               확인하기
27          moveMotorTarget(ml, -175, -30);
28          moveMotorTarget(mr, 175, 30);        왼쪽 버튼이 눌리면 엔코더를
29          waitUntilMotorStop(ml);              이용하여 90도 좌회전하기
30          waitUntilMotorStop(mr);
31        }
32        else if (getButtonPress(buttonRight) == 1)  ← 브릭의 오른쪽 버튼이 눌리는지(반환값 1)를
33        {                                               확인하기
34          moveMotorTarget(ml, 175, 30);
35          moveMotorTarget(mr, -175, -30);      오른쪽 버튼이 눌리면 엔코더
36          waitUntilMotorStop(ml);              를 이용하여 90도 우회전하기
37          waitUntilMotorStop(mr);
38        }
```

```
39        motor[ml] = 0;
40        motor[mr] = 0;
41    }
42 }
```

원하는 대로 프로그램이 동작하는지 실행하여 확인해 봅시다.

프로그램 작성이 완료되면 프로그램을 실행하여 로봇이 제대로 동작하는지 확인합니다.

## 문제 | 06    기억한 대로 움직이게 해 봅시다.

EV3 브릭의 상하좌우 버튼을 10번 이내로 누른 동작을 순서대로 기억하고, 가운데 버튼을 누르면 기억한 순서대로 동작하는 프로그램을 작성합니다.

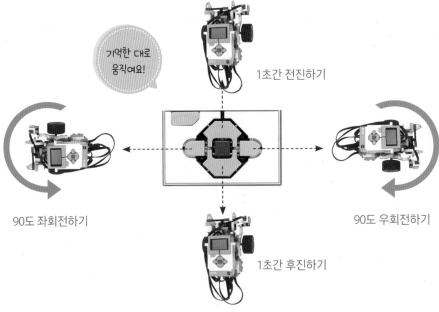

기억한 대로 움직여요!

1초간 전진하기

90도 좌회전하기

90도 우회전하기

1초간 후진하기

[예] 위쪽 버튼 – 위쪽 버튼 – 좌회전 버튼 – 위쪽 버튼 – 우회전 버튼 – 후진 버튼 – 가운데 버튼 → 2초간 전진 후, 90도 좌회전하기, 1초간 전진하기, 90도 우회전하기, 1초간 후진하기

### 문제 해결 전략 세우기

각 버튼에 해당하는 기능을 프로그램으로 작성합니다.

**1단계** 상하좌우 버튼을 누르면 각각 누른 횟수 기억하기

**2단계** 버튼을 10회 눌렀거나 가운데 버튼을 누르면 순서대로 동작하기

앞에서 설계한 [문제 해결 전략 세우기]대로 프로그래밍하여 문제를 해결합니다.

● 프로그래밍을 위한 사전 준비 ●

• 리스트 사용하기

엔트리에서는 여러 개의 변수를 필요로 할 때 기억 공간에 일일이 변수명들을 각각 지정하여 사용하기보다는 한번에 여러 개의 변수를 지정할 수 있는 리스트를 사용하면 프로그램을 더 효율적으로 작성할 수 있습니다.

**1** [속성]−[리스트]−[+리스트 추가] 메뉴를 클릭하고 '데이터'란 이름의 리스트를 생성합니다.

**2** 버튼을 누르는 횟수 기억하기와 순서대로 동작하기와 같이 프로그램을 2개로 나눠 해결하도록 합니다. 먼저 동작하기 신호를 만듭니다. [속성]−[신호]−[+ 신호 추가]를 클릭하고, '동작하기'란 이름의 신호를 만듭니다.

🔺 데이터 리스트 만들기

🔺 동작하기 신호 만들기

**1단계** 상하좌우 버튼을 누르면 각각 누른 횟수를 기억해 봅시다.

❶ 상하좌우 누른 버튼 횟수를 기억하기 위해 '카운트' 변수를 만들고 0으로 초기화합니다.

❷ 위쪽 버튼을 누르는지 확인하고, 만일 위쪽 버튼을 눌렀다 놓으면 '데이터' 리스트에 1을 추가합니다. 그리고 버튼 한 개를 눌렀으므로 '카운트' 값을 1 증가하는 명령어 블록을 추가합니다.

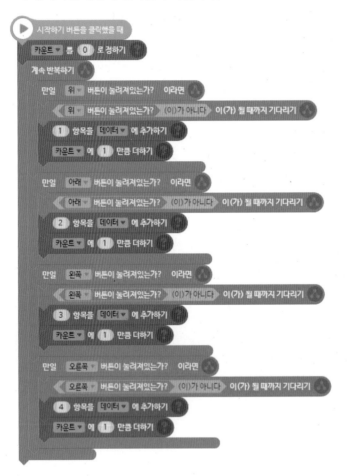

❸ 아래, 왼쪽, 오른쪽 버튼을 눌렀을 때도 각각 2, 3, 4를 '데이터' 리스트에 추가하고, '카운트' 값을
1 증가하는 명령어 블록을 추가합니다.

❹ 만약 '카운트' 값이 10이거나 가운데 버튼을 누르면 '동작하기' 신호를 보내고, 기다리기를 추가합니
다. 동작이 완료되면 모든 코드 멈추기를 통하여 프로그램을 종료합니다.

시작하기 버튼을 클릭했을 때
카운트 ▼ 를 0 로 정하기
계속 반복하기
  만일 위 ▼ 버튼이 눌려져있는가? 이라면
    ( 위 ▼ 버튼이 눌려져있는가? (이)가 아니다 ) 이(가) 될 때까지 기다리기
    1 항목을 데이터 ▼ 에 추가하기
    카운트 ▼ 에 1 만큼 더하기
  만일 아래 ▼ 버튼이 눌려져있는가? 이라면
    ( 아래 ▼ 버튼이 눌려져있는가? (이)가 아니다 ) 이(가) 될 때까지 기다리기
    2 항목을 데이터 ▼ 에 추가하기
    카운트 ▼ 에 1 만큼 더하기
  만일 왼쪽 ▼ 버튼이 눌려져있는가? 이라면
    ( 왼쪽 ▼ 버튼이 눌려져있는가? (이)가 아니다 ) 이(가) 될 때까지 기다리기
    3 항목을 데이터 ▼ 에 추가하기
    카운트 ▼ 에 1 만큼 더하기
  만일 오른쪽 ▼ 버튼이 눌려져있는가? 이라면
    ( 오른쪽 ▼ 버튼이 눌려져있는가? (이)가 아니다 ) 이(가) 될 때까지 기다리기
    4 항목을 데이터 ▼ 에 추가하기
    카운트 ▼ 에 1 만큼 더하기
  만일 ( 카운트 ▼ 값 = 10 또는 가운데 ▼ 버튼이 눌려져있는가? ) 이라면
    ( 가운데 ▼ 버튼이 눌려져있는가? (이)가 아니다 ) 이(가) 될 때까지 기다리기
    동작하기 ▼ 신호 보내고 기다리기
    모든 ▼ 코드 멈추기

◀ 프로그램 완성_1

**2단계** 버튼을 10회 눌렀거나 가운데 버튼을 누르면 순서대로 동작하도록 해 봅시다.

❶ 동작하기 신호를 받으면 '동작순서'라는 이름의 변수를 추가하고, '동작순서' 값을 1로 초기화합니다. 이 변수는 '동작순서' 값이 '카운트' 값이 될 때까지 1씩 증가하면서 순서대로 실행하기 위해 필요합니다.

❷ '~인 동안 반복하기' 블록을 이용하여 '동작순서' 값이 '카운트' 값보다 작거나 같을 때까지 반복하는 명령어 블록을 추가합니다. 또한 동작하지 않을 때는 정지하기 위해 반복문 밑에 로봇을 정지하는 명령어 블록을 추가합니다.

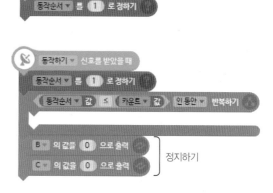

동작하기 ▼ 신호를 받았을 때
동작순서 ▼ 를 1 로 정하기

동작하기 ▼ 신호를 받았을 때
동작순서 ▼ 를 1 로 정하기
( 동작순서 ▼ 값 ≤ 카운트 ▼ 값 ) 인 동안 ▼ 반복하기

B ▼ 의 값을 0 으로 출력 ⎤
C ▼ 의 값을 0 으로 출력 ⎦ 정지하기

❸ '데이터' 리스트의 '동작순서' 값
번째 항목에 기억된 값이 1이라
면 1초간 전진하는 명령어 블록
을 추가합니다.

```
동작하기 ▼ 신호를 받았을 때
동작순서 ▼ 를 1 로 정하기
동작순서 ▼ 값 ≤ 카운트 ▼ 값 인 동안 ▼ 반복하기
   만일 데이터 ▼ 의 동작순서 ▼ 값 번째 항목 = 1 이라면      ⎫
      B ▼ 의 값을 50 으로 출력                               ⎬ 추가
      C ▼ 의 값을 50 으로 출력                               ⎪
      1 초 기다리기                                          ⎭
B ▼ 의 값을 0 으로 출력
C ▼ 의 값을 0 으로 출력
```

❹ '동작순서' 값을 1씩 증가하면서
'데이터' 리스트의 각 항목에 기
억된 값을 하나씩 확인하여 1이
면 1초간 전진, 2이면 1초간 후
진, 3이면 90도 좌회전, 4이면
90도 우회전하는 명령어 블록
을 추가합니다.

```
동작하기 ▼ 신호를 받았을 때
동작순서 ▼ 를 1 로 정하기
동작순서 ▼ 값 ≤ 카운트 ▼ 값 인 동안 ▼ 반복하기
   만일 데이터 ▼ 의 동작순서 ▼ 값 번째 항목 = 1 이라면
      B ▼ 의 값을 50 으로 출력
      C ▼ 의 값을 50 으로 출력
      1 초 기다리기
   만일 데이터 ▼ 의 동작순서 ▼ 값 번째 항목 = 2 이라면
      B ▼ 의 값을 -50 으로 출력
      C ▼ 의 값을 -50 으로 출력
      1 초 기다리기
   만일 데이터 ▼ 의 동작순서 ▼ 값 번째 항목 = 3 이라면
      B ▼ 의 값을 반시계 ▼ 으로 140° 도 만큼 회전
      C ▼ 의 값을 시계 ▼ 으로 140° 도 만큼 회전
      1 초 기다리기
   만일 데이터 ▼ 의 동작순서 ▼ 값 번째 항목 = 4 이라면
      B ▼ 의 값을 시계 ▼ 으로 140° 도 만큼 회전
      C ▼ 의 값을 반시계 ▼ 으로 140° 도 만큼 회전
      1 초 기다리기
   동작순서 ▼ 에 1 만큼 더하기
B ▼ 의 값을 0 으로 출력
C ▼ 의 값을 0 으로 출력
```

◀ 프로그램 완성_2

**실행하기** 원하는 대로 프로그램이 동작하는지 실행하여 확인해 봅시다.

프로그램 작성이 완료되면 [ ▶ 시작하기 ] 버튼을 클릭하여 로봇이 제대로 동작하는지 확인합니다.

앞에서 설계한 [문제 해결 전략 세우기]대로 프로그래밍하여 문제를 해결합니다.

**● 프로그래밍을 위한 사전 준비 ●**

## 1. 배열 변수

누른 버튼 값을 10개까지 기억해야 하므로 10개의 변수가 필요한데, 이때 배열 변수를 사용하면 편리합니다. 배열 이란 둘 이상의 같은 자료형의 변수를 동시에 선언하는 효과가 있으며, 많은 양의 데이터를 일괄 처리할 때 유용합니다.

[형식] 자료형 배열명[크기]
[예]　int data[10];　← 기억 공간에 data라는 배열명으로 정수형 변수 10개 선언하기
기억 공간

| data[0] | data[1] | data[2] | data[3] | data[4] | data[5] | data[6] | data[7] | data[8] | data[9] |
|---|---|---|---|---|---|---|---|---|---|

※ 배열 요소는 항상 0번지부터 시작합니다.

## 2. 지역 변수와 전역 변수 이해

• 지역 변수: 변수를 특정 함수 내에서만 사용할 수 있도록 함수 내에서 선언하여 사용합니다.

• 전역 변수: 함수 바깥에서 선언하는 변수로 프로그램 전체에서 사용할 수 있습니다.

[예]

| 지역 변수는 함수 내에서 선언하기 | 전역 변수는 함수 바깥에서 선언하기 |
|---|---|
| void go( )<br>{<br>　int count;　← 지역 변수 선언<br>　…<br>} | int count;　← 전역 변수 선언<br>void go( )<br>{<br>　…<br>} |

## 3. 상하좌우 버튼을 누른 값을 숫자로 기억하기

상하좌우 버튼을 누를 때마다 순차적으로 기억해 놓아야 하므로 아래와 같은 규칙을 정한 후, 프로그램을 작성할 때 사용합니다.

브릭의 위쪽 버튼을 누르면 1을 저장합니다.
브릭의 아래 버튼을 누르면 2를 저장합니다.
브릭의 왼쪽 버튼을 누르면 3을 저장합니다.
브릭의 오른쪽 버튼을 누르면 4를 저장합니다.

## 4. 논리 연산자 이해하기

• 논리 연산자의 종류에는 &&, ||, !이 있습니다.

• &&: AND(그리고) 연산을 의미하는 연산자로, 여러 개의 조건이 모두 참인 경우만 전체 결과도 참이 됩니다.

[예]　count 변수의 값이 3의 배수이면서 5의 배수를 찾고자 할 때
　　　if(count % 3 == 0 && count % 5 == 0) { }

- **||**: OR(또는, ~이거나) 연산을 의미하는 연산자로, 둘 중 하나 이상의 조건이 참이면 전체 결과도 참이 됩니다.

> **[예]**  count 변수의 값이 3의 배수이거나 5의 배수를 찾고자 할 때
> if( count % 3 == 0 || count % 5 == 0) { }

- **!**: NOT(부정) 연산을 의미하는 연산자로, 조건이 참이면 거짓, 거짓이면 참이 됩니다.

> **[예]**  3의 배수가 아닌 것을 찾고자 할 때
> if (! count % 3 == 0) { }

---

**1단계** 상하좌우 버튼을 누르면 각각 누른 횟수를 기억해 봅시다.

**①** 41쪽 프로그래밍을 위한 사전 준비 대로 사용할 센서와 모터의 이름을 설정하여 프로그램을 생성합니다.

**프로그램**

```
1   #pragma config(Sensor, S1,     btn,                  sensorEV3_Touch)
2   #pragma config(Sensor, S3,     cor,                  sensorEV3_Color)
3   #pragma config(Sensor, S4,     ult,                  sensorEV3_Ultrasonic)
4   #pragma config(Motor,  motorA,          mc,          tmotorEV3_Medium, PIDControl, encoder)
5   #pragma config(Motor,  motorB,          ml,          tmotorEV3_Large, PIDControl, encoder)
6   #pragma config(Motor,  motorC,          mr,          tmotorEV3_Large, PIDControl, encoder)
7   //*!!Code automatically generated by 'ROBOTC' configuration wizard              !!*//
8
```

**②** 상하좌우 버튼을 누른 횟수와 어느 버튼을 눌렀는지를 기억하기 위한 정수형 전역 변수 count와 배열 변수 d[10]을 선언합니다.

**프로그램**

```
9    int d[10];        ← 어느 버튼을 눌렀는지를 기억하기 위해 d로 정수형 배열 변수 10개 선언하기
10   int count = 0;    ← 버튼을 누른 횟수를 기억하기 위해 count 변수를 선언하고 0으로 초기화하기
11
12   task main()
13   {
14
15   }
```

**③** 위쪽 버튼을 누르면 배열 d의 count번째 요소에 1을 저장하고, 다음 배열 위치로 이동하기 위해 count를 1씩 증가하는 명령을 추가합니다. 이때 displayBigTextLine 함수를 이용하여 화면 1행에 count값을 출력합니다.

**프로그램**

```
9    int d[10];
10   int count =0;
11
12   task main()
13   {
14     while(1)
15     {
```

```
16        displayBigTextLine(1,"%d", count);  ← count 변수의 값을 화면에 큰 글씨로 보여 주기
17        if(getButtonPress(buttonUp) == 1)  ← 브릭의 위쪽 버튼이 눌렸는지 확인하기
18        {
19          while(getButtonPress(buttonUp) == 1){}  ← 브릭의 위쪽 버튼을 눌렀다 놓을 때까지 기다리기
20          d[count] = 1;      ← 배열 d의 count 위치에 위쪽 버튼을 눌렀으면 1을 저장하기
21          count++;           ← 버튼을 하나 눌렀으므로 count 변수의 값을 1 증가하기
22        }
23      }
24    }
```

❹ 상하좌우 버튼을 눌렀을 때도 배열 d에 각각 2, 3, 4를 저장하고, count 변수의 값을 1 증가하는 명령을 추가합니다.

**프로그램**

```
12    task main()
13    {
14      while(1)
15      {
16        displayBigTextLine(1,"%d", count);
17        if(getButtonPress(buttonUp) == 1)
18        {
19          while(getButtonPress(buttonUp) == 1){}
20          d[count] = 1;
21          count++;
22        }
23        else if (getButtonPress(buttonDown) == 1)
24        {
25          while(getButtonPress(buttonDown) == 1){}      아래쪽 버튼을 누르면 배열 d에 2를 저
26          d[count] = 2;                                  장하고 count값을 1 증가하기
27          count++;
28        }
29        else if (getButtonPress(buttonLeft) == 1)
30        {
31          while(getButtonPress(buttonLeft) == 1){}       왼쪽 버튼을 누르면 배열 d에 3을 저장
32          d[count] = 3;                                  하고 count값을 1 증가하기
33          count++;
34        }
35        else if (getButtonPress(buttonRight) == 1)
36        {
37          while(getButtonPress(buttonRight) == 1){}      오른쪽 버튼을 누르면 배열 d에 4를 저
38          d[count] = 4;                                  장하고 count값을 1 증가하기
39          count++;
40        }
41      }
42    }
```

**2단계** 버튼을 10회 눌렀거나 가운데 버튼을 누르면 순서대로 동작하도록 해 봅시다.

상하좌우 버튼을 누른 횟수인 count값이 10이 되거나, 가운데 버튼을 누르면 배열 d에 저장된 순서대로 동작되는 명령을 추가합니다.

❶ go 함수를 만들어 count값이 10이 되거나, 가운데 버튼을 누르면 go 함수를 호출하여 순서대로 로봇이 동작되는 명령을 추가합니다.

```
12    task main()
13    {
14      while(1)
15      {
16        displayBigTextLine(1,"%d", count);
17        if(getButtonPress(buttonUp) == 1)
18        {
19          while(getButtonPress(buttonUp) == 1){}
20          d[count] = 1;
21          count++;
22        }
23        else if (getButtonPress(buttonDown) == 1)
24        {
25          while(getButtonPress(buttonDown) == 1){}
26          d[count] = 2;
27          count++;
28        }
29        else if (getButtonPress(buttonLeft) == 1)
30        {
31          while(getButtonPress(buttonLeft) == 1){}
32          d[count] = 3;
33          count++;
34        }
35        else if (getButtonPress(buttonRight) == 1)
36        {
37          while(getButtonPress(buttonRight) == 1){}
38          d[count] = 4;
39          count++;
40        }
41
42        if (count == 10 || getButtonPress(buttonEnter) == 1)  ← count값이 10이거나 가운데
43        {                                                        버튼을 눌렀는지를 확인하기
44          while(getButtonPress(buttonEnter) == 1){}
45          go();          ← go 함수를 호출하기, 아직 go 함수를 만들지 않았으므로 컴파일하면 오류 발생
46          break;         ← go 함수의 실행이 끝나면 break 명령으로 현재의 반복문을 벗어나기
47        }
48      }
49    }
```

❷ go 함수를 선언하고 정수형 변수 n을 0부터 count값이 될 때까지 1씩 증가하면서 배열 d의 요소 값을 하나씩 확인합니다. 만일 1이면 1초간 전진, 2이면 1초간 후진, 3이면 90도 좌회전, 4이면 90도 우회전하는 명령을 추가합니다.

※ 사용자가 만든 함수는 먼저 선언이 되어야 호출할 수 있으므로, 전역 변수로 선언한 다음에 표기해야 합니다. 즉, task main 함수 전에 go 함수를 만들어야 합니다.

```
10    int count =0;
11
12    void go()                                    ← go 함수를 선언하기
13    {
14      int n=0;                                   ← 정수형 변수 n을 선언하고 0으로 초기화하기
15      for(n=0; n<count; n++)                     ← n이 0부터 count값까지 1씩 증가하며 16~26행까지를 반복하기
16      {
17        displayBigTextLine(3,"No = %d", n);      ← 현재 동작 중인 위치 n을 화면 3행에 출력하기
18        if(d[n] == 1)
19        {
20          motor[ml] = 30;
21          motor[mr] = 30;                        배열 d의 n 위치 값이 1이면 1초간 전진하기
22          delay(1000);
23        }
24        else if (d[n] == 2)
25        {
26          motor[ml] = -30;
27          motor[mr] = -30;                       배열 d의 n 위치 값이 2이면 1초간 후진하기
28          delay(1000);
29        }
30        else if (d[n] == 3)
31        {
32          moveMotorTarget(ml, -175, -30);
33          moveMotorTarget(mr, 175, 30);          배열 d의 n 위치 값이 3이면 90도 좌회전하기
34          waitUntilMotorStop(ml);
35          waitUntilMotorStop(mr);
36        }
37        else if (d[n] == 4)
38        {
39          moveMotorTarget(ml, 175, 30);
40          moveMotorTarget(mr, -175, -30);        배열 d의 n 위치 값이 4이면 90도 우회전하기
41          waitUntilMotorStop(ml);
42          waitUntilMotorStop(mr);
43        }
44        motor[ml] = 0;
45        motor[mr] = 0;                           로봇이 동작 중이 아닐 때는 정지하기
46      }
47    }
```

**실행하기** 원하는 대로 프로그램이 동작하는지 실행하여 확인해 봅시다.

프로그램 작성이 완료되면 프로그램을 실행하여 로봇이 제대로 동작하는지 확인합니다.

# CHAPTER 03 초음파 센서를 이용하여 장애물 피하기

초음파 센서를 이용하여 물체를 감지하고 로봇을 제어하는 방법에 대하여 학습합니다. 앞에서 조립한 로봇 자동차를 활용합니다.

**완성된 로봇**

※ **소스 파일**: [PART_2]–[03_초음파 센서를 이용하여 장애물 피하기] 폴더에서 단계별로 완성한 파일을 참고하세요.

**해결할 문제**

문제를 해결하면서 프로그래밍 방법을 익혀 봅시다.

**1단계** 전진하다 물체를 감지하면 정지하기

**2단계** 초음파 센서로 밀당 로봇 만들기

**3단계** 제자리에서 회전하다 물체가 감지되는 위치로 움직이기

**4단계** 물체가 있는 곳까지 전진하다 물체를 가지고 돌아오기

**5단계** 초음파 센서로 거리에 따라 음계 연주하기

조립한 자동차 로봇에 다음과 같이 모터와 센서를 연결합니다.

**서보 모터**

- motorA: 미디엄 서보 모터 ← 물체 잡기
- motorB: 라지 서보 모터 ← 왼쪽 바퀴 연결
- motorC: 라지 서보 모터 ← 오른쪽 바퀴 연결
- motorD: −

🔺 출력 포트

**센서 및 버튼**

- Sensor1: 버튼 ← 시작 기능의 버튼
- Sensor2: −
- Sensor3: 컬러 센서 ← 라인 주행 및 컬러 감지
- Sensor4: 초음파 센서 ← 물체 감지

🔺 입력 포트

---

## 문제 | 01    전진하다가 물체를 감지하면 정지하도록 해 봅시다.

프로그램을 실행하면 자동차 로봇이 계속 전진하다가 물체를 감지하면(10cm 미만) 정지하도록 합니다.

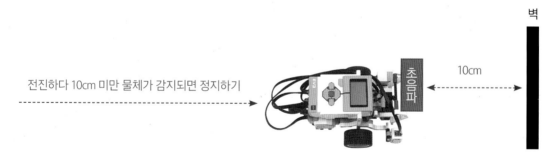

전진하다 10cm 미만 물체가 감지되면 정지하기

초음파     10cm     벽

### 🚩 문제 해결 전략 세우기

로봇이 계속 전진하다가 물체를 감지하면 정지한 후 종료합니다.

**1단계** 계속 전진하기

**2단계** 초음파 센서 감지값이 10cm 미만이면 정지하기

앞에서 설계한 [문제 해결 전략 세우기]대로 프로그래밍하여 문제를 해결합니다.

**1단계** 로봇을 계속 전진해 봅시다.

무한 반복을 위해  블록을 가져와 로봇이 30의 속도로 계속 전진하는 프로그램을 작성합니다.

> 시작하기 버튼을 클릭했을 때
> 계속 반복하기
>   B 의 값을 30 으로 출력
>   C 의 값을 30 으로 출력

**2단계** 초음파 센서의 감지값이 10cm 미만이면 정지하도록 해 봅시다.

초음파 센서가 4번에 연결되어 있으므로 ( 1 의값 ) 블록을 가져와 1을 4로 변경하고, 전진하다 4의 값이 10보다 작으면 정지하는 명령을 추가합니다.

> 시작하기 버튼을 클릭했을 때
> 계속 반복하기
>   B 의 값을 30 으로 출력
>   C 의 값을 30 으로 출력
>   만일 < 4 의값 < 10 > 이라면
>     B 의 값을 0 으로 출력  ── 조건 추가
>     C 의 값을 0 으로 출력
>   반복 중단하기

◀ 프로그램 완성

**실행하기** 원하는 대로 프로그램이 동작하는지 실행하여 확인해 봅시다.

프로그램 작성이 완료되면 ▶ 시작하기 버튼을 클릭하여 로봇이 제대로 동작하는지 확인합니다.

# ROBOTC로 프로그래밍하기

앞에서 설계한 [문제 해결 전략 세우기]대로 프로그래밍하여 문제를 해결합니다.

**1단계** 로봇을 계속 전진해 봅시다.

❶ 41쪽 `프로그래밍을 위한 사전 준비` 대로 사용할 센서와 모터의 이름을 설정하여 프로그램을 생성합니다.

**프로그램**
```
1    #pragma config(Sensor, S1,     btn,              sensorEV3_Touch)
2    #pragma config(Sensor, S3,     cor,              sensorEV3_Color)
3    #pragma config(Sensor, S4,     ult,              sensorEV3_Ultrasonic)
4    #pragma config(Motor,  motorA,        mc,        tmotorEV3_Medium, PIDControl, encoder)
5    #pragma config(Motor,  motorB,        ml,        tmotorEV3_Large, PIDControl, encoder)
6    #pragma config(Motor,  motorC,        mr,        tmotorEV3_Large, PIDControl, encoder)
7    //*!!Code automatically generated by 'ROBOTC' configuration wizard              !!*//
8
```

❷ 무한 반복문인 while(1)문을 이용하여 로봇이 30의 출력값으로 계속 전진하는 프로그램을 작성합니다.

**프로그램**
```
9    task main()
10   {
11     while(1)                    ← 12~15행을 무한 반복하기
12     {
13       motor[ml] = 30;        ┐ 30의 속도로 전진하기
14       motor[mr] = 30;        ┘
15     }
16   }
```

**2단계** 초음파 센서의 감지값이 10cm 미만이면 정지하도록 해 봅시다.

4번에 초음파 센서가 'ult' 이름으로 연결되어 있으므로 sensorValue[ult]를 이용하여 센서값을 가져옵니다. 만약 sensorValue[ult] 값이 10보다 작거나 같으면 모터를 정지하고 프로그램을 종료합니다.

**프로그램**
```
9    task main()
10   {
11     while(1)
12     {
13       motor[ml] = 30;
14       motor[mr] = 30;
15       if(SensorValue[ult] <= 10)  ← 만약 'ult' 이름의 센서값이 10보다 작거나 같으면 16~20행의 명령을
16       {                              실행하기
17         motor[ml] = 0;         ┐ 양쪽 모터의 출력값을 0으로 지정하여 정지하기
18         motor[mr] = 0;         ┘
19         break;                 ← 현재 반복 중인 조건문을 벗어나기(22행으로 이동)
20       }
21     }
22   }
```

프로그램 작성이 완료되면 프로그램을 실행하여 로봇이 제대로 동작하는지 확인합니다.

## 문제|02    초음파 센서로 밀당 로봇을 만들어 봅시다.

로봇 가까이 손을 대면 뒤로 물러나고 손을 멀리하면 앞으로 전진하는, 물체와 밀당하는 프로그램을 작성합니다.

손이 멀어지면 앞으로 이동하기

손이 가까이 가면 뒤로 후진하기

### 📑 문제 해결 전략 세우기

초음파 센서값을 3개의 영역으로 나눠 20cm 이상의 값인 경우 물체가 멀리 있다고 판단하여 로봇이 앞으로 전진하고, 10cm 이하의 값인 경우 후진하고, 10cm보다 크면서 20cm 미만인 경우의 값일 때는 움직이지 않도록 합니다.

**1단계** 초음파 센서의 감지값이 20cm 이상이면 전진하기

**2단계** 초음파 센서의 감지값이 10cm 이하인 경우 후진하기

**3단계** 초음파 센서의 감지값이 10cm보다 크면서 20cm 미만인 경우 정지하기

앞에서 설계한 [문제 해결 전략 세우기]대로 프로그래밍하여 문제를 해결합니다.

**1단계** 초음파 센서의 감지값이 20cm 이상이면 전진하도록 해 봅시다.

조건이 여러 개이므로  블록을 가져와 다음과 같이 초음파 센서가 연결된 4의 값이 20보다

크거나 같으면 전진하는 프로그램을 작성합니다.

```
시작하기 버튼을 클릭했을 때
계속 반복하기
   만일   4▼ 의 값  ≥  20   이라면
       B▼ 의 값을  30  으로 출력
       C▼ 의 값을  30  으로 출력
   아니면
```

**2단계** 초음파 센서의 감지값이 10cm 이하인 경우 후진해 봅시다.

4번에 연결된 초음파 센서값이 10보다 작거나 같으면 양쪽 바퀴를 −30의 출력값으로 후진하는 명령
어 블록을 추가합니다.

```
시작하기 버튼을 클릭했을 때
계속 반복하기
   만일   4▼ 의 값  ≥  20   이라면
       B▼ 의 값을  30  으로 출력
       C▼ 의 값을  30  으로 출력
   아니면
       만일   4▼ 의 값  ≤  10   이라면        ┐
           B▼ 의 값을  -30  으로 출력          │ 추가
           C▼ 의 값을  -30  으로 출력          │
       아니면                                 ┘
```

**3단계** 초음파 센서의 감지값이 10cm를 초과하면서 20cm 미만일 경우, 로봇을 정지해 봅시다.

4번에 연결된 초음파 센서값이 10cm를 초과하면서 20cm 미만일 경우 로봇을 정지하는 명령을 추가합니다.

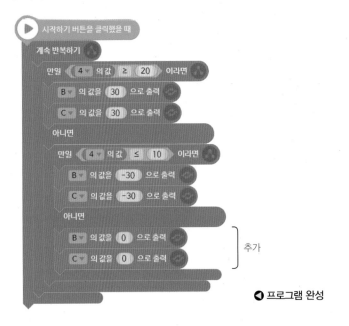

◀ 프로그램 완성

**실행하기** 원하는 대로 프로그램이 동작하는지 실행하여 확인해 봅시다.

프로그램 작성이 완료되면 ▶ 시작하기 버튼을 클릭하여 로봇이 제대로 동작하는지 확인합니다.

앞에서 설계한 [문제 해결 전략 세우기]대로 프로그래밍하여 문제를 해결합니다.

**1단계** 초음파 센서의 감지값이 20cm 이상이면 전진해 봅시다.

'ult' 이름의 초음파 센서값이 20cm 이상이면 양쪽 바퀴가 30의 출력값으로 전진하는 프로그램을 작성합니다.

프로그램 | 먼저 99쪽 ❶과 같이 프로그램 생성하기

```
 9   task main()
10   {
11     while(1)
12     {
13       if(SensorValue[ult] >= 20)    ←'ult' 초음파 센서값이 20 이
14       {                                 상이면 14~17행 실행하기
15         motor[ml] = 30;     ┐
16         motor[mr] = 30;     ┘ 30의 출력값으로 전진하기
17       }
18     }
19   }
```

**2단계** 초음파 센서의 감지값이 10cm 이하이면 후진해 봅시다.

'ult' 초음파 센서값이 10cm 이하이면 로봇을 후진하는 명령을 추가합니다.

프로그램

```
 9   task main()
10   {
11     while(1)
12     {
13       if(SensorValue[ult] >= 20)
14       {
15         motor[ml] = 30;
16         motor[mr] = 30;
17       }
18       else if (SensorValue[ult] <= 10)    ←'ult' 초음파
19       {                                       센서값이 10
20         motor[ml] = -30;    ┐ -30의 속도로      이하일 때 19
21         motor[mr] = -30;    ┘ 후진하기          ~22행 실행
22       }                                        하기
23     }
24   }
```

**3단계** 초음파 센서의 감지값이 10cm를 초과하면서 20cm 미만일 경우, 정지해 봅시다.

'ult' 초음파 센서값이 10cm를 초과하면서 20cm 미만이면 로봇을 정지하는 명령을 추가합니다.

프로그램

```
 9   task main()
10   {
11     while(1)
12     {
13       if(SensorValue[ult] >= 20)
14       {
15         motor[ml] = 30;
```

```
16        motor[mr] = 30;
17      }
18    else if (SensorValue[ult] <= 10)
19    {
20      motor[ml] = -30;
21      motor[mr] = -30;
22    }
23    else                      ← 초음파 센시값이 10보다 크면서 20 미만일 경우 24~27행 수행
24    {
25      motor[ml] = 0;          ⎤
26      motor[mr] = 0;          ⎦ 양쪽 모터값을 0으로 출력하여 정지하기
27    }
28  }
29 }
```

**실행하기** 원하는 대로 프로그램이 동작하는지 실행하여 확인해 봅시다.

프로그램 작성이 완료되면 프로그램을 실행하여 로봇이 제대로 동작하는지 확인합니다.

## 문제 | 03  로봇이 제자리에서 좌회전하다 물체가 감지되는 곳으로 움직여 봅시다.

로봇이 천천히 제자리에서 좌회전하고 있다가 물체가 감지되는 위치로 이동하는 씨름 로봇 프로그램을 작성합니다.

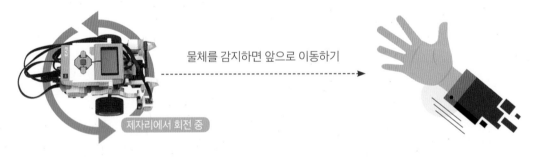

물체를 감지하면 앞으로 이동하기

제자리에서 회전 중

### 🚩 문제 해결 전략 세우기

로봇이 제자리에서 좌회전하면서 물체를 20cm 이내에서 감지하면 감지가 안될 때까지 감지된 위치로 이동하도록 합니다.

**1단계** 로봇이 제자리에서 좌회전하기

**2단계** 물체가 감지되면 그곳으로 이동하기

앞에서 설계한 [문제 해결 전략 세우기]대로 프로그래밍하여 문제를 해결합니다.

**1단계** 로봇을 제자리에서 좌회전해 봅시다.

로봇이 제자리에서 20의 속도로 좌회전하는 동작을 반복하는 프로그램을 작성합니다.

```
시작하기 버튼을 클릭했을 때
계속 반복하기
    B▼ 의 값을 -20 으로 출력
    C▼ 의 값을 20 으로 출력
```

**2단계** 물체가 감지되면 그곳으로 이동해 봅시다.

4번에 연결된 초음파 센서값이 20cm 이하일 경우, 20보다 클 때까지 전진하는 명령어 블록을 추가합니다. 이때 초음파 센서에 물체가 감지되면 계속 전진해야 하므로, [만일 이라면 아니면] 블록과 함께 명령들을 추가한 후 아니면 다음에는 앞에서 작성한 좌회전하는 명령어 블록들을 이동합니다.

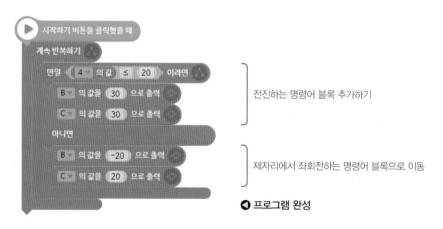

전진하는 명령어 블록 추가하기

제자리에서 좌회전하는 명령어 블록으로 이동

◀ 프로그램 완성

※ 위 프로그램은 초음파 센서로 상대 로봇을 찾을 때 주로 사용하는 방법입니다.

**실행하기** 원하는 대로 프로그램이 동작하는지 실행하여 확인해 봅시다.

프로그램 작성이 완료되면 ▶ 시작하기 버튼을 클릭하여 로봇이 제대로 동작하는지 확인합니다.

앞에서 설계한 [문제 해결 전략 세우기]대로 프로그래밍하여 문제를 해결합니다.

**1단계** 로봇을 제자리에서 좌회전하도록 해 봅시다.

❶ 41쪽 [프로그래밍을 위한 사전 준비] 대로 사용할 센서와 모터의 이름을 설정하여 프로그램을 생성합니다.

[프로그램]

```
1   #pragma config(Sensor, S1,      btn,                   sensorEV3_Touch)
2   #pragma config(Sensor, S3,      cor,                   sensorEV3_Color)
3   #pragma config(Sensor, S4,      ult,                   sensorEV3_Ultrasonic)
4   #pragma config(Motor,  motorA,           mc,           tmotorEV3_Medium, PIDControl, encoder)
5   #pragma config(Motor,  motorB,           ml,           tmotorEV3_Large, PIDControl, encoder)
6   #pragma config(Motor,  motorC,           mr,           tmotorEV3_Large, PIDControl, encoder)
7   //*!!Code automatically generated by 'ROBOTC' configuration wizard              !!*//
8
```

❷ 로봇이 제자리에서 20의 속도로 좌회전하는 동작을 반복하는 프로그램을 작성합니다.

[프로그램]

```
9    task main()
10   {
11     while(1)                    ← 무한 반복하기
12     {
13       motor[ml] = -20;          ┐ 제자리에서 좌회전하기
14       motor[mr] = 20;           ┘
15     }
16   }
```

**2단계** 물체가 감지되면 그곳으로 이동해 봅시다.

4번에 연결된 초음파 센서값이 20cm 이하일 경우, 20보다 클 때까지 전진하는 명령을 추가합니다. 이때 if~else~문을 사용하여 초음파 센서에 물체가 감지되면 계속 전진하고, 아니면 좌회전을 위해 앞에서 작성한 제자리에서 좌회전하는 명령들을 else 다음으로 이동합니다.

[프로그램]

```
9    task main()
10   {
11     while(1)
12     {
13       if(SensorValue[ult] <= 20)   ┐
14       {                            │
15         motor[ml] = 30;            │ 'ult' 초음파 센서값이 20 이하이면 30의 출력값으로 전진하기
16         motor[mr] = 30;            │
17       }                            ┘
18       else                         ┐
19       {                            │
20         motor[ml] = -20;           │ 'ult' 초음파 센서값이 20을 초과하면 제자리에서 좌회전하기
21         motor[mr] = 20;            │
22       }                            ┘
```

```
23        }
24     }
```

**실행하기** 원하는 대로 프로그램이 동작하는지 실행하여 확인해 봅시다.

프로그램 작성이 완료되면 프로그램을 실행하여 로봇이 제대로 동작하는지 확인합니다.

## 문제|04   물체가 있는 곳까지 전진하다가 물체를 가지고 돌아오도록 해 봅시다.

프로그램을 실행하면 계속 전진하다가 물체를 감지(5cm 미만)했을 경우, 정지하고 중간의 'mc' 미디엄 모터를 내려 물체를 잡고 되돌아오도록 합니다.

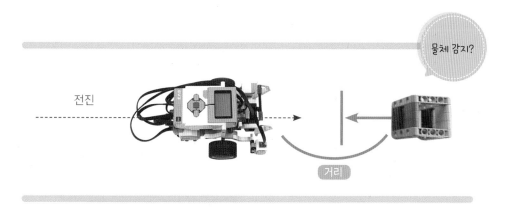

### 문제 해결 전략 세우기

로봇이 물체를 감지할 때까지 전진하다가 물체를 감지하면 정지합니다. 이때 전진했던 시간을 기록해야 합니다. 물체를 감지하면 mc 모터를 내려 물체를 잡고, 기록된 시간만큼 후진하여 처음 의 자리로 돌아가도록 합니다.

**1단계** 로봇이 전진하다가 물체를 감지하면 정지하기

**2단계** 로봇이 물체 잡기

**3단계** 로봇이 처음 위치로 돌아오기

앞에서 설계한 [문제 해결 전략 세우기]대로 프로그래밍하여 문제를 해결합니다.

**1단계** 로봇이 전진하다 물체를 감지하면 정지해 봅시다.

전진하는 시간을 기록하기 위해 [계산] 블록 메뉴에서 [초시계 시작하기] 블록을 가져 옵니다. 반복을 위해 [계속 반복하기] 블록을 가져와 로봇이 계속 전진하다가 4번에 연결된 초음파 센서값이 5보다 작으면 초시계와 로봇을 정지하는 프로그램을 작성합니다.

**2단계** 로봇이 물체를 잡도록 해 봅시다.

도착까지 걸린 시간을 기록하기 위해 '도착시간' 변수를 만들고, '도착시간'을 초시계 값으로 변경합니다. 그리고 로봇이 완전히 정지하기 위해 1초 기다린 후 A에 연결된 미디엄 모터를 1초간 내리고 정지하여 물체를 잡는 명령어 블록을 추가합니다.

▲ 도착시간 변수 만들기

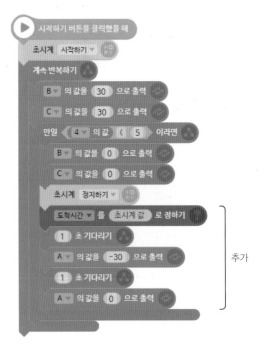

추가

❶ 전진한 시간만큼 물건을 가지고 돌아오기 위해 '돌아오기' 신호를 만든 후 신호를 보내고, 기다리기를 연결하여 돌아오기가 완료되면 프로그램을 종료하기 위해 ['모든' 코드 멈추기] 블록을 추가합니다.

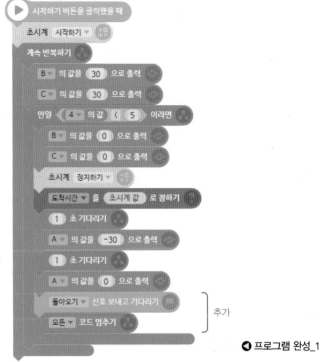

◐ 프로그램 완성_1

◐ 돌아오기 신호 만들기

❷ '돌아오기' 신호를 받으면 처리할 명령들을 프로그램으로 작성합니다. 먼저 '도착시간'까지 다시 초시계를 측정하기 위해 '초시계' 값을 초기화하여 다시 시작합니다.

❸ 초시계 값이 '도착시간'이 될 때까지 로봇을 후진한 후 정지하는 명령을 추가합니다.

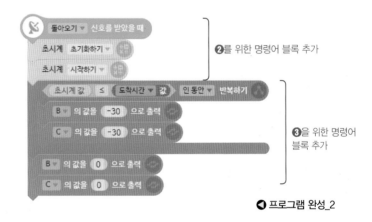

◐ 프로그램 완성_2

프로그램 작성이 완료되면 ▶ 시작하기 버튼을 클릭하여 로봇이 제대로 동작하는지 확인합니다.

# ROBOTC로 프로그래밍하기

앞에서 설계한 [문제 해결 전략 세우기]대로 프로그래밍하여 문제를 해결합니다.

**● 프로그래밍을 위한 사전 준비 ●**

• 타이머 사용하기

ROBOTC에서는 T1~T4와 같이 4개의 타이머를 사용할 수 있습니다.

| [형식] | [예] 타이머를 시작하고 버튼을 누른 시간 화면으로 알려 주기 |
|---|---|
| clearTimer(T1~T4); ← T1~T4 중 결정한 타이머가 시작됨 | clearTimer(T1); |
| time1[T1~T4]; ← 결정한 타이머값을 1000분의 1초 단위로 확인 가능 | int nTime; |
| | while(1) |
| | { |
| | if(SensorValue(btn) == 1) |
| | { |
| | nTime = time1[T1]; |
| | break; |
| | } |
| | } |
| | displayBigTextLine(1, '%d', nTime); |
| | delay(2000); |

**1단계** 로봇이 전진하다 물체를 감지하면 정지해 봅시다.

clearTimer 함수를 이용하여 타이머를 시작하고, 'ult' 초음파 센서값이 3cm 이하일 경우 타이머를 기록한 후 로봇을 정지하는 프로그램을 작성합니다.

**프로그램** | 먼저 99쪽 ❶과 같이 프로그램 생성하기

```
 9   task main()
10   {
11     clearTimer(T1);               ← T1 타이머를 초기화하고 시작하기
12     int nTime;                    ← 타이머를 기록하기 위한 정수형 변수 nTime을 선언하기
13     while(1)
14     {
15       motor[ml] = 30;
16       motor[mr] = 30;
17       if(SensorValue[ult] <= 3)   ← 'ult' 초음파 센서값이 3cm 이하이면 18~24행 실행하기
18       {
19         motor[ml] = 0;
20         motor[mr] = 0;
21         nTime = time1[T1];        ← 현재의 T1 타이머값을 nTime에 저장하기 [예] 2.5초이면 2500을 저장
22         displayBigTextLine(1, "%d", nTime);   ← 이동한 시간을 브릭 화면 1행에 출력하기
23         delay(1000);
24       }
25     }
26   }
```

'mc' 이름의 미디엄 모터를 −30의 출력값으로 1초간 내리고, 정지하여 물체를 잡는 명령을 추가합니다.

**프로그램**

```
 9    task main()
10    {
11      clearTimer(T1);
12      int nTime;
13      while(1)
14      {
15        motor[ml] = 30;
16        motor[mr] = 30;
17        if(SensorValue[ult] <= 3)
18        {
19          motor[ml] = 0;
20          motor[mr] = 0;
21          nTime = time1[T1];
22          displayBigTextLine(1, "%d", nTime);
23          delay(1000);
24
25          motor[mc] = -30;
26          delay(1000);          'mc' 이름의 미디엄 모터의 출력값을 −30으로 1초간 내린 후 정지하기
27          motor[mc] = 0;
28        }
29      }
30    }
```

❶ 저장된 nTime까지 로봇을 후진하기 위해 T1 타이머를 초기화하고, time1[T1] 값이 nTime값이 될 때까지 후진합니다.

❷ 로봇이 처음 있던 곳으로 돌아오면 로봇의 움직임을 정지하고, 'mc' 미디엄 모터를 올린 후 프로그램을 종료합니다.

**프로그램**

```
25          motor[mc] = -30;
26          delay(1000);
27          motor[mc] = 0;
28
29          clearTimer(T1);                    ← T1 타이머값을 초기화하기
30          while(time1[T1] <= nTime)
31          {                                  time1[T1] 값이 nTime보다 작거나 같은 동안 −30의
32            motor[ml] = -30;                 출력값으로 후진하기
33            motor[mr] = -30;
34          }
35          motor[ml] = 0;                     로봇을 정지하기
36          motor[mr] = 0;
37          motor[mc] = 30;
38          delay(1000);                       mc 모터를 올리고 정지하기
39          motor[mc] = 0;
40          break;                             ← 현재 반복문을 벗어나기
41        }
42      }
43    }
```

프로그램 작성이 완료되면 프로그램을 실행하여 로봇이 제대로 동작하는지 확인합니다.

## 문제│05  초음파 센서를 이용하여 거리에 따라 지정한 음계로 연주해 봅시다.

초음파 센서로 버튼을 누르면 거리에 따라 다른 음계를 출력하는 프로그램을 작성합니다.

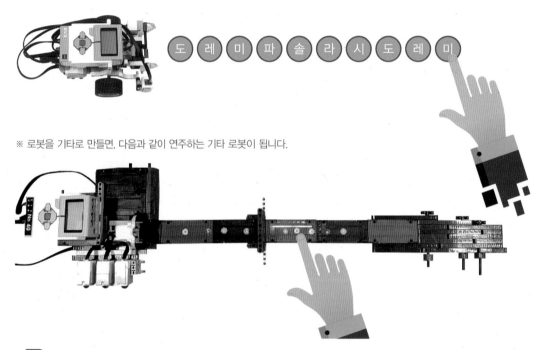

※ 로봇을 기타로 만들면, 다음과 같이 연주하는 기타 로봇이 됩니다.

### 문제 해결 전략 세우기

물체와의 거리와 옥타브를 올리고 내리고에 따른 버튼을 누를 때마다 음계가 출력되도록 합니다.

**1단계** 물체와의 거리에 따라 음계 결정하기

**2단계** 옥타브 올리고 내리기

**3단계** 음계와 옥타브에 따라 음계 출력하기

앞에서 설계한 [문제 해결 전략 세우기]대로 프로그래밍하여 문제를 해결합니다.

● 프로그래밍을 위한 사전 준비 ●

먼저 다음과 같이 프로그램을 작성하고, 4번 초음파 센서값을 측정해 봅니다.

| 프로그램 | 실행하기 |
|---|---|

센서 최솟값 · 센서 최댓값

**1단계** 물체와의 거리에 따라 음계를 결정해 봅시다.

❶ 4번에 연결된 초음파 센서값으로 '도레미파솔라시도레미'와 같이 10개의 구간으로 나눕니다.

| 초음파 거리(cm) | ~6 | ~9 | ~12 | ~15 | ~18 | ~21 | ~24 | ~27 | ~30 | 30~ |
|---|---|---|---|---|---|---|---|---|---|---|
| 음계 | 도 | 레 | 미 | 파 | 솔 | 라 | 시 | 도 | 레 | 미 |

❷ 초음파 센서값에 따라 음계값을 정하기 위해 먼저, 음계 변수를 만들고 위에서 정한 초음파 센서값에 따라 음계 변수에 '도'에서부터 '높은 미'까지 저장하는 프로그램을 작성합니다.

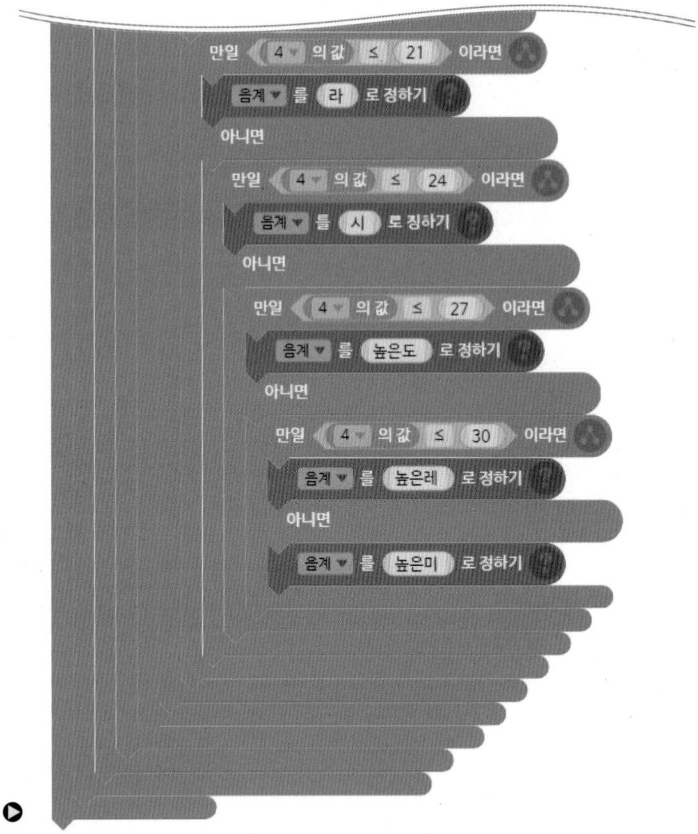

만일 ( 4▼ 의값 ) ≤ 21 이라면
　음계▼ 를 라 로 정하기
아니면
　만일 ( 4▼ 의값 ) ≤ 24 이라면
　　음계▼ 를 시 로 정하기
　아니면
　　만일 ( 4▼ 의값 ) ≤ 27 이라면
　　　음계▼ 를 높은도 로 정하기
　　아니면
　　　만일 ( 4▼ 의값 ) ≤ 30 이라면
　　　　음계▼ 를 높은레 로 정하기
　　　아니면
　　　　음계▼ 를 높은미 로 정하기

프로그램 완성_1 ▶

**2단계** 옥타브를 올리고 내리기를 해 봅시다.

　엔트리에서 제공하는 피아노 음이 1옥타브만 제공되므로, 옥타브 올리고 내리기는 볼륨 올리고 내리기로 변경하여 프로그램을 작성합니다.

　브릭의 위쪽 버튼을 누르면 볼륨을 10%로 올리고, 아래쪽 버튼을 누르면 볼륨을 10% 내리는 명령을 추가합니다.

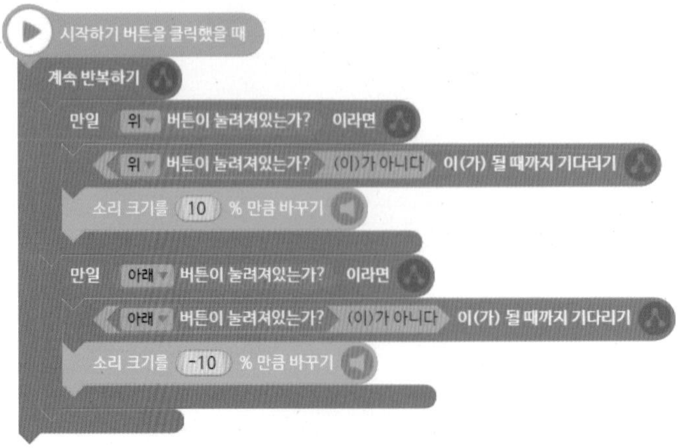

시작하기 버튼을 클릭했을 때
계속 반복하기
　만일 위▼ 버튼이 눌려져있는가? 이라면
　　〈 위▼ 버튼이 눌려져있는가? 〉(이)가 아니다 이(가) 될 때까지 기다리기
　　소리 크기를 10 % 만큼 바꾸기

　만일 아래▼ 버튼이 눌려져있는가? 이라면
　　〈 아래▼ 버튼이 눌려져있는가? 〉(이)가 아니다 이(가) 될 때까지 기다리기
　　소리 크기를 -10 % 만큼 바꾸기

※ 실로폰의 일종인 마림바 악기의 음을 추가하여 모드를 마림바와 피아노 모드로 변경하는 프로그램으로 작성할 수도 있습니다. (제공된 프로그램 확인 가능)

◀ 프로그램 완성_2

**3단계** 음계와 옥타브에 따라 음계를 출력해 봅시다.

❶ 피아노 음계 저장하기: 피아노 음을 사용하기 위해 [소리] 탭에서 [소리 추가]를 클릭하고, [악기]-[피아노]에서 '피아노_04도'부터 '피아노_13높은미'를 모두 선택하고 [적용하기] 버튼을 클릭합니다. 이제 [소리] 블록 메뉴에서 선택한 음들을 사용할 수 있습니다.

❷ 버튼을 누르면 음계에 따라 음 연주하기: 1번에 연결된 버튼을 누르면 '음계' 변수에 저장된 음을 출력하는 명령어 블록을 추가하여 프로그램을 완성합니다.

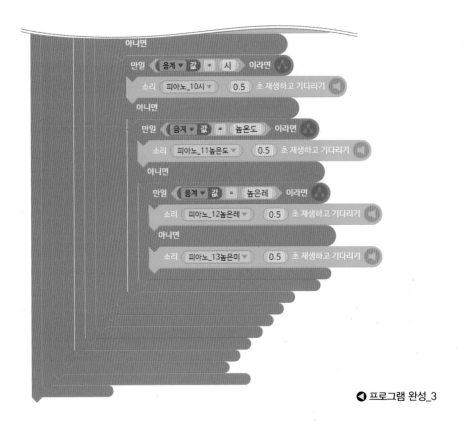

◀ 프로그램 완성_3

**실행하기** 원하는 대로 프로그램이 동작하는지 실행하여 확인해 봅시다.

프로그램 작성이 완료되면 ▶ 시작하기 버튼을 클릭하여 로봇이 제대로 동작하는지 확인합니다.

**왼쪽 프로그램:**

시작하기 버튼을 클릭했을 때
계속 반복하기
　만일 〈 4 의 값 ≤ 6 〉 이라면
　　음계 를 도 로 정하기
　아니면
　　만일 〈 4 의 값 ≤ 9 〉 이라면
　　　음계 를 레 로 정하기
　　아니면
　　　만일 〈 4 의 값 ≤ 12 〉 이라면
　　　　음계 를 미 로 정하기
　　　아니면
　　　　만일 〈 4 의 값 ≤ 15 〉 이라면
　　　　　음계 를 파 로 정하기
　　　　아니면
　　　　　만일 〈 4 의 값 ≤ 18 〉 이라면
　　　　　　음계 를 솔 로 정하기
　　　　　아니면
　　　　　　만일 〈 4 의 값 ≤ 21 〉 이라면
　　　　　　　음계 를 라 로 정하기
　　　　　　아니면
　　　　　　　만일 〈 4 의 값 ≤ 24 〉 이라면
　　　　　　　　음계 를 시 로 정하기
　　　　　　　아니면
　　　　　　　　만일 〈 4 의 값 ≤ 27 〉 이라면
　　　　　　　　　음계 를 높은도 로 정하기
　　　　　　　　아니면
　　　　　　　　　만일 〈 4 의 값 ≤ 30 〉 이라면
　　　　　　　　　　음계 를 높은레 로 정하기
　　　　　　　　　아니면
　　　　　　　　　　음계 를 높은미 로 정하기

**오른쪽 위 프로그램:**

시작하기 버튼을 클릭했을 때
계속 반복하기
　만일 〈 위 버튼이 눌러져있는가? 〉 이라면
　　〈 위 버튼이 눌러져있는가? (이)가 아니다 〉 이(가) 될 때까지 기다리기
　　소리 크기를 10 % 만큼 바꾸기
　만일 〈 아래 버튼이 눌러져있는가? 〉 이라면
　　〈 아래 버튼이 눌러져있는가? (이)가 아니다 〉 이(가) 될 때까지 기다리기
　　소리 크기를 -10 % 만큼 바꾸기

**오른쪽 아래 프로그램:**

시작하기 버튼을 클릭했을 때
계속 반복하기
　만일 〈 1 의 터치센서가 작동되었는가? 〉 이라면
　　만일 〈 음계 값 = 도 〉 이라면
　　　소리 피아노_04도 0.5 초 재생하고 기다리기
　　아니면
　　　만일 〈 음계 값 = 레 〉 이라면
　　　　소리 피아노_05레 0.5 초 재생하고 기다리기
　　　아니면
　　　　만일 〈 음계 값 = 미 〉 이라면
　　　　　소리 피아노_06미 0.5 초 재생하고 기다리기
　　　　아니면
　　　　　만일 〈 음계 값 = 파 〉 이라면
　　　　　　소리 피아노_07파 0.5 초 재생하고 기다리기
　　　　　아니면
　　　　　　만일 〈 음계 값 = 솔 〉 이라면
　　　　　　　소리 피아노_08솔 0.5 초 재생하고 기다리기
　　　　　　아니면
　　　　　　　만일 〈 음계 값 = 라 〉 이라면
　　　　　　　　소리 피아노_09라 0.5 초 재생하고 기다리기
　　　　　　　아니면
　　　　　　　　만일 〈 음계 값 = 시 〉 이라면
　　　　　　　　　소리 피아노_10시 0.5 초 재생하고 기다리기
　　　　　　　　아니면
　　　　　　　　　만일 〈 음계 값 = 높은도 〉 이라면
　　　　　　　　　　소리 피아노_11높은도 0.5 초 재생하고 기다리기
　　　　　　　　　아니면
　　　　　　　　　　만일 〈 음계 값 = 높은레 〉 이라면
　　　　　　　　　　　소리 피아노_12높은레 0.5 초 재생하고 기다리기
　　　　　　　　　　아니면
　　　　　　　　　　　소리 피아노_13높은미 0.5 초 재생하고 기다리기

앞에서 설계한 [문제 해결 전략 세우기]대로 프로그래밍하여 문제를 해결합니다.

**● 프로그래밍을 위한 사전 준비 ●**

### 1. 음계 이해하기

• 옥타브에 따른 음계표를 보고 주파수값을 입력하여 해당 음을 연주할 수 있습니다.

| 음계 \ 옥타브 | 도(C) | 도#(C#) / 레♭(D♭) | 레(D) | 미♭(E♭) / 레#(D#) | 미(E) | 파(F) | 파#(F#) / 솔♭(G♭) | 솔(G) | 라♭(A♭) / 솔#(G#) | 라(A) | 라♭(B♭) / 시#(A#) | 시(B) |
|---|---|---|---|---|---|---|---|---|---|---|---|---|
| 0 | 16 | 17 | 18 | 19 | 21 | 22 | 23 | 25 | 26 | 28 | 29 | 31 |
| 1 | 33 | 35 | 37 | 39 | 41 | 44 | 46 | 49 | 52 | 55 | 58 | 62 |
| 2 | 65 | 69 | 73 | 78 | 82 | 87 | 92 | 98 | 104 | 110 | 117 | 123 |
| 3 | 131 | 139 | 147 | 156 | 165 | 175 | 185 | 196 | 208 | 220 | 233 | 247 |
| 4 | 262 | 277 | 294 | 311 | 330 | 349 | 370 | 392 | 415 | 440 | 466 | 494 |
| 5 | 523 | 554 | 587 | 622 | 659 | 698 | 740 | 784 | 831 | 880 | 932 | 988 |
| 6 | 1047 | 1109 | 1175 | 1245 | 1319 | 1397 | 1480 | 1568 | 1661 | 1760 | 1865 | 1976 |
| 7 | 2093 | 2218 | 2349 | 2489 | 2637 | 2794 | 2960 | 3136 | 3322 | 3520 | 3729 | 3951 |
| 8 | 4186 | 4435 | 4699 | 4978 | 5274 | 5588 | 5920 | 6272 | 6645 | 7040 | 7459 | 7902 |
| 9 | 8372 | 8870 | 9397 | 9956 | 10548 | 11175 | 11840 | 12544 | 13290 | 14080 | 14917 | 15804 |
| 10 | 16744 | 17740 | 18795 | 19912 | 21096 | 22351 | 23680 | 25088 | 26580 | 28160 | 29835 | 31609 |

**◐ 옥타브에 따른 음계표(주파수)**

• playImmediateTone 함수는 해당 주파수를 지속 시간 만큼 출력하는 함수입니다.

| [형식] | [예] 도레미 음계 연주하기 |
|---|---|
| playImmediateTone(주파수, 지속 시간(10ms 단위)); | playImmediateTone(262, 170);<br>delay(500);<br>playImmediateTone(294, 170);<br>delay(500);<br>playImmediateTone(330, 170);<br>delay(500); |

• 지속 시간은 다음과 같이 음표에 따라 다릅니다. playImmediateTone 함수는 지속 시간이 10ms 단위이므로 '시간(ms)/10'을 해서 입력해야 합니다.

| 음표 | 이름 | 박자 | 지속 시간(ms) | 음표 | 이름 | 박자 | 지속 시간(ms) |
|---|---|---|---|---|---|---|---|
| 𝅝 | 온음표 | 4박자 | 682 | ♩ | 4분음표 | 1박자 | 170 |
| 𝅗𝅥. | 점2분음표 | 3박자 | 511 | ♪. | 점8분음표 | 반박자 반 | 126 |
| 𝅗𝅥 | 2분음표 | 2박자 | 341 | ♪ | 8분음표 | 반박자 | 85 |
| ♩. | 점4분음표 | 1박자 반 | 255 | 𝅘𝅥𝅯 | 16분음표 | 반의 반박자 | 43 |

## 2. 멀티 태스크

- ROBOTC로 프로그램을 작성할 때 동시에 여러 개의 함수가 동작할 수 있는 멀티 태스크 기능을 제공합니다.

- 멀티 태스크 함수를 만들 때는 task '함수 이름'으로 만들고, 다른 곳에서 함수를 처음 시작할 때는 startTask('함수 이름')을 사용합니다. 그리고 동작을 멈추고자 할 때는 stopTask('함수 이름')을 사용합니다.

```
[예] 전진과 후진을 2초 간격으로 계속 반복하면서 가운데 모터를 내렸다 올리기를 반복하기
task goback( )
{
    while(1)
    {
        motor[ml] = 30;
        motor[mr] = 30;
        delay(2000);
        motor[ml] = −30;
        motor[mr] = −30;
        delay(2000);
    }
}
task main( )
{
    startTask(goback);
    whille(1)
    {
        motor[mc] = −30;
        delay(500);
        motor[ml] = 30;
        delay(500);
    }
}
```

**1단계** 물체와의 거리에 따라 음계를 결정해 봅시다.

'ult' 초음파 센서값을 읽어와 거리에 따라 해당 음을 결정하고, 화면에 해당 음계를 출력합니다.

❶ 초음파 거리에 따라 해당 음을 결정하기

다음과 같이 음이 설정되는 것을 확인합니다.

| 초음파 거리(cm) | ~6 | ~9 | ~12 | ~15 | ~18 | ~21 | ~24 | ~27 | ~30 | 30~ |
|---|---|---|---|---|---|---|---|---|---|---|
| 음계 | 도 | 레 | 미 | 파 | 솔 | 라 | 시 | 도 | 레 | 미 |

❷ 배열 변수에 주파수값 저장하기

배열 3옥타브의 음계 '도~시'와 4옥타브의 음계 '도레미'를 fre3 배열에 저장합니다. 같은 방법으로 fre4, fre5, fre6의 배열을 만들고, 해당 옥타브의 주파수값을 저장합니다.

**프로그램**

```
1   #pragma config(Sensor, S1,       btn,              sensorEV3_Touch)
2   #pragma config(Sensor, S3,       cor,              sensorEV3_Color)
3   #pragma config(Sensor, S4,       ult,              sensorEV3_Ultrasonic)
4   #pragma config(Motor,  motorA,            mc,       tmotorEV3_Medium, PIDControl, encoder)
5   #pragma config(Motor,  motorB,            ml,       tmotorEV3_Large,  PIDControl, encoder)
6   #pragma config(Motor,  motorC,            mr,       tmotorEV3_Large,  PIDControl, encoder)
7   //*!!Code automatically generated by 'ROBOTC' configuration wizard          !!*//
8
9   task main()
10  {
11    int fre3[10] = {131,147,165,175,196,220,247,262,294,330};
12    int fre4[10] = {262,294,330,349,392,440,494,523,587,659};
13    int fre5[10] = {523, 587,659,698,784,880,988,1047,1175,1319};
14    int fre6[10] = {1047,1175,1319,1397,1568,1760,1976,2093,2349,2637};
15  }
```

11: 3옥타브의 음계 '도~시', 4옥타브의 음계 '도레미' 값에 해당하는 주파수를 fre3 배열에 저장하기
12: 4옥타브의 음계 '도~시', 5옥타브의 음계 '도레미' 값에 해당하는 주파수를 fre4 배열에 저장하기
13: 5옥타브의 음계 '도~시', 6옥타브의 음계 '도레미' 값에 해당하는 주파수를 fre5 배열에 저장하기
14: 6옥타브의 음계 '도~시', 7옥타브의 음계 '도레미' 값에 해당하는 주파수를 fre6 배열에 저장하기

❸ 'ult' 초음파 센서값을 읽어 거리에 따라 음계를 결정합니다. ntone이라는 정수형 전역 변수를 만들고, 'ult' 센서값을 읽어 거리에 따라 ntone의 값을 0부터 9까지 결정하는 명령을 추가합니다.

**프로그램**

```
9   int ntone, dis;          ← 음계를 결정할 ntone 변수와 거리를 측정할 dis 변수를 전역 변수로 선언하기
10
11  task main()
12  {
13    int fre3[10] = {131,147,165,175,196,220,247,262,294,330};
14    int fre4[10] = {262,294,330,349,392,440,494,523,587,659};
15    int fre5[10] = {523, 587,659,698,784,880,988,1047,1175,1319};
16    int fre6[10] = {1047,1175,1319,1397,1568,1760,1976,2093,2349,2637};
17
18    while(1)
19    {
20      dis = SensorValue(ult);              ← 'ult' 센서에서 값을 읽어 dis 변수에 저장하기
21      if( dis <=6) ntone = 0;              ← dis값이 6 이하이면 '도'를 출력하기 위해 ntone값을 0으로 정하기
22      else if (dis <= 9) ntone = 1;        ← dis값이 9 이하이면 '레'를 출력하기 위해 ntone값을 1로 정하기
23      else if (dis <= 12) ntone = 2;       ← dis값이 12 이하이면 '미'를 출력하기 위해 ntone값을 2로 정하기
24      else if (dis <= 15) ntone = 3;       ← dis값이 15 이하이면 '파'를 출력하기 위해 ntone값을 3으로 정하기
25      else if (dis <= 18) ntone = 4;       ← dis값이 18 이하이면 '솔'을 출력하기 위해 ntone값을 4로 정하기
26      else if (dis <= 21) ntone = 5;       ← dis값이 21 이하이면 '라'를 출력하기 위해 ntone값을 5로 정하기
27      else if (dis <= 24) ntone = 6;       ← dis값이 24 이하이면 '시'를 출력하기 위해 ntone값을 6으로 정하기
28      else if (dis <= 27) ntone = 7;       ← dis값이 27 이하이면 '도'를 출력하기 위해 ntone값을 7로 정하기
29      else if (dis <= 30) ntone = 8;       ← dis값이 30 이하이면 '레'를 출력하기 위해 ntone값을 8로 정하기
30      else ntone = 9;                      ← dis값이 30 초과이면 '미'를 출력하기 위해 ntone값을 9로 정하기
31    }
32  }
```

❹ 화면에 음계를 출력하기 위해 display 멀티 함수를 만들고, ntone값에 따라 화면에 'do' ~ 높은 'mi' 까지 출력하는 명령들을 추가합니다.

```
9    int ntone, dis;
10
11   task display()              ← display 이름의 멀티 task 함수를 선언하기
12   {
13     eraseDisplay();           ← 브릭의 화면을 계속 새롭게 출력하기 위해 내용을 모두 지우기
14     while(1)
15     {
16       if( ntone == 0)        displayBigTextLine(1, "do");
17       else if( ntone == 1)   displayBigTextLine(1, "re");
18       else if( ntone == 2)   displayBigTextLine(1, "mi");
19       else if( ntone == 3)   displayBigTextLine(1, "fa");
20       else if( ntone == 4)   displayBigTextLine(1, "sol");
21       else if( ntone == 5)   displayBigTextLine(1, "ra");
22       else if( ntone == 6)   displayBigTextLine(1, "si");
23       else if( ntone == 7)   displayBigTextLine(1, "do");
24       else if( ntone == 8)   displayBigTextLine(1, "re");
25       else                   displayBigTextLine(1, "mi");
26
27       displayBigTextLine(3, "%d", SensorValue[ult]);
28       delay(5);               ← 0.05초 단위로 ntone값과 ult값을 새롭게 확인하기
29     }
30   }
```

16: ntone값이 0이면(도이면) 브릭의 1행에 'do'를 출력하기
17: ntone값이 1이면(레이면) 브릭의 1행에 're'를 출력하기
18: ntone값이 2이면(미이면) 브릭의 1행에 'mi'를 출력하기
19: ntone값이 3이면(파이면) 브릭의 1행에 'fa'를 출력하기
20: ntone값이 4이면(솔이면) 브릭의 1행에 'sol'를 출력하기
21: ntone값이 5이면(라이면) 브릭의 1행에 'ra'를 출력하기
22: ntone값이 6이면(시이면) 브릭의 1행에 'si'를 출력하기
23: ntone값이 7이면(도이면) 브릭의 1행에 'do'를 출력하기
24: ntone값이 8이면(레이면) 브릭의 1행에 're'를 출력하기
25: ntone값이 9이면(미이면) 브릭의 1행에 'mi'를 출력하기
27: 브릭의 3행에 'ult' 초음파 센서값을 출력하기

❺ main 함수에서 display 멀티 함수를 호출하는 명령을 추가합니다.

```
32   task main()
33   {
34     int fre3[10] = {131,147,165,175,196,220,247,262,294,330};
35     int fre4[10] = {262,294,330,349,392,440,494,523,587,659};
36     int fre5[10] = {523, 587,659,698,784,880,988,1047,1175,1319};
37     int fre6[10] = {1047,1175,1319,1397,1568,1760,1976,2093,2349,2637};
38
39     startTask(display);      ← display 멀티 함수를 시작하기
40
41     while(1)
42     {
```

**2단계** 옥타브를 올리고 내리기를 해 봅시다.

❶ nType 변수를 만들고, nType값의 범위는 1부터 4까지로 정합니다. 이때 1이면 3옥타브, 즉 fre3 배

열의 주파수 값을 사용하고, 4이면 fre6 배열의 주파수 값을 사용합니다.

> **프로그램**
> ```
>  9    int ntone, dis;
> 10    int nType = 1;        ← nType 변수를 만들고 초깃값을 1로 지정하기
> ```

❷ change라는 멀티 함수를 만들고, 브릭의 위쪽 버튼을 누르면 nType값을 1증가(최대 4)합니다. 그리고 아래 버튼을 누르면 nType값을 1 감소(최소 1)하는 명령을 추가합니다.

> **프로그램**
> ```
> 32    task change()                                ← change 멀티 함수를 선언하기
> 33    {
> 34      while(1)
> 35      {
> 36        if(getButtonPress(buttonUp) == 1)
> 37        {                                            위쪽 버튼을 눌렀다 놓을 때까지 기다리기
> 38          while(getButtonPress(buttonUp) == 1){}
> 39          nType++;                               ← nType값을 1 증가하기
> 40          if(nType > 4) nType = 4;    ← nType값이 4보다 크면 4로 정해 최댓값을 넘어가지 않게 하기
> 41        }
> 42        else if (getButtonPress(buttonDown) == 1)
> 43        {                                            아래 버튼을 눌렀다 놓을 때까지 기다리기
> 44          while(getButtonPress(buttonDown) == 1){}
> 45          nType--;                               ← nType값을 1 감소하기
> 46          if(nType < 1) nType = 1;    ← nType값이 1보다 작으면 1로 정하여 최솟값보다 작아지지 않게 하기
> 47        }
> 48      }
> 49    }
> ```

❸ main 함수에서 display 멀티 함수를 호출하는 명령을 추가합니다.

> **프로그램**
> ```
> 33    task main()
> 34    {
> 35      int fre3[10] = {131,147,165,175,196,220,247,262,294,330};
> 36      int fre4[10] = {262,294,330,349,392,440,494,523,587,659};
> 37      int fre5[10] = {523, 587,659,698,784,880,988,1047,1175,1319};
> 38      int fre6[10] = {1047,1175,1319,1397,1568,1760,1976,2093,2349,2637};
> 39
> 40      startTask(display);
> 41      startTask(change);    ← change 멀티 함수 시작하기
> 42
> 43      while(1)
> 44      {
> ```

**3단계** 음계와 옥타브에 따라 음계를 출력해 봅시다.

1번의 터치 센서인 'btn'을 누르면 nType과 ntone의 값에 따라 해당 음을 연주하는 명령을 추가합니다.

```
52    task main()
53    {
54      int fre3[10] = {131,147,165,175,196,220,247,262,294,330};
55      int fre4[10] = {262,294,330,349,392,440,494,523,587,659};
56      int fre5[10] = {523, 587,659,698,784,880,988,1047,1175,1319};
57      int fre6[10] = {1047,1175,1319,1397,1568,1760,1976,2093,2349,2637};
58
59      startTask(display);
60      startTask(change);
61
62      while(1)
63      {
64        dis = SensorValue(ult);
65        if( dis <=6) ntone = 0;
66        else if (dis <= 9) ntone = 1;
67        else if (dis <= 12) ntone = 2;
68        else if (dis <= 15) ntone = 3;
69        else if (dis <= 18) ntone = 4;
70        else if (dis <= 21) ntone = 5;
71        else if (dis <= 24) ntone = 6;
72        else if (dis <= 27) ntone = 7;
73        else if (dis <= 30) ntone = 8;
74        else ntone = 9;
75
76        if(SensorValue[btn] == 1)                        ← 'btn' 센서가 눌리는지 확인하기
77        {
78          if( nType == 1)
79          {
80            playImmediateTone(fre3[ntone], 170);         nType이 1이면 fre3 배열의 ntone 위치의
81            delay(500);                                  음을 출력하기
82          }
83          else if( nType == 2)
84          {
85            playImmediateTone(fre4[ntone], 170);         nType이 2이면 fre4 배열의 ntone 위치의
86            delay(500);                                  음을 출력하기
87          }
88          else if( nType == 3)
89          {
90            playImmediateTone(fre5[ntone], 170);         nType이 3이면 fre5 배열의 ntone 위치의
91            delay(500);                                  음을 출력하기
92          }
93          else
94          {
95            playImmediateTone(fre6[ntone], 170);         nType이 4이면 fre6 배열의 ntone 위치의
96            delay(500);                                  음을 출력하기
97          }
98        }
99      }
100   }
```

**실행하기** 원하는 대로 프로그램이 동작하는지 실행하여 확인해 봅시다.

프로그램 작성이 완료되면 프로그램을 실행하여 로봇이 제대로 동작하는지 확인합니다.

# C·H·A·P·T·E·R 04 컬러 센서를 이용하여 라인 트레이싱하기

로봇이 컬러 센서를 이용하여 선을 따라 움직이면서 미션을 수행하는 방법에 대해 학습합니다. 앞에서 조립한 로봇 자동차를 활용합니다.

**완성된 로봇**

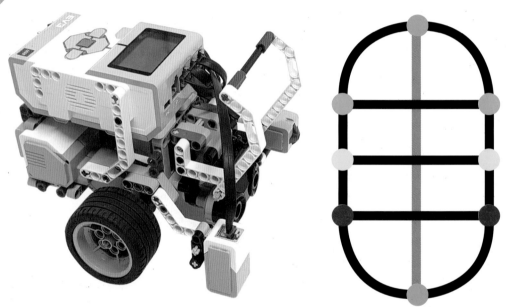

◑ 도로주행 맵: 부록을 활용하세요.

※ **소스 파일**: [PART_2]-[04_컬러 센서를 이용하여 라인 트레이싱하기] 폴더에서 단계별로 완성한 파일을 참고하세요.

**해결할 문제**

문제를 해결하면서 프로그래밍 방법을 익혀 봅시다.

| 1단계 | 2단계 | 3단계 | 4단계 | 5단계 |
|---|---|---|---|---|
| 컬러 센서값에 따라 지정 소리와 LED 색으로 알려 주기 | 로봇이 전진하다가 검은색 선을 만나면 정지하기 | 로봇이 세 번째 검은색 선에서 정지하기 | 로봇이 회색 선을 따라 이동하다가 세 번째 검은색 선에서 정지하기 | 로봇이 검은색 선을 따라 이동하다가 노란색을 만나면 정지하기 |

## >> 모터와 센서 연결하기

조립한 자동차 로봇에 다음과 같이 모터와 센서를 연결합니다.

### 서보 모터

- motorA: 미디엄 서보 모터 ← 물체 잡기
- motorB: 라지 서보 모터 ← 왼쪽 바퀴 연결
- motorC: 라지 서보 모터 ← 오른쪽 바퀴 연결
- motorD: −

◑ 출력 포트

### 센서 및 버튼

- Sensor1: 버튼 ← 시작 기능의 버튼
- Sensor2: −
- Sensor3: 컬러 센서 ← 라인 주행 및 컬러 감지
- Sensor4: 초음파 센서 ← 물체 감지

◑ 입력 포트

---

## 문제 | 01    컬러 센서값에 따라 지정 소리와 LED 색으로 알려 주도록 해 봅시다.

컬러 센서값을 읽어서 해당 컬러의 LED 색과 관련 컬러 소리를 출력하는 프로그램을 작성하도록 합니다.

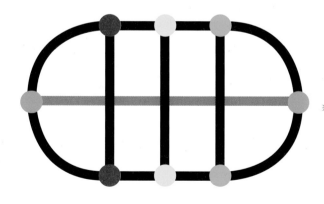

※ 컬러 센서를 주행 맵의 컬러에 가져다 대면 그에 해당하는 LED 색과 소리를 출력합니다. 단, ROBOTC에서 LED 색은 주황, 초록, 빨강만 있으므로 다른 컬러에서는 LED를 출력하지 않습니다.

 문제 해결 전략 세우기

**1단계** 컬러 센서로 컬러값 읽어 오기

**2단계** 컬러 센서값에 따라 지정한 LED 색과 소리를 출력하기

앞에서 설계한 [문제 해결 전략 세우기]대로 프로그래밍하여 문제를 해결합니다.

● 프로그래밍을 위한 사전 준비 ●

### 1. 컬러 모드 변경하기

• 엔트리에서는 컬러 모드를 변경하는 기능을 아직 제공하지 않고 있으므로, 브릭 자체에서 변경하도록 합니다.

• 브릭의 오른쪽 버튼을 두 번 눌러 [Port View] 메뉴에서 가운데 버튼을 클릭한 후 다시 오른쪽 버튼을 두 번 눌러 3번에 연결된 컬러 센서값을 확인합니다. 여기서 가운데 버튼을 누르면 'REFLECT' 모드와 'COLOR' 모드를 변경할 수 있으며, 이 미션은 컬러 모드에서 실행되어야 하므로 'COL-COLOR' 모드에서 가운데 버튼을 누릅니다.

※ 'REFLECT' 모드에서는 컬러 센서의 빛이 빨간색, 'COLOR' 모드에서는 파란색으로 나타나므로 쉽게 구분할 수 있습니다.

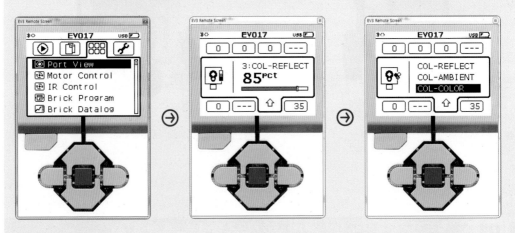

### 2. 컬러값 읽어 오기

엔트리에서 컬러값이 RGB 형태인 000000부터 FFFFFF로 표현되므로, 다음과 같이 컬러 센서값을 확인하여 기록해 놓도록 합니다.

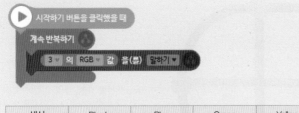

| 색상 | Black | Blue | Green | Yellow | Red | White |
|------|-------|------|-------|--------|-----|-------|
| RGB값 | 000000 | 0000FF | 00FF00 | FFFF00 | FF0000 | FFFFFF |

◀ 컬러값

**1단계** 컬러 센서로 컬러값을 읽어 와 봅시다.

EV3의 컬러 센서가 컬러 모드인 상태에서 시작합니다. 'color' 변수를 만들고, 계속 3번에 연결된 color 센서의 RGB값을 읽어 와 'color' 변수에 저장합니다.

**2단계** 컬러값 센서에 따라 지정한 LED 색과 소리를 출력해 봅시다.

❶ 엔트리에서 제공하는 소리 중 '컬러' 색을 말해 주는 소리가 없으므로, 피아노의 음계로 대신하여 컬러 센서의 RGB값에 따라 피아노의 음계 '도~라' 소리를 추가합니다.

| 숫자 | 색상 | 피아노 음계 |
|---|---|---|
| 1 | Black | 도 |
| 2 | Blue | 레 |
| 3 | Green | 미 |
| 4 | Yellow | 파 |
| 5 | Red | 솔 |
| 6 | White | 라 |

❷ 컬러값이 검은색(1)부터 흰색(6)까지 감지되면 피아노의 음계 '도'에서부터 '라'를 연주하고, 해당하는 색의 LED를 출력하는 명령어 블록을 추가합니다.

◀ 프로그램 완성

**실행하기** 원하는 대로 프로그램이 동작하는지 실행하여 확인해 봅시다.

프로그램 작성이 완료되면 ▶ 시작하기 버튼을 클릭하여 로봇이 제대로 동작하는지 확인합니다.

앞에서 설계한 [문제 해결 전략 세우기]대로 프로그래밍하여 문제를 해결합니다.

● 프로그래밍을 위한 사전 준비 ●

## 1. 컬러 모드 변경하기

• 컬러 센서의 모드를 setSensorMode 함수를 이용하여 0(REFLECT)~2(COLOR) 모드로 쉽게 변경할 수 있습니다.

[형식] setSensorMode(센서명, 모드);
[예1] 3번에 연결된 'col' 이름의 컬러 센서를 'REFLECT' 모드로 정하기
    setSensorMode (col, 0);
    delay(300);          ← 모드 변경을 위해 잠시 기다리기
[예2] 3번에 연결된 'col' 이름의 컬러 센서를 'COLOR' 모드로 정하기
    setSensorMode (col, 2);
    delay(300);

## 2. 브릭에 저장된 소리 파일을 출력하기

• 브릭에는 *.rsf 형식의 다양한 소리 파일을 제공합니다. 어떤 파일이 있는지 확인하는 방법은 [Robot]−[LEGO Brick]−[File Management Utility] 메뉴를 차례대로 선택한 후 오른쪽 아래 위치를 찾아보면 저장되어 있는 rsf 파일들을 확인할 수 있습니다.

rsf 파일들 ◉

• 저장되어 있는 소리 파일을 출력하기 위해서는 playSoundFile 함수를 사용합니다.

[형식] playSoundFile("사운드 파일 이름".rsf);

[예] Three, Two, One, Go를 1초 간격으로 차례대로 말하기
```
task main( )
{
  playSoundFile("Three.rsf");
  delay(1000);
  playSoundFile("Two.rsf");
  delay(1000);
  playSoundFile("One.rsf");
  delay(1000);
  playSoundFile("Go.rsf");
  delay(1000);
}
```

• 브릭에서 제공하는 특정 LED 색을 출력하기 위해서는 setLEDColor 함수를 사용하며, 다음과 같은 값들을 인자 값으로 지정할 수 있습니다.

[형식] setLEDColor(인자값);

| 인자값 | 지정값 | 인자값 | 지정값 |
|---|---|---|---|
| ledOff | Led를 끄기 | ledRedFlash | 빨간색 LED 깜박임 |
| ledOrange | 주황색 LED 켜기 | ledRedPulse | 빨간색 LED 진동 |
| ledOrangeFlash | 주황색 LED 깜박임 | ledGreen | 초록색 LED 켜기 |
| ledOrangePulse | 주황색 LED 진동 | ledGreenFlash | 초록색 LED 깜박임 |
| ledRed | 빨간색 LED 켜기 | ledGreenPulse | 초록색 LED 진동 |

[예] 빨간색, 초록색 LED를 1초 간격으로 계속 출력하기

```
task main( )
{
    while(1)                          ← 무한 반복하기
    {
        setLEDColor(ledRed);          ← 빨간색 LED 켜기
        delay(1000);                  ← 1초 기다리기
        setLEDColor(ledGreen);        ← 초록색 LED 켜기
        delay(1000);                  ← 1초 기다리기
    }
}
```

**1단계** 컬러 센서로 컬러값을 읽어 와 봅시다.

먼저 컬러 센서 모드로 시작하기 위해 'cor' 컬러 센서 모드를 2로 변경하고, 컬러 센서값을 계속 읽어서 ncol 변수에 저장하는 프로그램을 작성합니다.

**프로그램**

```
1    #pragma config(Sensor, S1,      btn,              sensorEV3_Touch)
2    #pragma config(Sensor, S3,      cor,              sensorEV3_Color)
3    #pragma config(Sensor, S4,      ult,              sensorEV3_Ultrasonic)
4    #pragma config(Motor,  motorA,           mc,      tmotorEV3_Medium, PIDControl, encoder)
5    #pragma config(Motor,  motorB,           ml,      tmotorEV3_Large,  PIDControl, encoder)
6    #pragma config(Motor,  motorC,           mr,      tmotorEV3_Large,  PIDControl, encoder)
7    //*!!Code automatically generated by 'ROBOTC' configuration wizard           !!*//
8
9    int ncol = 0;                            ← 컬러 센서값을 저장할 전역 변수 ncol을 선언하고 0으로 초기화하기
10
11   task main()
12   {
13     setSensorMode(cor, 2);                 ← 컬러 센서의 모드를 2(컬러 모드)로 변경하기
14     delay(300);                            ← 변경될 동안 0.3초 기다리기
15
16     while(1)
17     {
18       ncol = SensorValue[cor];             ← 'cor' 이름의 컬러 센서값을 읽어 와 ncol 변수에 저장하기
19       displayBigTextLine(1, "%d", ncol);   ← ncol값을 브릭 화면의 1행에 크게 출력하기
20     }
21   }
```

컬러값에 따라 LED 색과 소리를 출력해 봅시다.

ncol값에 따라 해당하는 컬러 소리와 출력 가능한 LED색이 있으면 출력하는 명령을 추가합니다.

프로그램

```
11    task main()
12    {
13      setSensorMode(cor, 2);
14      delay(300);
15
16      while(1)
17      {
18        ncol = SensorValue[cor];
19        displayBigTextLine(1, "%d", ncol);
20
21        if(ncol == 1)
22        {
23          setLEDColor(ledOff);
24          playSoundFile("Black.rsf");
25          delay(500);
26        }
27        if(ncol == 2)
28        {
29          setLEDColor(ledOff);
30          playSoundFile("Blue.rsf");
31          delay(500);
32        }
33        else if (ncol == 3)
34        {
35          setLEDColor(ledGreen);
36          playSoundFile("Green.rsf");
37          delay(500);
38        }
39        else if (ncol == 4)
40        {
41          setLEDColor(ledOff);
42          playSoundFile("Yellow.rsf");
43          delay(500);
44        }
45        else if (ncol == 5)
46        {
47          setLEDColor(ledRed);
48          playSoundFile("Red.rsf");
49          delay(500);
50        }
51        else if (ncol == 6)
52        {
53          setLEDColor(ledOff);
54          playSoundFile("White.rsf");
55          delay(500);
56        }
57        else
58          setLEDColor(ledOff);
59      }
60    }
```

컬러값이 1(검정)이면 led를 끄고, 'Black.rsf' 소리 파일을 출력하기

컬러값이 2(파랑)이면 led를 끄고, 'Blue.rsf' 소리 파일을 출력하기

컬러값이 3(초록)이면 led를 Green으로 정하고, 'Black.rsf' 소리 파일을 출력하기

컬러값이 4(노랑)이면 led를 끄고, 'Yellow.rsf' 소리 파일을 출력하기

컬러값이 5(빨강)이면 led를 Red로 정하고, 'Red.rsf' 소리 파일을 출력하기

컬러값이 6(흰색)이면 led를 끄고, 'White.rsf' 소리 파일을 출력하기

컬러값이 1~60이 아니면 led를 끄기

실행하기 원하는 대로 프로그램이 동작하는지 실행하여 확인해 봅시다.

프로그램 작성이 완료되면 프로그램을 실행하여 로봇이 제대로 동작하는지 확인합니다.

컬러 센서의 반사값(REFLECT) 모드를 이용하여 도로를 전진하다가 검은색 선을 만나면 정지하는 프로그램을 작성하도록 합니다.

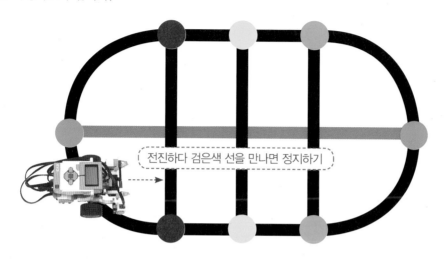

전진하다 검은색 선을 만나면 정지하기

 **문제 해결 전략 세우기**

**1단계** 반사값 모드로 변경하기

**2단계** 전진하다가 검은색 선이 감지되면 로봇 정지하기

**• 프로그래밍을 위한 사전 준비(공통) •**

브릭의 컬러 센서 모드를 반사값 모드로 변경하고, 검은색 선일 때와 흰색일 때의 값을 측정하여 검은색 선을 감지할 경우의 기준값을 정해 놓도록 합니다.

❶ 브릭 메뉴 중 Port View 선택

❷ 컬러 반사값(REFLECT) 모드 선택

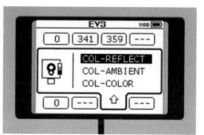

❸ 흰색 부분의 컬러 반사값 확인  [예] 85
❹ 검은색 부분의 컬러 반사값 확인  [예] 15
❺ 기준값 정하기: 일반적으로는 계산식 (검은색 감지값 + 흰색 감지값)/2를 적용합니다.
　　[예] (85 + 15) / 2 = 50  따라서 정한 기준값은 50입니다.

## 엔트리로 프로그래밍하기

앞에서 설계한 [문제 해결 전략 세우기]대로 프로그래밍하여 문제를 해결합니다.

**1단계** 반사값 모드로 변경해 봅시다.

EV3의 컬러 센서가 반사값(REFLECT) 모드인 상태에서 시작합니다.

**2단계** 전진하다가 검은색 선이 감지되면 로봇의 움직임을 정지해 봅시다.

3번에 연결된 컬러 센서의 반사값을 계속 읽어 반사값이 50보다 작으면 정지한 후 프로그램을 종료하고, 아니면 전진하는 프로그램을 작성하도록 합니다.

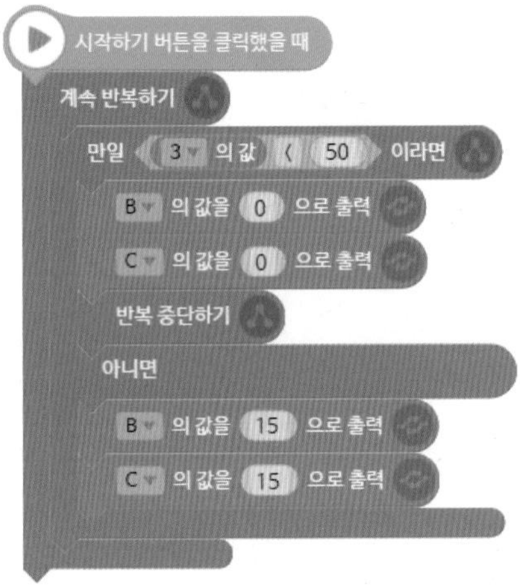

> ▶ 시작하기 버튼을 클릭했을 때
> **계속 반복하기**
>   만일 〈 3▼ 의값 〈 50 〉 이라면
>     B▼ 의값을 ⓪ 으로 출력
>     C▼ 의값을 ⓪ 으로 출력
>   **반복 중단하기**
>   아니면
>     B▼ 의값을 15 으로 출력
>     C▼ 의값을 15 으로 출력

◀ 프로그램 완성

**실행하기** 원하는 대로 프로그램이 동작하는지 실행하여 확인해 봅시다.

프로그램 작성이 완료되면 [ ▶ 시작하기 ] 버튼을 클릭하여 로봇이 제대로 동작하는지 확인합니다.

앞에서 설계한 [문제 해결 전략 세우기]대로 프로그래밍하여 문제를 해결합니다.

### 1단계 반사값 모드로 변경해 봅시다.

'cor' 컬러 센서를 반사값 모드로 변경합니다.

**프로그램**

```
1    #pragma config(Sensor, S1,      btn,            sensorEV3_Touch)
2    #pragma config(Sensor, S3,      cor,            sensorEV3_Color)
3    #pragma config(Sensor, S4,      ult,            sensorEV3_Ultrasonic)
4    #pragma config(Motor,  motorA,          mc,           tmotorEV3_Medium, PIDControl, encoder)
5    #pragma config(Motor,  motorB,          ml,           tmotorEV3_Large, PIDControl, encoder)
6    #pragma config(Motor,  motorC,          mr,           tmotorEV3_Large, PIDControl, encoder)
7    //*!!Code automatically generated by 'ROBOTC' configuration wizard              !!*//
8
9    task main()
10   {
11     setSensorMode(cor, 0);        ← cor의 컬러 센서 모드를 0(반사값 모드)으로 설정하기
12     delay(300);
13   }
```

### 2단계 전진하다가 검은색 선이 감지되면 로봇의 움직임을 정지해 봅시다.

컬러 센서의 반사값을 계속 확인하면서 전진하다가 50보다 작으면 정지하는 명령을 추가합니다.

**프로그램**

```
9    task main()
10   {
11     setSensorMode(cor, 0);
12     delay(300);
13
14     while(1)
15     {
16       if(SensorValue[cor] <= 50)
17       {
18         motor[ml] = 0;             'cor' 컬러 센서값이 50 이하이면 정지하고,
19         motor[mr] = 0;             반복문인 while문을 벗어나기
20         break;
21       }
22       else
23       {
24         motor[ml] = 15;            'cor' 컬러 센서값이 50보다 크면 15의 출력값으로 전진하기
25         motor[mr] = 15;
26       }
27     }
28   }
```

### 실행하기 원하는 대로 프로그램이 동작하는지 실행하여 확인해 봅시다.

프로그램 작성이 완료되면 프로그램을 실행하여 로봇이 제대로 동작하는지 확인합니다.

컬러 센서의 반사값(REFLECT) 모드를 이용하여 전진하다가 세 번째 검은색 선을 만나면 정지하는 프로그램을 작성하도록 합니다.

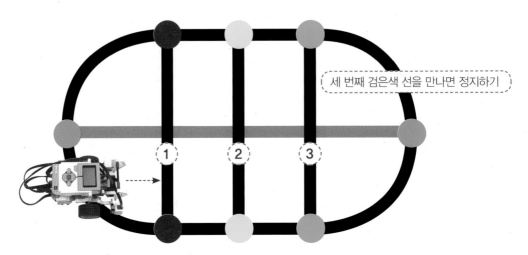

세 번째 검은색 선을 만나면 정지하기

### 문제 해결 전략 세우기

**1단계** 전진하다가 검은색 선이 감지되면 로봇 정지하기

**2단계** 세 번째 검은색 선이면 정지하고, 아니면 [1단계]를 반복하기

앞에서 설계한 [문제 해결 전략 세우기]대로 프로그래밍하여 문제를 해결합니다.

**1단계** 전진하다가 검은색 선이 감지되면 로봇의 움직임을 정지해 봅시다.

3번의 컬러 센서의 반사값이 50보다 작으면 로봇을 정지하고, 아니면 전진하는 프로그램을 작성합니다. 이때 로봇 자동차가 검은색 선에 닿으면 해당 선을 지나 정지하도록 컬러 센서값이 50보다 클 때까지 기다리기를 명령어 블록을 추가합니다.

```
시작하기 버튼을 클릭했을 때
계속 반복하기
  만일  3▼ 의 값 < 50  이라면
    3▼ 의 값 ≥ 50  이(가) 될 때까지 기다리기
    B▼ 의 값을 0 으로 출력
    C▼ 의 값을 0 으로 출력
    반복 중단하기
  아니면
    B▼ 의 값을 15 으로 출력
    C▼ 의 값을 15 으로 출력
```

**2단계** 세 번째 검은색 선이면 정지하고, 아니면 [1단계]를 반복해 봅시다.

count 변수를 만들어 검은색 선을 만나면 count 값을 1씩 더합니다. 만약 count값이 3이 되면 로봇을 정지하고, 반복문을 벗어나는 프로그램으로 수정합니다.

```
시작하기 버튼을 클릭했을 때
계속 반복하기
  만일  3▼ 의 값 < 50  이라면
    3▼ 의 값 ≥ 50  이(가) 될 때까지 기다리기
    count▼ 에 1 만큼 더하기
    만일  count▼ 값 = 3  이라면
      B▼ 의 값을 0 으로 출력
      C▼ 의 값을 0 으로 출력
      반복 중단하기
  아니면
    B▼ 의 값을 15 으로 출력
    C▼ 의 값을 15 으로 출력
```

◀ 프로그램 완성

**실행하기** 원하는 대로 프로그램이 동작하는지 실행하여 확인해 봅시다.

프로그램 작성이 완료되면  ▶ 시작하기  버튼을 클릭하여 로봇이 제대로 동작하는지 확인합니다.

# ROBOTC로 프로그래밍하기

앞에서 설계한 [문제 해결 전략 세우기]대로 프로그래밍하여 문제를 해결합니다.

**1단계** 전진하다가 검은색 선이 감지되면 로봇의 움직임을 정지해 봅시다.

❶ 41쪽 프로그래밍을 위한 사전 준비 대로 사용할 센서와 모터의 이름을 설정한 프로그램을 가져 옵니다.

프로그램
```
1   #pragma config(Sensor, S1,      btn,              sensorEV3_Touch)
2   #pragma config(Sensor, S3,      cor,              sensorEV3_Color)
3   #pragma config(Sensor, S4,      ult,              sensorEV3_Ultrasonic)
4   #pragma config(Motor,  motorA,          mc,               tmotorEV3_Medium, PIDControl, encoder)
5   #pragma config(Motor,  motorB,          ml,               tmotorEV3_Large, PIDControl, encoder)
6   #pragma config(Motor,  motorC,          mr,               tmotorEV3_Large, PIDControl, encoder)
7   //*!!Code automatically generated by 'ROBOTC' configuration wizard              !!*//
8
```

❷ 'cor' 컬러 센서의 반사값이 50보다 크면 계속 전진하다가 반사값이 50 이하이면 검은색 선을 벗어날 때까지 기다렸다가 정지하고, 반복문을 벗어나는 프로그램을 작성합니다.

프로그램
```
9    task main()
10   {
11     setSensorMode(cor, 0);
12     delay(300);
13
14     while(1)
15     {
16       if(SensorValue[cor] <= 50)          ← 'cor'의 컬러 센서 반사값이 50 이하이면(검은색 선을 만나
17       {                                      면) 17~23행을 실행하기
18         while(SensorValue[cor] <= 50) {}   ← 'cor'의 컬러 센서 반사값이 50 이하인 동안 대기하여(이전
19                                               상태 15로 전진 중) 검은색 선을 지나갈 때까지 기다리기
20         motor[ml] = 0;
21         motor[mr] = 0;                     검은색 선을 지나면 로봇을 정지하고, 반복문을 벗어나기
22         break;
23       }
24       else
25       {
26         motor[ml] = 15;                    반사값이 50보다 크면(검은색 선이 아니면) 15의 출력값
27         motor[mr] = 15;                    으로 전진하기
28       }
29     }
30   }
```

**2단계** 세 번째 검은색 선이면 정지하고, 아니면 [1단계]를 반복해 봅시다.

컬러 센서의 반사값을 계속 확인하면서 전진하다가 50보다 작으면 정지하는 명령을 추가합니다.

```
 9    task main()
10    {
11      setSensorMode(cor, 0);
12      delay(300);
13
14      int count = 0;                                      ← 검은색 선을 카운트할 count 변수를 만들고, 0으로 초기화하기
15      while(1)
16      {
17        if(SensorValue[cor] <= 50)
18        {
19          while(SensorValue[cor] <= 50) {}
20          count++;                                        ← 검은색 선을 만나면 count값을 1씩 증가하기
21          if (count == 3)
22          {
23            motor[ml] = 0;
24            motor[mr] = 0;                                count값이 3이면 로봇을 정지하고 반복문을 벗어나기
25            break;
26          }
27        }
28        else
29        {
30          motor[ml] = 15;
31          motor[mr] = 15;
32        }
33      }
34    }
```

**실행하기** 원하는 대로 프로그램이 동작하는지 실행하여 확인해 봅시다.

프로그램 작성이 완료되면 프로그램을 실행하여 로봇이 제대로 동작하는지 확인합니다.

컬러 센서의 반사값(REFLECT) 모드를 이용하여 회색 선을 따라 이동하다가 세 번째 검은색 선을 만나면 정지하는 프로그램을 작성하도록 합니다.

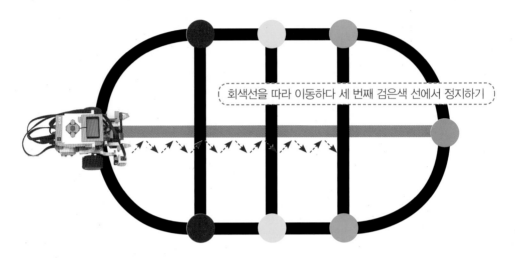

회색선을 따라 이동하다 세 번째 검은색 선에서 정지하기

### 문제 해결 전략 세우기

**1단계** 로봇이 회색 선을 따라 이동하기

**2단계** 로봇이 세 번째 검은색 선을 만나면 정지하기

---

● 프로그래밍을 위한 사전 준비(공통) ●

로봇이 한 개의 컬러 센서로 선을 따라 이동하기 위해서는 지그재그 방식을 가장 많이 사용합니다. 선을 감지하면 선 바깥쪽으로 회전하고, 선을 감지하지 않으면 선 안쪽으로 회전을 반복하면서 선을 따라 움직이게 됩니다.

브릭의 컬러 센서 모드를 반사값 모드로 변경하고, 회색 선의 값을 측정하여 기준값을 정합니다. 회색 선, 검은색 선, 흰색 영역의 기준을 지정하도록 합니다.

| | |
|---|---|
| 회색 선의 컬러 반사값 확인 | [예] 40 |
| 회색 선 기준값 | [예] 50(회색 선과 흰색의 경계) |
| 검은색 선의 기준값 | [예] 20(검은색 선과 회색 선의 경계) |

앞에서 설계한 [문제 해결 전략 세우기]대로 프로그래밍하여 문제를 해결합니다.

**1단계** 로봇이 회색 선을 따라 이동하도록 해 봅시다.

3번 컬러 센서의 반사값이 40보다 크면(흰색 영역) 우회전, 아니면 좌회전하는 프로그램을 작성합니다.

> ▶ 시작하기 버튼을 클릭했을 때
> 　계속 반복하기
> 　　만일 〈 3▼ 의 값 〉 40 〉 이라면
> 　　　B▼ 의 값을 10 으로 출력
> 　　　C▼ 의 값을 20 으로 출력
> 　　아니면
> 　　　B▼ 의 값을 20 으로 출력
> 　　　C▼ 의 값을 10 으로 출력

**2단계** 로봇이 세 번째 검은색 선을 만나면 정지하도록 해 봅시다.

count 변수를 만들고 3번의 컬러 센서값이 20보다 작으면(검은색 선을 만나면) count값을 1씩 증가합니다. 만약 count값이 3이 되면 로봇을 정지하고 프로그램을 종료하는 명령을 추가합니다.

> ▶ 시작하기 버튼을 클릭했을 때
> 　계속 반복하기
> 　　만일 〈 3▼ 의 값 〈 20 〉 이라면
> 　　　〈 3▼ 의 값 ≥ 20 〉 이(가) 될 때까지 기다리기
> 　　　count▼ 에 1 만큼 더하기
> 　　　만일 〈 count▼ 값 = 3 〉 이라면
> 　　　　B▼ 의 값을 0 으로 출력
> 　　　　C▼ 의 값을 0 으로 출력
> 　　　　모든▼ 코드 멈추기

◀ 프로그램 완성

**실행하기** 원하는 대로 프로그램이 동작하는지 실행하여 확인해 봅시다.

프로그램 작성이 완료되면 ▶ 시작하기 버튼을 클릭하여 로봇이 제대로 동작하는지 확인합니다.

# ROBOTC로 프로그래밍하기

앞에서 설계한 [문제 해결 전략 세우기]대로 프로그래밍하여 문제를 해결합니다.

**1단계** 로봇이 회색 선을 따라 이동하도록 해 봅시다.

❶ 41쪽 `프로그래밍을 위한 사전 준비` 대로 사용할 센서와 모터의 이름을 설정한 프로그램을 가져 옵니다.

**프로그램**

```
1    #pragma config(Sensor, S1,      btn,                sensorEV3_Touch)
2    #pragma config(Sensor, S3,      cor,                sensorEV3_Color)
3    #pragma config(Sensor, S4,      ult,                sensorEV3_Ultrasonic)
4    #pragma config(Motor,  motorA,          mc,          tmotorEV3_Medium, PIDControl, encoder)
5    #pragma config(Motor,  motorB,          ml,          tmotorEV3_Large, PIDControl, encoder)
6    #pragma config(Motor,  motorC,          mr,          tmotorEV3_Large, PIDControl, encoder)
7    //*!!Code automatically generated by 'ROBOTC' configuration wizard        !!*//
8
```

❷ 멀티 태스크 함수인 'ling_go'를 만들고 컬러 센서의 반사값이 40보다 크면 좌회전, 아니면 우회전하는 프로그램을 작성합니다. 그리고 task main 함수에 line_go 멀티 함수를 추가하여 시작합니다.

**프로그램**

```
9    task line_go()                              ← 멀티 함수 line_go 함수를 선언하기
10   {
11     while(1)
12     {
13       if(SensorValue[cor] >= 40)
14       {
15         motor[ml] = 10;                        컬러 센서의 반사값이 40보다 크면(흰색이면) 왼쪽 방향
16         motor[mr] = 20;                        으로 전진하기
17       }
18       else
19       {
20         motor[ml] = 20;                        컬러 센서의 반사값이 40 이하이면(회색) 오른쪽 방향으
21         motor[mr] = 10;                        로 전진하기
22       }
23     }
24   }
25
26   task main()
27   {
28     setSensorMode(cor, 0);                     ← 컬러 센서의 모드를 반사값 모드(0)로 설정하기
29     delay(300);
30
31     startTask(line_go);                        ← line_go 멀티 함수를 시작하기
32   }
```

**2단계** 로봇이 세 번째 검은색 선을 만나면 정지하도록 해 봅시다.

count 변수를 추가하고 3번의 컬러 센서값이 20보다 작으면(검은색 선을 만나면) count값을 1 증가합

니다. 만약 count값이 3이 되면 멀티 함수들을 모두 종료하고 로봇도 정지한 후 프로그램을 종료하는 명령을 추가합니다.

프로그램

```
26    task main()
27    {
28      setSensorMode(cor, 0);
29      delay(300);
30
31      startTask(line_go);
32
33      int count = 0;              ← 검은색 선을 카운트할 count 변수를 만들고, 0으로
34                                    초기화하기
35      while(1)
36      {
37        if(SensorValue[cor] <= 20)
38        {
39          while(SensorValue[cor] <= 20) {}    검은색 선을 만나면 검은색 선을 지날 때까지 기다리기
40          count++;               ← 검은색 선을 만나면 count값을 1 증가하기
41          if (count == 3)
42          {
43            motor[ml] = 0;        count값이 3이면 로봇을 정지하고 반복문을 벗어나기.
44            motor[mr] = 0;        이때 stopAllTasks 함수를 이용하여 작동 중인 멀티
45            stopAllTasks();       task를 모두 중지하기
46            break;
47          }
```

**실행하기** 원하는 대로 프로그램이 동작하는지 실행하여 확인해 봅시다.

프로그램 작성이 완료되면 프로그램을 실행하여 로봇이 제대로 동작하는지 확인합니다.

　　컬러 센서의 컬러 모드를 이용하여 검은색 선을 따라 이동하다가 노란색을 감지하면 정지하는 프로그램을 작성합니다.

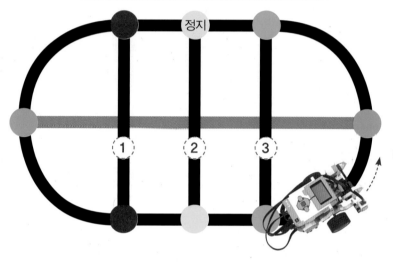

검은색 선을 따라 이동하다 노란색을 만나면 정지하기

정지

① ② ③

※ 컬러 센서의 컬러 모드를 이용하여 선을 주행하는 것은 현재 엔트리에서는 센싱이 느리게 처리되므로 ROBOTC에서만 실습하도록 합니다.

### 문제 해결 전략 세우기

**1단계** 로봇이 검은색 선을 따라 이동하기(흰색으로 구분하기)

**2단계** 로봇이 노란색을 만나면 정지하기

앞에서 설계한 [문제 해결 전략 세우기]대로 프로그래밍하여 문제를 해결합니다.

**1단계** 로봇이 검은색 선을 따라 이동해 봅시다.

컬러 센서를 컬러 모드로 설정하고 검은색 선을 따라 이동할 수 있습니다. 하지만 선에 다른 색들이 걸쳐 있으므로 잘못하면 선을 이탈할 수 있습니다. 이에 흰색을 감지하면 왼쪽으로 전진, 아니면 오른쪽으로 전진을 하면 보다 안전하게 검은색 선을 따라 주행할 수 있습니다. 흰색을 기준으로 선을 이동하는 프로그램을 작성합니다.

**프로그램**

```
 9    task main()
10    {
11      setSensorMode(cor, 2);
12      delay(300);
13
14      while(1)
15      {
16        if(SensorValue[cor] == 6)
17        {
18          motor[ml] = 0;
19          motor[mr] = 30;
20        }
21        else
22        {
23          motor[ml] = 30;
24          motor[mr] = 0;
25        }
26      }
27    }
```

11: 컬러 센서 모드를 2(컬러 모드)로 설정하기
16-20: 컬러값이 6(흰색)이면 좌측으로 전진하기
21-25: 컬러값이 6(흰색)이 아니면 우측으로 전진하기

**2단계** 로봇이 노란색을 만나면 정지해 봅시다.

노란색의 컬러값이 4이므로 만약 컬러값이 4이면 로봇의 움직임을 정지하고 종료하는 명령을 추가합니다.

**프로그램**

```
 9    task main()
10    {
11      setSensorMode(cor, 2);
12      delay(300);
13
14      while(1)
15      {
16        if(SensorValue[cor] == 4)
17        {
18          motor[ml] = 0;
19          motor[mr] = 0;
20          break;
21        }
22        if(SensorValue[cor] == 6)
23        {
24          motor[ml] = 0;
25          motor[mr] = 30;
26        }
27        else
28        {
29          motor[ml] = 30;
30          motor[mr] = 0;
31        }
32      }
33    }
```

16-21: 컬러값이 4(노란색)이면 정지하기

**실행하기** 원하는 대로 프로그램이 동작하는지 실행하여 확인해 봅시다.

프로그램 작성이 완료되면 프로그램을 실행하여 로봇이 제대로 동작하는지 확인합니다.

P·A·R·T

# 3

# EV3

# 창작 프로젝트(기본)

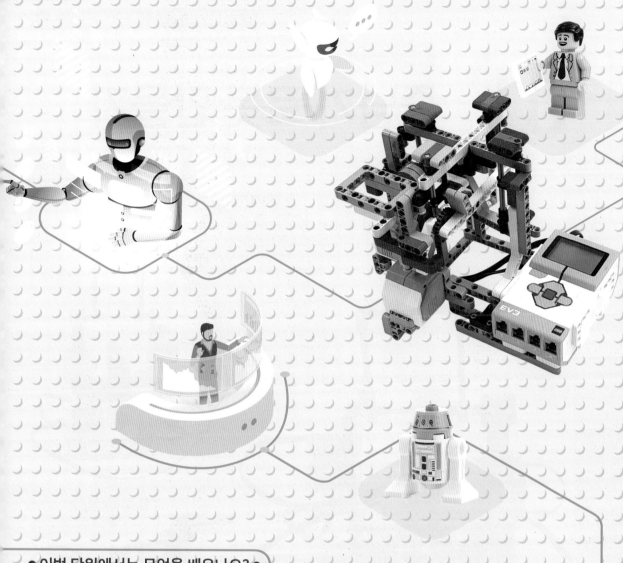

## ●이번 단원에서는 무엇을 배우나요?●

자동차 로봇을 만들고 원하는 방향으로 움직이는 방법에 대해 알아봅니다. 또한 터치 센서, 초음파 센서,
컬러 센서를 이용하여 자동차 로봇을 제어하는 방법에 대해 알아봅니다.

## ●준비 도구●

| EV3 45544 세트 |

| 엔트리 오프라인 프로그램 |

| ROBOTC 프로그램 |

| LDD 프로그램 |

❍ 엔트리와 ROBOTC 소스 파일 및 조립도, 동영상 파일 제공: 삼양미디어 홈페이지(http://www.samyangm.com)의 [고객센터]−[자료실]에
   올린 파일을 내려받아서 사용하세요.

# C·H·A·P·T·E·R 01

### 프로젝트★1

# 줄넘기 로봇 만들기

시작 버튼을 누르면 모터를 이용하여 줄이 돌아가고, 점프 버튼을 누르면 로봇이 줄을 넘는 동작을 하는 줄넘기 로봇을 만들어 봅시다.

**완성된 로봇**

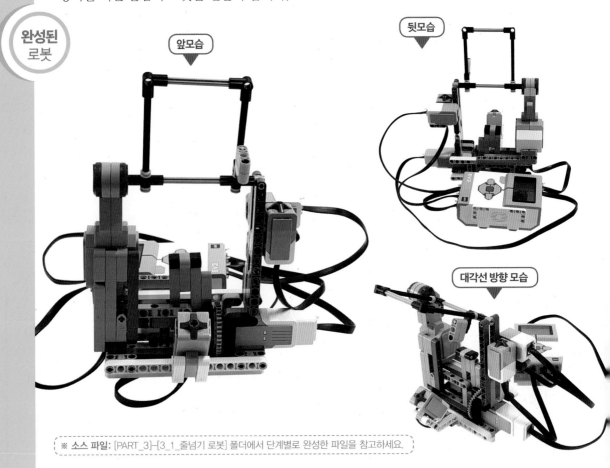

앞모습

뒷모습

대각선 방향 모습

※ **소스 파일**: [PART_3]–[3_1_줄넘기 로봇] 폴더에서 단계별로 완성한 파일을 참고하세요.

**해결할 문제**

작은 문제로 나누어서 해결합니다.

**1단계**
시작 버튼을 누르면 줄을 돌리는 모터를 이용하여 줄을 돌게 하기

**2단계**
줄 돌리는 모터가 돌면 줄이 레버에 걸리기 전에 점프 버튼을 눌러 줄을 넘도록 하기

**3단계**
줄을 넘을 때마다 개수를 세고, 일정 개수마다 빨라지고 15개 초과인 경우 임의의 속도로 줄을 돌리기

**4단계**
로봇이 줄에 걸리면 줄을 넘은 횟수를 확인하여 가장 많이 넘은 횟수로 수정한 후 게임을 종료하기

줄넘기 로봇을 조립해 봅시다.

❶ 먼저 LDD 조립도 프로그램을 실행하여 다음과 같이 7개의 모듈을 만들어 놓습니다.

모듈 1

모듈 2

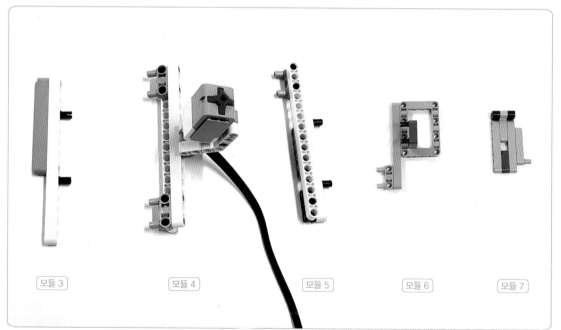

모듈 3    모듈 4    모듈 5    모듈 6    모듈 7

※ 모듈 1 : 축 길이에는 7칸 2개, 10칸 2개 블록을 사용합니다.

※ 제공한 [창작 조립도]–[PART_3] 폴더에서 '03_01_미니 줄넘기01.lxf' ~ '03_01_미니 줄넘기07.lxf' 조립도 파일을 하나씩 열어
모듈 1 ~ 모듈 7 까지 조립하여 나열하도록 합니다.

❷ 먼저 [모듈 2]와 [모듈 7]을 가져온 후 두 모듈을 결합합니다. 이때 [모듈 7]은 뒤집어서 사용합니다.

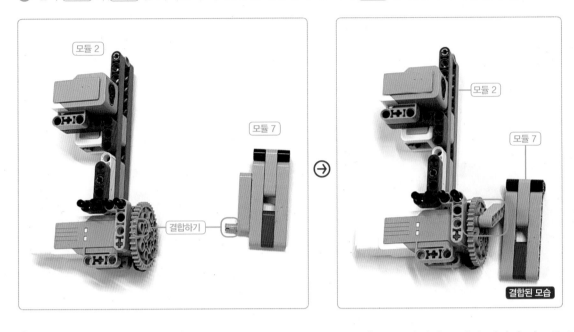

❸ [모듈 1]을 가져와 ❷에서 조립한 모듈에 결합합니다. 이때 모듈과 모듈 사이에 공백이 생기지 않도록 붙여 놓도록 합니다.

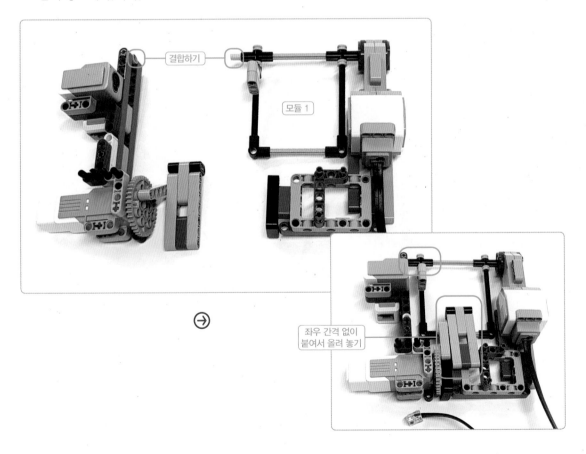

❹ 이번에는 모듈 3 을 가져와 다음과 같이 표시된 부분에 모듈을 결합합니다.

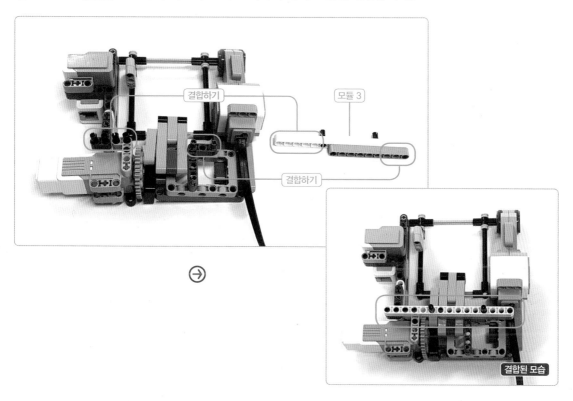

❺ 모듈 5 를 가져와 다음과 같이 세워서 결합합니다.

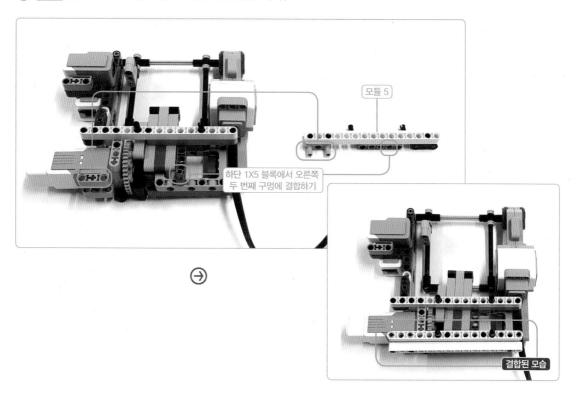

**6** 모듈6 을 가져온 후 다음과 같이 분리합니다.

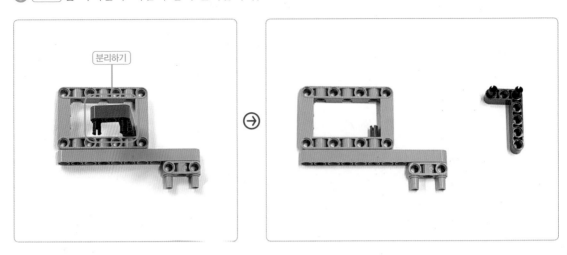

**7** **5**에서 조립한 모듈과 **6**에서 분리한 사각형 블록을 가져와 결합합니다.

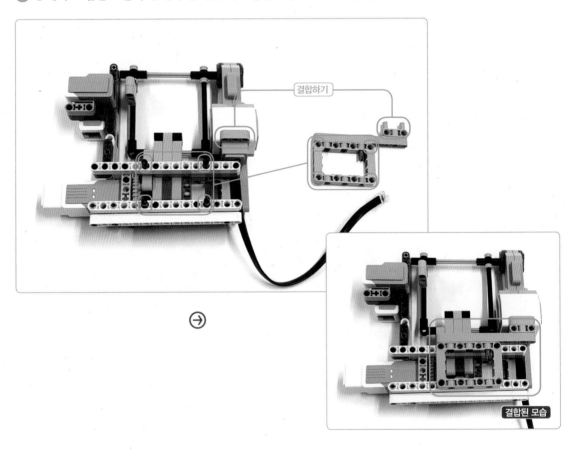

**8** 이번에는 'ㄱ'자 블록을 뒤집은 후 아랫부분을 세워서 다음과 같이 결합합니다.

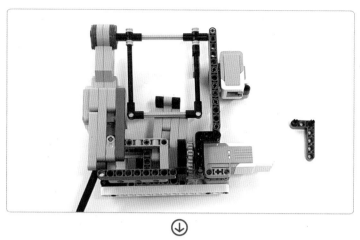

세워서 결합
후 고정하기

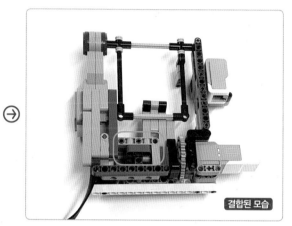

결합된 모습

**9** **8**에서 조립한 모듈에 모듈4 를 가져와 다음과 같이 결합합니다.

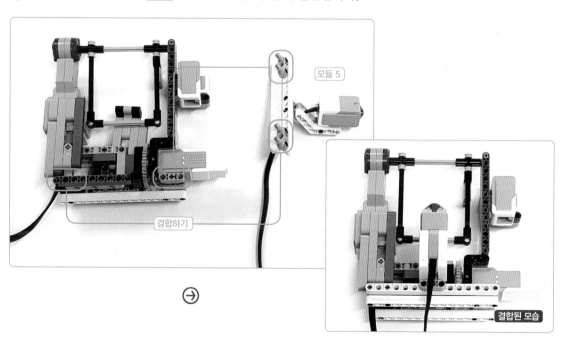

모듈 5

결합하기

결합된 모습

⓿ 완성된 모습은 다음과 같습니다.

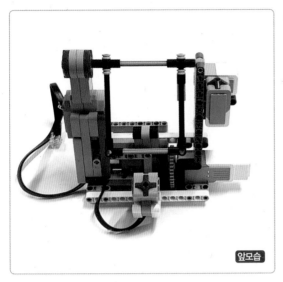
앞모습

대각선 방향 모습

## 2 >> 모터와 센서 연결하기

다음을 참고하여 선으로 모터와 센서를 연결합니다.

### 서보 모터

- motor A: 라지 서보 모터   ← 줄을 돌리는 부분의 라지
  서보 모터
- motor B: 미디엄 서보 모터   ← 점프 기능의 레버를 올렸
  다 내렸다 하는 미디엄
  서보 모터

- motor C: –
- motor D: –

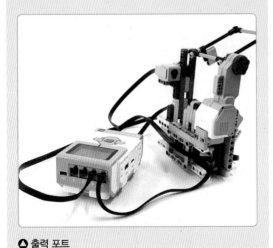
▲ 출력 포트

### 센서 및 버튼

- Sensor 1: –
- Sensor 2: 버튼       ← 시작 기능의 버튼
- Sensor 3: 컬러 센서   ← 줄 넘은 개수 확인용 센서
- Sensor 4: 버튼       ← 점프 기능의 버튼

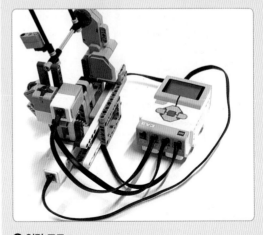
▲ 입력 포트

## 3 >> 문제 분석 및 문제 나누기

문제를 분석하여 아래와 같이 작은 문제로 나누어 봅니다.

| **1단계** 점프하기 | ▶ | **2단계** 줄 돌리기 | ▶ | **3단계** 줄 넘은 횟수 세기 | ▶ | **4단계** 줄 걸림 확인 | ▶ | **5단계** 줄 돌림 난이도 조절하기 |

## 4 >> 작은 문제별 해결 전략 세우기

나눈 작은 문제들을 해결하려면 어떤 일을 해야 할지 아래와 같이 단계별로 해결 전략을 세웁니다.

**1단계** 점프하기
- 프로그램 시작 시 레버 기능의 모터를 이용하여 레버가 올라간 상태로 시작합니다.
- 점프 버튼을 누르면 레버 기능의 모터를 내렸다가 올려 줄이 지나가도록 합니다.

▼

**2단계** 줄 돌리기

시작 버튼을 누르면 줄넘기 줄이 뒤로 잠시 이동하여 시작을 알리고, 계속 줄을 앞으로 돌리도록 합니다.

▼

**3단계** 줄 넘은 횟수 세기

컬러 센서(Sensor3)로 줄이 지나감을 감지하여 줄이 지나갈 때마다 줄 넘은 횟수를 1씩 더합니다.

▼

**4단계** 줄 걸림 확인
- 컬러 센서(Sensor3)는 줄이 일정 시간 이상 계속 감지되면 걸린 것이라 판단하고 게임을 종료합니다.
- 현재 줄 넘은 횟수를 알려 주고, 현재 횟수가 가장 많이 넘은 횟수보다 더 크면 최곳값으로 변경합니다.

▼

**5단계** 줄 돌림 난이도 조절하기

줄 넘은 횟수에 따라 줄 돌리는 속도를 다음과 같이 지정합니다.
- 줄 넘은 횟수가 5번까지일 때: 속도를 40으로 적용하기
- 줄 넘은 횟수가 10번까지일 때: 속도를 50으로 적용하기
- 줄 넘은 횟수가 15번까지일 때: 속도를 60으로 적용하기
- 줄 넘은 횟수가 15번을 초과할 때: 속도를 랜덤으로 30~70 사이의 수로 변환하기

CHAPTER 01 • 줄넘기 로봇 만들기 • **153**

앞에서 설계한 [작은 문제별 해결 전략 세우기]대로 프로그래밍하여 문제를 해결합니다.

● 프로그래밍을 위한 사전 준비 ●

**1. 줄을 돌리는 모터 방향 확인하기**

모터A에 출력값을 40으로 3초간 돌리고, 다시 −40으로 3초간 돌리는 프로그램을 작성하면 다음과 같습니다.

**1** [하드웨어] 블록 메뉴에서 [A▼ 의 값을 50 으로 출력] 블록을 가져와 다음과 같이 연결하고, 숫자 50을 40으로 수정합니다.

**2** 이번에는 [흐름] 블록 메뉴에서 [2 초 기다리기] 블록을 가져와 연결하고 2초를 3초로 수정합니다.

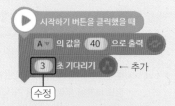

**3** 같은 방법으로 모터A에 −40의 출력값을 적용하고, [3초 기다리기] 블록을 추가하여 프로그램을 완성합니다.

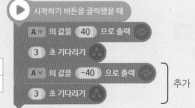

| [예] | 모터A의 값을 40으로 출력할 경우 | 모터A의 값을 −40으로 출력할 경우 |
|---|---|---|
| | 정방향으로 돌아가는 줄 | 역방향으로 돌아가는 줄 |

**2. 컬러 센서값 확인하기**

Sensor3에 연결된 컬러 센서의 값을 계속 확인합니다. 이때 컬러 센서에 줄이 계속 감지될 경우와 그렇지 않을 경우의 값을 확인해야 합니다. 그러기 위해서는 먼저 브릭에서 컬러 센서값을 확인하는 방법을 알고 프로그래밍을 합니다.

▶브릭에서 컬러 센서값 확인하기◀

센서와 모터의 값을 브릭에서 확인할 수 있습니다. 컬러 센서가 3번에 연결되어 있으므로 세 번째 탭으로 이동하여 [Port View]에서 가운데 선택 버튼을 클릭합니다. 오른쪽으로 두 번 이동하여 세 번째 컬러 센서의 'REFLECT' 값을 확인할 수 있습니다.

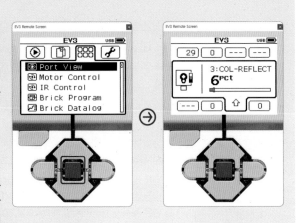

▶프로그램으로 컬러 센서값 확인하기◀

**1** 3번 포트에 연결된 컬러 센서의 값을 계속 확인하기 위해  블록 메뉴에서  블록을 가져와 다음과 같이 연결합니다.

**2**  블록 메뉴에서 ᐸ안녕!ᐳ 을(를) 말하기▼ , 하드웨어 블록 메뉴에서 1▼ 의값 블록을 가져와 3번 포트에 연결된 컬러 센서값을 확인합니다.

**실행 결과**

🔺 줄을 감지했을 경우　　🔺 줄을 감지하지 못했을 경우

※ 컬러 센서가 0보다 큰 값을 인식했을 경우, 줄을 감지했다고 판단합니다.

---

**1단계** 점프하기를 해 봅시다.

프로그램 실행 시 레버 기능의 모터를 이용하여 레버가 올라간 상태로 시작하며, 점프 버튼을 누르면 레버 기능의 모터를 내렸다가 올려 줄이 지나가도록 합니다.

🏁 **해결 절차**

**절차1** 프로그램이 실행되면 시작하기 버튼(Sensor2)을 누르는지 계속 확인합니다.

**절차2** 시작하기 버튼(Sensor2)을 누르면 '줄넘기 시작' 신호를 보내 시작 버튼이 눌림을 알립니다.

**절차3** '줄넘기 시작' 신호를 받으면 점프 버튼(Sensor4)을 누르는지 계속 확인하고, 점프 버튼을 누르면 레버(motorB)를 아래로 내린 후 0.3초 기다렸다가 올립니다.

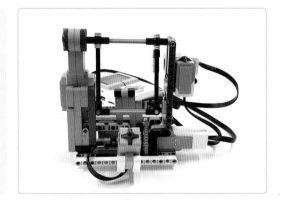

❶  블록 메뉴에서  와  블록
을 가져와 우측처럼 연결합니다.

❷ 조건문  으로 Sensor2에 연결된 터치
버튼이 눌렸는지를 확인하기 위해  블록 메뉴
에서  블록을 가져와 '참'에 끼
워 넣습니다.

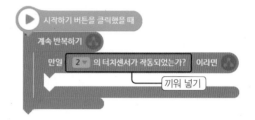

❸ '줄넘기 시작' 신호를 만들어 함수처럼 프로그램의 흐
름을 제어하기 위해 [속성] 탭에서 [신호]-[신호 추
가]를 클릭하여 '줄넘기 시작' 신호를 생성합니다.

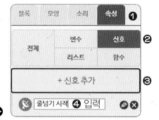

줄넘기 시작 신호 만들기 ▶

❹ 시작 버튼(Sensor2)이 눌리면 '줄넘기 시작' 신호
를 보내고 기다릴 수 있도록,  블록 메뉴에서
 블록을 가져와 연결합니다.

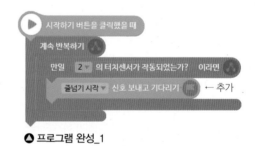

🔺 프로그램 완성_1

---

**TIP** [~신호 보내기]
• 신호를 보내고 다음 연결된 블록으로 이동합니다.
• 위 프로그램을 '줄넘기 시작' 신호 보내기로 변경하면 시작
버튼을 누를 때마다 '줄넘기 시작' 신호가 호출됩니다.

[~ 신호 보내고 기다리기]
• 신호를 보내면 이 신호를 받아 처리하는 모든 부분이 끝날
때까지 기다리고, 다음 연결된 블록으로 이동합니다.
• 위 프로그램의 경우, 시작 버튼을 누른 후 만약 줄넘기 시작
신호에 연결된 블록이 모두 완료되지 않으면 다시 시작 버튼
을 눌러도 추가로 '줄넘기 시작' 신호가 실행되지 않습니다.

❺ '줄넘기 시작' 신호를 받으면 점프하는 모터B를 시작 위치인 위로 올리기 위해 [시작] 블록 메뉴에서 (줄넘기 시작 ▼ 신호를 받았을 때), [하드웨어] 블록 메뉴에서 (A ▼ 의 값을 50 으로 출력) 블록을 가져와 연결한 후 모터A를 모터B로 변경합니다.

변경하기

❻ Sensor4에 연결된 점프 버튼이 눌리는지 계속 확인하기 위해 [흐름] 블록 메뉴에서 (계속 반복하기), (만일 ◆ 이라면), [하드웨어] 블록 메뉴에서 (1 의 터치센서가 작동되었는가?) 블록을 가져와 우측처럼 추가합니다.

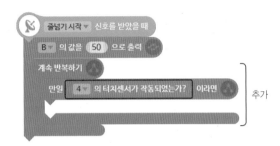

추가

❼ 점프 버튼이 눌리면 레버 기능의 모터B를 내리고 0.3초간 기다렸다 올린 후 ['0.3' 초 기다리기] 블록을 추가합니다. 모터B가 내려가기 위해서는 -50, 올라가기 위해서는 50의 출력값을 각각 적용하여 프로그램을 완성합니다.

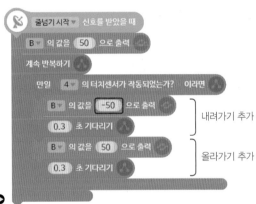

내려가기 추가

올라가기 추가

프로그램 완성_2 ▶

---

**2단계** 줄 돌리기를 해 봅시다.

시작 버튼을 누르면 줄넘기 줄이 뒤로 잠시 이동하여 시작을 알리고, 계속 줄을 앞으로 돌리는 작업을 프로그래밍합니다.

🚩 **해결 절차**

절차1 '줄넘기 시작' 신호를 받으면 줄(motorA)을 뒤로 1초간 돌립니다.

절차2 [계속 반복하기]를 이용하여 줄(motorA)을 40의 속도로 계속 돌립니다.

❶ '줄넘기 시작' 신호를 받으면 줄넘기 시작을 뒤에서부터 하기 위해 줄을 돌리는 모터A의 출력값을 -50으로 적용하고, 1초간 기다리게 합니다.

절차2

❷ 계속 반복하여 줄을 돌리기 위해  블록을 가져와 연결하고 줄의 속도, 즉 모터A의 출력값을 40으로 적용하여 프로그램을 완성합니다.

추가

---

**3단계** 줄 넘은 횟수를 세 봅시다.

컬러 센서(Sensor3)를 이용하여 줄이 지나감을 감지하고, 줄이 지나갈 때마다 줄 넘은 횟수를 1씩 증가합니다.

**해결 절차**

> **절차1** 줄 넘은 횟수를 세기 위해 '숫자세기 시작' 신호 보내기를 만들어 프로그램에 추가합니다.
>
> **절차2** '숫자세기 시작' 신호를 받으면 줄이 뒤로 넘어가는 1초를 기다린 후, 컬러 센서(Sensor3)에 0보다 더 큰 값이 들어 오는지를 계속 확인합니다.
>
> **절차3** 컬러 센서에 0보다 큰 값이 들어오면 '줄넘기 횟수' 값에 1을 증가하고, 줄이 중복으로 감지되지 않도록 하기 위해 0.8초 기다리기를 추가합니다.

절차1

❶ 줄을 넘을 때마다 줄 넘은 횟수를 관리하기 위해 [속성] 에서 [신호]–[신호 추가]를 클릭하여 '숫자세기 시작' 신 호를 생성합니다.

숫자세기 시작 신호 만들기 ▶

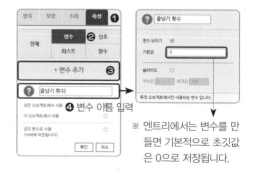

❷ 줄 넘은 횟수를 기억할 변수 이름을 '줄넘기 횟수'로 만 들기 위해 [속성]–[변수 추가]를 클릭하여 이름을 '줄넘 기 횟수'로 정하고 [확인] 버튼을 누릅니다. 변수 이름 옆 🖉(수정) 버튼을 클릭하면 변수의 속성, 즉 화면에 변수 보임 유무, 기본값, 슬라이드 형식 등을 변경할 수 있습니다.

※ 엔트리에서는 변수를 만 들면 기본적으로 초깃값 은 0으로 저장됩니다.

❸ 158쪽 **2단계** ❷의 프로그램에 '줄넘기 시작' 신호를 받았을 때 프로그램 중간에 1초간 모터A를 뒤로 돌리는 블록 다음에 ['숫자세기 시작' 신호 보내기] 블록을 추가합니다.

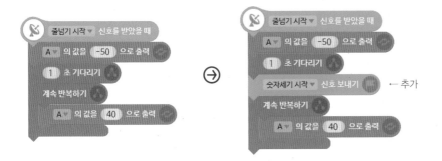

절차2

❹ 새롭게 ['숫자세기 시작' 신호를 받았을 때] 블록을 가져온 후, 줄이 넘어간 상태에서부터 줄이 넘은 횟수를 세기 위해 1초간 기다리게 하고 시작할 수 있도록 [1초 기다리기] 블록을 가져와 추가합니다.

❺ 3번에 연결된 컬러 센서의 값을 계속 확인하여 0 보다 큰 값이 들어오면 줄이 지나간 것으로 판단하기 위해 [계속 반복하기] , [만일 ⬡ 이라면] , [판단] 블록 메뉴에서 ⟨ 10 ⟩ 10 ⟩ 블록을 가져와 추가합니다. 이때 좌측 10은 3, 우측 10은 0으로 변경합니다.

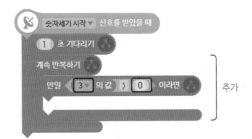

절차3

❻ [? 자료] 블록 메뉴에서 [줄넘기 횟수 에 10 만큼 더하기] 을 가져와 컬러 센서에 0보다 큰 값이 들어오면 '줄넘기 횟수' 에 1을 더할 수 있도록 10을 1로 수정합니다. 그리고 [흐름] 블록 메뉴에서 [2 초 기다리기] 을 가져와 줄이 중복으로 감지되지 않도록 2를 0.8로 수정하여 프로그램을 완성합니다.

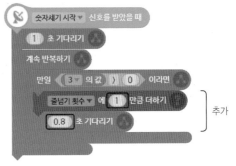

🔺 프로그램 완성_3

**4단계** 줄 걸림 여부를 확인해 봅시다.

컬러 센서(Sensor3)의 줄이 일정 시간 이상 계속 감지되면 줄이 걸린 것으로 판단하여 게임을 종료합니다. 이때 현재 줄 넘은 횟수를 알려 주고, 가장 많이 줄 넘은 횟수를 기억하고 있는 변수, 즉 '최고 횟수'와 비교하여 현재 줄 넘은 횟수가 더 크면 '최고 횟수'의 값을 '줄넘기 횟수'의 값으로 변경합니다.

**해결 절차**

**절차1** '숫자세기 시작' 신호를 받으면 컬러 센서에 줄이 감지되는지 계속 확인합니다.

**절차2** 줄이 감지되면 '끝 확인' 값에 1씩 더하고, 줄이 감지되지 않으면 0으로 초기화합니다.

**절차3** 줄이 계속 감지되면 '끝 확인' 값이 20보다 큰 것으로 줄 걸림을 확인할 수 있습니다. 이때 마지막 줄은 넘은 것이 아니므로 '줄넘기 횟수'에서 1을 빼고, "게임 오버"라고 말합니다.

**절차4** 만약 이번에 넘은 '줄넘기 횟수'가 이전 '최고 횟수'의 값보다 더 크면, '최고 횟수'의 값을 이번에 넘은 '줄넘기 횟수'의 값으로 변경하고 프로그램을 종료합니다.

**절차1**

❶ '숫자세기 시작' 신호를 받으면 3번에 연결된 컬러 센서의 값을 계속 확인하여 줄이 감지되는지 혹은 아닌지를 확인하기 위한 조건 명령어 블록을 추가합니다.

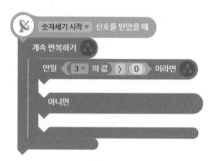

**절차2**

❷ 먼저 줄이 계속 감지되는지를 확인하기 위한 '끝 확인' 변수를 만듭니다. 컬러 센서가 0보다 크면(줄이 감지될 때마다) '끝 확인' 값에 1씩 더하는 작업을 하고, 컬러 센서에 감지되지 않으면 줄을 넘은 것이므로 '끝 확인' 값을 0으로 변경한 후  블록 안에 추가합니다.

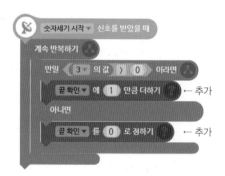

❸ '끝 확인' 값은 실행 화면에 보일 필요가 없으므로 [속성]-[변수]에서 '끝 확인' 변수를 선택하고, '변수 보이기' 옆의 체크 버튼을 눌러 해제합니다.

❹ 컬러 센서가 줄을 계속 감지할 때마다 '끝 확인' 값은 1씩 증가합니다. 그리고 '끝 확인' 값이 20보다 큰지 비교하여 더 크면 줄이 최종적으로 걸린 것으로 판단합니다. 아울러 이미 줄을 넘은 것으로 판단하여 '줄넘기 횟수'에 1이 더해졌으므로, '줄넘기 횟수'에서 1을 감소하고 "게임 오버!"라고 말하는 명령어 블록을 추가합니다.

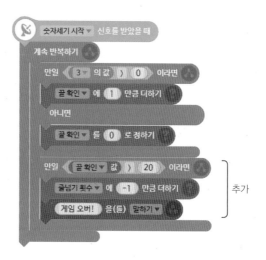

❺ 줄 넘은 횟수 중 최고 기록을 기억하기 위한 '최고 횟수' 변수를 만들고, '공유 변수로 사용' 옆의 체크 버튼을 눌러 체크합니다. 최고 기록은 프로그램이 종료되고 다시 시작되어도 그대로 남아 있어야 하므로, 공유 변수로 체크하면 이 문제를 해결할 수 있습니다.

+ 변수 추가

❓ 최고 횟쉬

모든 오브젝트에서 사용 ☑

이 오브젝트에서 사용 ☐

공유 변수로 사용 ☑
(서버에 저장됩니다)

확인  취소

🔺 변수 만들기

❻ 게임이 끝났으므로 현재 넘은 '줄넘기 횟수'가 '최고 횟수'보다 더 크면 '최고 횟수'의 값을 '줄넘기 횟수'의 값으로 변경하고 ['모든' 코드 멈추기] 블록을 추가하여 프로그램을 완성합니다.

🔺 프로그램 완성_4

**5단계** 줄 돌림의 난이도를 조절해 봅시다.

다음 [해결 절차]의 조건에 따라 줄 돌리는 부분을 수정하여 줄 넘은 횟수의 속도를 조절합니다.

🔖 해결 절차

**절차1** **3단계** **절차1** 의 앞 줄 돌리기에서 줄을 계속 40의 속도로 돌리던 것을 난이도 있게 수정하기 위해 [만일 ~ 아니면 ~] 블록을 가져와 '줄넘기 횟수'가 5 이하이면 줄(motorA)을 40의 속도로 돌립니다.

**절차2** 아니면 만약 '줄넘기 횟수'가 10 이하이면 줄(motorA)을 50의 속도로 돌립니다.

**절차3** 아니면 만약 '줄넘기 횟수'가 15 이하이면 줄(motorA)을 60의 속도로 돌립니다.

**절차4** 아니면 줄(motorA)을 30부터 70 사이의 무작위 수로 0.5초 간격으로 돌립니다.

**절차1**

❶ 159쪽의 **3단계** **절차1** 의 ❸에서 완성한 프로그램에 (계속 반복하기) 와 (만일 ~ 이라면) 블록을 가져와 연결합니다.

조건으로 '줄넘기 횟수'가 5 이하이면을 추가하고, 조건을 만족하면 (A의 값을 40 으로 출력) 블록을 다음과 같이 이동합니다.

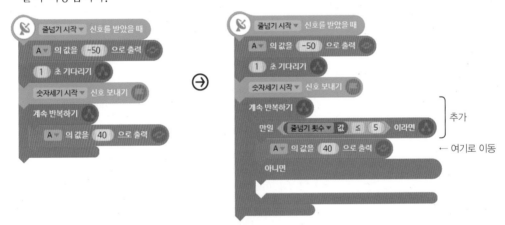

**절차2**

❷ [아니면~] 다음에 (만일 ~ 이라면 / 아니면) 블록을 하나 더 추가하고, 이곳에 '줄넘기 횟수'가 10 이하이면  을 위한 블록을 추가합니다.

❸ [아니면~] 다음에 [만일~아니면~] 블록을 추가하여 '줄넘기 횟수' 값이 15 이하이면 ![A 의 값을 60 으로 출력] 블록을 추가합니다.

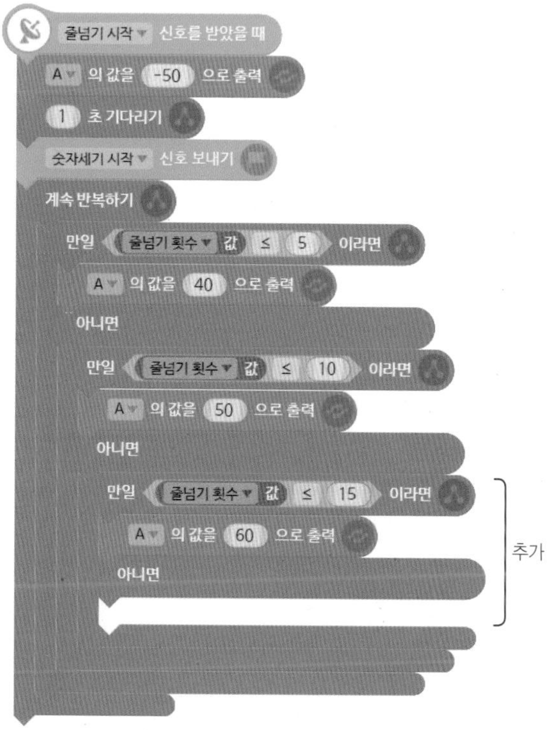

❹ 마지막에 있는 [아니면~] 다음에 ![A 의 값을 50 으로 출력] 블록을 추가한 후 숫자 50 대신 [계산] 블록 메뉴에서 ![0 부터 10 사이의 무작위 수] 블록을 가져와 연결합니다. 그리고 30부터 70 사이의 수 중 하나를 랜덤, 즉 무작위 수로 생성하여 해당 속도로 0.5초씩 줄이 회전할 수 있게 프로그램을 수정하여 완성합니다.

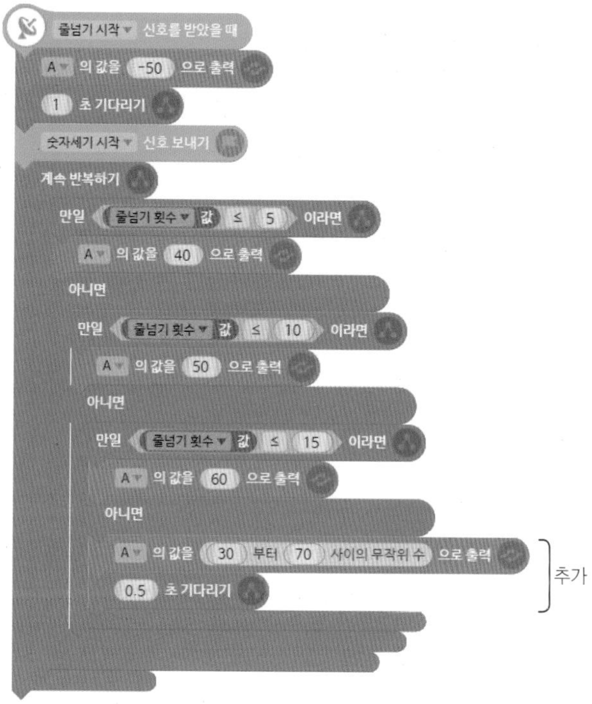

🔺 프로그램 완성_5

• 전체 완성 프로그램 확인하기 •

**[프로그램 1]**
- 시작하기 버튼을 클릭했을 때
- 계속 반복하기
  - 만일 2▼ 의 터치센서가 작동되었는가? 이라면
    - 줄넘기 시작▼ 신호 보내고 기다리기

**[프로그램 2]**
- 줄넘기 시작▼ 신호를 받았을 때
- B▼ 의 값을 50 으로 출력
- 계속 반복하기
  - 만일 4▼ 의 터치센서가 작동되었는가? 이라면
    - B▼ 의 값을 -50 으로 출력
    - 0.3 초 기다리기
    - B▼ 의 값을 50 으로 출력
    - 0.3 초 기다리기

**[프로그램 3]**
- 숫자세기 시작▼ 신호를 받았을 때
- 1 초 기다리기
- 계속 반복하기
  - 만일 3▼ 의 값 > 0 이라면
    - 줄넘기 횟수▼ 에 1 만큼 더하기
    - 0.8 초 기다리기

**[프로그램 4]**
- 줄넘기 시작▼ 신호를 받았을 때
- A▼ 의 값을 -50 으로 출력
- 1 초 기다리기
- 숫자세기 시작▼ 신호 보내기
- 계속 반복하기
  - 만일 줄넘기 횟수▼ 값 ≤ 5 이라면
    - A▼ 의 값을 40 으로 출력
  - 아니면
    - 만일 줄넘기 횟수▼ 값 ≤ 10 이라면
      - A▼ 의 값을 50 으로 출력
    - 아니면
      - 만일 줄넘기 횟수▼ 값 ≤ 15 이라면
        - A▼ 의 값을 60 으로 출력
      - 아니면
        - A▼ 의 값을 30 부터 70 사이의 무작위 수 으로 출력
  - 0.5 초 기다리기

**[프로그램 5]**
- 숫자세기 시작▼ 신호를 받았을 때
- 계속 반복하기
  - 만일 3▼ 의 값 > 0 이라면
    - 끝 확인▼ 에 1 만큼 더하기
  - 아니면
    - 끝 확인▼ 을 0 로 정하기
  - 만일 끝 확인▼ 값 > 20 이라면
    - 줄넘기 횟수▼ 에 -1 만큼 더하기
    - 게임 오버! 을(를) 말하기▼
    - 만일 줄넘기 횟수▼ 값 > 최고 횟수▼ 값 이라면
      - 최고 횟수▼ 를 줄넘기 횟수▼ 값 로 정하기
    - 모든▼ 코드 멈추기

**실행하기** 원하는 대로 프로그램이 동작하는지 실행하여 확인해 봅시다.

엔트리 화면에 있는 ▶ 시작하기 버튼을 클릭하여 로봇이 제대로 동작하는지 확인합니다.

153쪽에서 설계한 [작은 문제별 해결 전략 세우기]대로 프로그래밍하여 문제를 해결합니다.

● 프로그래밍을 위한 사전 준비 ●

## 1. 센서와 모터 이름 정하기

**1** [Robot]−[Motors and Sensors Setup] 메뉴를 선택합니다.

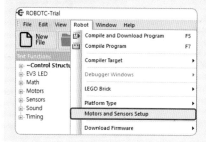

**2** [Motors] 탭으로 이동하여 motorA는 줄을 돌리는 모터이므로 이름을 'mRope', motorB는 점프하는 데 사용하는 모터이므로 이름을 'mJump'로 지정하고, 미디엄 모터로 변경합니다.

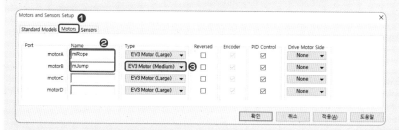

**3** [Sensors] 탭으로 이동하여 시작 버튼으로 사용하는 Sensor2는 'bStart' 이름의 'Touch(EV3)'로 변경하고, Sensor3은 컬러 센서로 줄을 확인하는 데 사용하므로 'cCheck' 이름의 'Color(EV3)'로 변경합니다. 그리고 Sensor4는 점프 버튼으로 'bJump' 이름의 'Touch(EV3)'로 변경합니다.

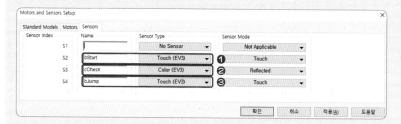

**4** [확인] 버튼을 클릭하면 아래와 같이 자동으로 프로그램이 생성됩니다.

프로그램

```
1    #pragma config(Sensor, S2,      bStart, sensorEV3_Touch)
2    #pragma config(Sensor, S3,      cCheck, sensorEV3_Color)
3    #pragma config(Sensor, S4,      bJump, sensorEV3_Touch)
4    #pragma config(Motor,  motorA, mRope, tmotorEV3_Large, PIDControl, encoder)
5    #pragma config(Motor,  motorB, mJump, tmotorEV3_Medium, PIDControl, encoder)
6    //*!!Code automatically generated by 'ROBOTC' configuration wizard     !!*//
```

## 2. 컬러 센서값 확인하기

▶브릭에서 컬러 센서값 확인하기◀

센서와 모터의 값을 브릭에서 확인할 수 있습니다. 세 번째 탭으로 이동하여 [Port View]에서 가운데 선택 버튼을 클릭합니다. 오른쪽으로 두 번 이동하여 세 번째 컬러 센서의 'REFLECT' 값을 확인합니다.

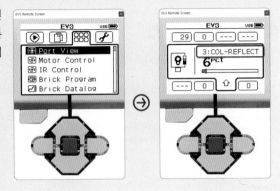

▶프로그램으로 컬러 센서값 확인하기◀

Sensor3에 연결된 컬러 센서(cCheck)의 값을 계속 확인하는 프로그램으로, 컬러 센서로 줄을 계속 감지했을 경우와 감지하지 못했을 때의 값을 확인합니다. Sensor값을 체크하기 위해서는 'SensorValue('센서명')' 함수를 이용하며, 0부터 100 사이의 수 중 하나를 읽은 센서값을 반환합니다.

프로그램
```
7    task main()
8    {
9      int nColor = 0;
10     while (1)
11     {
12       nColor = SensorValue(cCheck);
13       displayBigTextLine(1, "ColorValue = %d", nColor);
14     }
15   }
```

[실행 결과 예]

| 줄을 감지했을 경우 | 줄을 감지하지 못했을 경우 |
|---|---|
| 6 | ~0 |

※ 컬러 센서가 0보다 큰 값을 인식했을 경우, 줄을 감지했다고 판단합니다.

## 3. 프로그램 실행하기

[Robot]-[Compile and Download Program] 메뉴 또는 f5 키를 눌러 작성한 프로그램을 컴파일하면 나타나는 [Program Debug] 창에서 [Start] 버튼을 클릭하여 프로그램이 정상적으로 실행되는지 확인합니다.

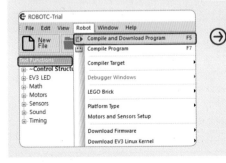

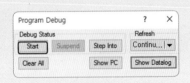

프로그램 실행 시 레버 기능의 모터를 이용하여 레버가 올라간 상태로 시작하고, 점프 버튼을 누르면 레버 기능의 모터를 내렸다가 올려 줄이 지나가도록 합니다.

### 해결 절차

**절차1** 프로그램이 실행되면 시작 버튼(Sensor2)을 누르는지 계속 확인합니다.

**절차2** 시작 버튼(Sensor2)을 누르면 멀티 태스크 함수인 Jump를 호출하여 시작합니다.

**절차3** Jump 함수가 시작되면 점프 버튼(Sensor4)을 누르는지 계속 확인하고, 점프 버튼을 누르면 레버(motorB)를 아래로 내린 후 0.275초 기다렸다 올립니다.

---

**절차1**

❶ 프로그램이 실행되면 시작 버튼(Sensor2)을 누르는지 계속 확인하기 위해 task main 함수에서 레버(mJump)를 위로 올리는 명령을 9~10행에 추가합니다. 그리고 motor[mJump]에 80의 출력값을 적용하고, delay 함수를 이용하여 0.275초간 기다리는 명령을 추가합니다.

**프로그램**

```
 7   task main()
 8   {
 9     motor[mJump] = 80;      ← mJump 모터의 출력값을 80으로 정하기
10     delay(275);             ← 0.275초 기다리기
11   }
```

❷ 무한 반복에 자주 사용하는 while(1)문과 if 조건문으로 시작(bstart) 버튼이 눌렸는지를 확인하는 명령을 11~18행에 추가합니다. 시작(bstart) 버튼이 눌리면 "Brovo.rsf" 소리를 1초간 출력합니다.

**프로그램**

```
 7   task main()
 8   {
 9     motor[mJump] = 80;
10     delay(275);
11     while (1)                            ← 12~18행을 무한 반복하기
12     {
13       if(SensorValue[bStart] == 1)       ← bStart 버튼이 눌렸는지 확인하기
14       {
15         playSoundFile("Bravo.rsf");      ⎫ bStart 버튼을 누르면 "Bravo" 소리를 1초간 출력하기
16         delay(1000);                     ⎭
17       }
18     }
19   }
```

---

**절차2**

❸ 멀티 태스크 함수를 시작하려면 'task jump( )'와 같이 함수 앞에 task를 붙여서 정의하고, 정의된 멀티 태스크 함수를 사용하려면 17행에 'startTask(Jump);'를 추가합니다.

프로그램

```
 7    task main()
 8    {
 9      motor[mJump] = 80;
10      delay(275);
11      while (1)
12      {
13        if(SensorValue[bStart] == 1)
14        {
15          playSoundFile("Bravo.rsf");
16          delay(1000);
17          startTask(jump);      ← jump 멀티 함수를 호출하기
18        }
19      }
20    }
```

절차3

❹ 7~9행에 멀티 태스크 함수인 Jump( )를 정의합니다.

프로그램

```
 7    task jump()      ← jump 멀티 함수를 정의하기
 8    {
 9    }
10
11    task main()
12    {
```

❺ 점프 버튼(bJump)이 눌렸는지 계속 확인하다가 눌리면 레버 모터(mJump)의 출력값을 −80으로
0.275초간 내렸다가 다시 80으로 0.275초간 올리고, 레버 모터를 0으로 정지하는 명령을 9~19행에
추가합니다.

프로그램

```
 7    task jump()
 8    {
 9      while(1)                              ← 10~19행을 무한 반복하기
10      {
11        if(SensorValue[bJump] == 1)  ← bJump 버튼이 눌렸는지 확인하기
12        {
13          motor[mJump] = -80;          bJump 버튼을 누르면 mJump 모터값을 −80으로 0.275초간 내리기
14          delay(275);
15          motor[mJump] = 80;           mJump 모터의 출력값을 다시 80으로 0.275초간 올리기
16          delay(275);
17          motor[mJump] = 0;          ← mJump 모터를 정지하기
18        }
19      }
20    }
```

2단계  줄을 돌려 봅시다.

시작 버튼을 누르면 줄넘기 줄이 뒤로 잠시 이동하여 시작을 알리고, 계속 줄을 앞으로 돌립니다.

해결 절차

> 절차1 줄을 돌리는 멀티 함수 roping을 정의하고, main 함수에서 호출합니다.

> 절차2 roping 멀티 함수가 시작되면 줄을 잠시 뒤로 돌리고, 40의 속도로 계속 돌립니다.

절차1

❶ 줄을 돌리는 멀티 함수 roping을 정의하고, task main 함수에서 호출하는 명령을 33행에 추가합니다. 그리고 roping 함수는 ❷에서 정의합니다.

프로그램

```
22    task main()
23    {
24      motor[mJump] = 80;
25      delay(275);
26      while (1)
27      {
28        if(SensorValue[bStart] == 1)
29        {
30          playSoundFile("Bravo.rsf");
31          delay(1000);
32          startTask(jump);
33          startTask(roping);   ← roping 멀티 함수를 호출하기
34        }
35      }
36    }
```

절차2

❷ roping 멀티 함수가 시작되면 mRope 모터를 −40의 출력값으로 0.7초간 기다려 줄을 잠시 뒤로 돌립니다. 그리고 mRope 모터를 40의 출력값으로 계속 돌리는 명령을 22~30행에 추가합니다.

프로그램

```
22    task roping()            ← roping 멀티 함수를 정의하기
23    {
24      motor[mRope] = -40;    ⎫ mRope 모터의 출력값을 −40으로 0.7초간 뒤로 돌리기
25      delay(700);            ⎭
26      while(1)
27      {
28        motor[mRope] = 40;   ⎫ mRope 모터의 출력값을 40으로 계속 반복하기
29      }                      ⎭
30    }
```

**3단계** 줄 넘은 횟수를 세 봅시다.

컬러 센서(Sensor3)를 이용하여 줄이 지나감을 감지하고, 줄이 지나갈 때마다 줄 넘은 횟수를 증가시킵니다.

 해결 절차

> 절차1 줄을 넘으면 넘은 횟수를 세는 count 멀티 함수를 정의하고, 줄을 넘을 때마다 1씩 증가합니다.

> 절차2 count 멀티 함수를 호출하고, 현재 점수를 계속 브릭 화면에 보여 줍니다.

절차1

❶ 줄을 넘은 횟수를 세는 nCnt를 정수형 전역 변수로 선언하고 0으로 초기화하는 명령을 7행에 추가합니다.

프로그램

```
7    int nCnt = 0;  ← nCnt를 정수형 전역 변수로 선언하고 0으로 초기화하기
```

❷ count 멀티 함수를 정의하고 cCheck 컬러 센서값을 확인하여 값이 0보다 크면 nCnt값을 1 증가하고 "Bravo" 소리를 출력하는 명령을 34~45행에 추가합니다.

프로그램

```
34    task count()                              ← count 멀티 함수를 선언하기
35    {
36      while(1)                                ← 37~44행을 무한 반복하기
37      {
38        if(SensorValue[cCheck] > 0)           ← 줄을 넘었는지 확인하기 위해 cCheck 컬러 센서값이 0보다
39        {                                        큰지 확인하기
40          nCnt++;                             ← 줄을 넘으면 nCnt 변수의 값을 1 증가하기
41          playSoundFile("Bravo.rsf");     ┐
42          delay(500);                     ┘  "Bravo" 소리를 0.5초간 출력하기
43        }
44      }
45    }
```

절차2

❸ 줄이 처음에 감지되지 않도록 하기 위해 0.5초 기다린 후 count 멀티 함수를 시작합니다. 그리고 화면 3행에서는 현재 nCnt값을 계속 알려 주는 명령을 59~64행에 추가합니다.

프로그램

```
47    task main()
48    {
49      motor[mJump] = 80;
50      delay(275);
51      while (1)
52      {
53        if(SensorValue[bStart] == 1)
54        {
55          playSoundFile("Bravo.rsf");
56          delay(1000);
57          startTask(jump);
58          startTask(roping);
59          delay(500);                           ← 0.5초 기다리기
60          startTask(count);                     ← 줄 넘은 횟수를 확인하는 count 멀티 함수를 호출하기
61          while(1)
62          {                                                         ┐ 브릭 화면 3행에 줄 넘은 횟수인 nCnt
63            displayBigTextLine(3, "NOW = %d", nCnt);                 ┘ 값을 계속 출력하기
64          }
65        }
66      }
67    }
```

컬러 센서(Sensor3)에 의해 줄이 일정 시간 이상 계속 감지되면 줄이 걸린 것으로 판단하고 게임을 종료합니다. 이때 현재 줄 넘은 횟수를 알려 주고, 이번에 넘은 횟수가 가장 많이 줄 넘은 횟수보다 크면 최 곳값을 이번 횟수로 변경합니다.

### 해결 절차

**절차1** count 멀티 함수에서 컬러 센서로 줄이 계속 감지되는지 확인하여 계속 감지되면 종료를 알립니다.

**절차2** 줄 걸림을 알려 주면 현재 줄 넘은 횟수를 기록하고 재시작을 기다립니다.

**절차1**

❶ 줄이 걸렸음을 알려 줄 전역 변수 nEnd를 선언하고 0으로 초기화합니다. 그리고 줄 넘은 최댓값을 저 장할 전역 변수 nMax를 선언하고 0으로 초기화하는 명령을 8~9행에 추가합니다.

**프로그램**

```
7    int nCnt = 0;
8    int nEnd = 0;   ← 정수형 전역 변수 nEnd를 선언하고 0으로 초기화하기
9    int nMax = 0;   ← 정수형 전역 변수 nMax를 선언하고 0으로 초기화하기
```

❷ 36~58행에 task count( ) 함수를 만듭니다. 먼저 nEndCnt 변수를 만들고 0으로 초기화한 후, 줄을 감지하면 nEndCnt값을 계속 증가시킵니다. nEndCnt값이 1000보다 크면 nEnd값을 1로 변경하고 count 함수를 종료합니다.

**프로그램**

```
36    task count()
37    {
38      int nEndCnt = 0;                      ← 줄이 걸렸는지를 계속 확인할 정수형 변수
39      while(1)                                nEndCnt를 선언하고 0으로 초기화하기
40      {
41        if(SensorValue[cCheck] > 0)
42        {                                    ← nEndCnt값을 0으로 초기화하기
43          nEndCnt = 0;
44          while(SensorValue[cCheck] > 0)   ← 줄 걸림이 계속 감지되는지 확인하기
45          {
46            nEndCnt++;                       ← 줄 걸림이 계속 감지되면 nEndCnt값을 1 증가하기
47            if(nEndCnt > 1000)
48            {                                 줄이 계속 걸려 nEndCnt값이 1000보다 크면 줄이
49              nEnd = 1;                       걸렸다고 판단하여 nEnd값을 1로 변경하고 count
50              return;                         함수를 종료하기
51            }
52          }
53          nCnt++;
54          playSoundFile("Bravo.rsf");
55          delay(500);
56        }
57      }
58    }
```

❸ 77~89행에 다음의 명령을 추가합니다. 만약 nEnd값이 1이 되어 줄 걸림이 확인되면, 현재 nCnt값이 nMax값보다 더 큰지 확인하여 nCnt값이 크면 nMax값을 nCnt값으로 변경합니다. 그리고 브릭화면 1행에 Max값을 출력하고, "Game over" 소리를 1초간 출력한 후 jump, roping, count 멀티 함수를 모두 종료합니다. nCnt와 nEnd값도 0으로 초기화하고 반복문을 종료합니다.

**프로그램**

```
60    task main()
61    {
62      motor[mJump] = 80;
63      delay(275);
64      while (1)
65      {
66        if(SensorValue[bStart] == 1)
67        {
68          playSoundFile("Bravo.rsf");
69          delay(1000);
70          startTask(jump);
71          startTask(roping);
72          delay(500);
73          startTask(count);
74          while(1)
75          {
76            displayBigTextLine(3, "NOW = %d", nCnt);
77            if( nEnd == 1)
78            {
79              if ( nCnt > nMax ) nMax = nCnt;
80              displayBigTextLine(1, "MAX = %d", nMax);
81              playSoundFile("Game over.rsf");
82              delay(1000);
83              stopTask(jump);
84              stopTask(roping);
85              stopTask(count);
86              nCnt = 0;
87              nEnd = 0;
88              break;
89            }
90          }
91        }
92      }
93    }
```

77: nEnd값이 1이면 78~89행을 실행하기
79: 현재 줄 넘은 횟수 nCnt값이 현재 최대 넘은 횟수인 nMax값보다 더 크면 nMax값을 nCnt값으로 변경하기
80: 브릭 화면 1행에 nMax값을 출력하기
81~82: "Game over" 소리를 1초간 출력하기
83: jump 멀티 함수를 종료하기
84: roping 멀티 함수를 종료하기
85: count 멀티 함수를 종료하기
86: nCnt값을 0으로 초기화하기
87: nEnd값을 0으로 초기화하기

**5단계** 줄 돌림의 난이도를 조절해 봅시다.

줄을 돌리는 부분을 수정하여 줄 넘은 횟수가 5번까지는 줄을 돌리는 속도를 40, 줄 넘은 횟수가 10번

까지는 속도를 50, 줄 넘은 횟수가 15번까지는 속도를 60으로 적용합니다. 줄 넘은 횟수가 15번을 초과하면 줄의 속도를 랜덤, 즉 임의의 값(30~70 사이의 수)으로 변경합니다.

🚩➕ **해결 절차**

**절차1** 줄 넘은 횟수가 5번 이하이면 40의 출력값, 10회 이하이면 50의 출력값, 15번 이하이면 60의 속도로 줄을 돌립니다.

**절차2** 줄 넘은 횟수가 15번을 초과하면 줄을 랜덤한 속도로 0.5초 간격으로 변경하면서 돌립니다.

**절차1**

❶ roping( ) 함수에서 32~34행을 추가합니다. 이때 줄을 계속 40의 속도로 돌리는 프로그램에서 nCnt 값이 5 이하이면 mRope를 40의 출력값, nCnt값이 10 이하이면 mRope를 50의 출력값, nCnt값이 15 이하이면 mRope를 60의 출력값으로 모터를 회전합니다.

**프로그램**

```
26    task roping()
27    {
28      motor[mRope] = -40;
29      delay(700);
30      while(1)
31      {
32        if (nCnt <= 5) motor[mRope] = 40;
33        else if (nCnt <= 10) motor[mRope] = 50;   ← 수정하기
34        else if (nCnt <= 15) motor[mRope] = 60;    추가하기
35      }
36    }
```

32: 현재 줄 넘은 횟수인 nCnt값이 5 이하이면 mRope 모터의 출력값을 40으로 정하기
33: nCnt값이 10 이하이면 mRope 모터의 출력값을 50으로 정하기
34: nCnt값이 15 이하이면 mRope 모터의 출력값을 60으로 정하기

**절차2**

❷ 35~39행을 추가합니다. 줄 넘은 횟수인 nCnt값이 15를 넘으면 mRope 모터의 출력값을 임의의 수, 즉 30~70 사이의 수를 랜덤으로 생성하여 줄 돌리는 속도를 1초 간격으로 변경합니다.

**프로그램**

```
26    task roping()
27    {
28      motor[mRope] = -40;
29      delay(700);
30      while(1)
31      {
32        if (nCnt <= 5) motor[mRope] = 40;
33        else if (nCnt <= 10) motor[mRope] = 50;
34        else if (nCnt <= 15) motor[mRope] = 60;
35        else                                    ← nCnt값이 15 초과하면 36~39행을 실행하기
36        {
37          motor[mRope] = random(40) + 30;    mRope 모터의 출력값을 랜덤으로 30부터 70 사이의
38          delay(1000);                        수로 생성하여 1초 간격으로 변경하기
39        }
40      }
41    }
```

```
1    #pragma config(Sensor, S2,      bStart, sensorEV3_Touch)
2    #pragma config(Sensor, S3,      cCheck, sensorEV3_Color)
3    #pragma config(Sensor, S4,      bJump,  sensorEV3_Touch)
4    #pragma config(Motor,  motorA, mRope,   tmotorEV3_Large, PIDControl, encoder)
5    #pragma config(Motor,  motorB, mJump,   tmotorEV3_Medium, PIDControl, encoder)
6    //*!!Code automatically generated by 'ROBOTC' configuration wizard !!*//
7    int nCnt = 0;
8    int nEnd = 0;
9    int nMax = 0;
10
11   task jump()
12   {
13     while(1)
14     {
15       if(SensorValue[bJump] == 1)
16       {
17         motor[mJump] = -80;
18         delay(275);
19         motor[mJump] = 80;
20         delay(275);
21         motor[mJump] = 0;
22       }
23     }
24   }
25
26   task roping()
27   {
28     motor[mRope] = -40;
29     delay(700);
30     while(1)
31     {
32       if (nCnt <= 5) motor[mRope] = 40;
33       else if (nCnt <= 10) motor[mRope] = 50;
34       else if (nCnt <= 15) motor[mRope] = 60;
35       else
36       {
37         motor[mRope] = random(40) + 30;
38         delay(1000);
39       }
40     }
41   }
42
43   task count()
44   {
45     int nEndCnt = 0;
46     while(1)
47     {
48       if(SensorValue[cCheck] > 0)
49       {
50         nEndCnt = 0;
51         while(SensorValue[cCheck] > 0)
52         {
53           nEndCnt++;
54           if(nEndCnt > 1000)
55           {
56             nEnd = 1;
57             return;
58           }
59         }
60         nCnt++;
61         playSoundFile("Bravo.rsf");
62         delay(500);
```

```
63          }
64        }
65    }
66
67    task main()
68    {
69      motor[mJump] = 80;
70      delay(275);
71      while (1)
72      {
73        if(SensorValue[bStart] == 1)
74        {
75          playSoundFile("Bravo.rsf");
76          delay(1000);
77          startTask(jump);
78          startTask(roping);
79          delay(500);
80          startTask(count);
81          while(1)
82          {
83            displayBigTextLine(3, "NOW = %d", nCnt);
84            if( nEnd == 1)
85            {
86              if ( nCnt > nMax ) nMax = nCnt;
87              displayBigTextLine(1, "MAX = %d", nMax);
88              playSoundFile("Game over.rsf");
89              delay(1000);
90              stopTask(jump);
91              stopTask(roping);
92              stopTask(count);
93              nCnt = 0;
94              nEnd = 0;
95              break;
96            }
97          }
98        }
99      }
100   }
```

실행하기 원하는 대로 프로그램이 동작하는지 실행하여 확인해 봅시다.

프로그램 작성이 완료되면 프로그램을 실행하여 로봇이 제대로 동작하는지 확인합니다.

프로젝트★2

# 02

# 움직이는 과녁판 로봇 만들기

움직이는 과녁판 로봇을 만들어 로봇이 넘어지면 점수가 올라가고 다시 자동으로 세웁니다. 또한 2단계로 과녁판이 좌우로 움직이도록 해 봅시다.

**완성된** 로봇

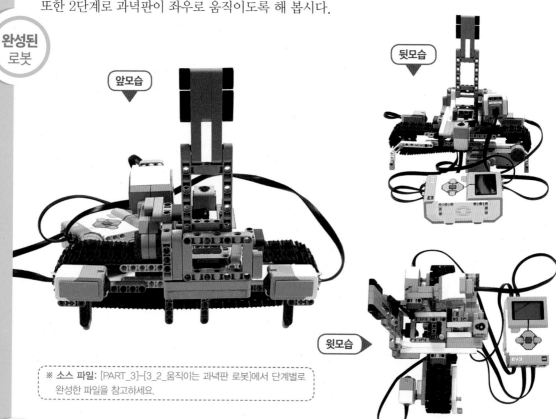

앞모습

뒷모습

윗모습

※ **소스 파일:** [PART_3]-[3_2_움직이는 과녁판 로봇]에서 단계별로 완성한 파일을 참고하세요.

**해결할** 문제

프로그램이 실행되면 [시간 모드]와 [점수 모드] 중 하나를 선택하여 실행합니다.

### [시간 모드]를 선택한 경우

❶ 1, 2단계 시간을 버튼(한 번에 10초)으로 입력받기

❷ 1단계가 시작되고 정해진 시간 동안 과녁판이 넘어질 때마다 점수를 1점 추가한 후 과녁판 올리기

❸ 2단계가 시작되고 정해진 시간 동안 과녁판이 좌우로 움직이다 넘어지면 점수를 2점 추가하는 작업 반복하기

### [점수 모드]를 선택할 경우

❶ 1단계에서 2단계로 이동하는 개수(과녁판을 넘어 트린 개수)를 버튼으로 입력받기

❷ 1단계가 시작되고 과녁판이 넘어지면 점수를 1점 추가하고 과녁판을 세우는 작업을 반복하다가 단계 점수가 되면 1단계를 종료하기

❸ 2단계가 시작되고 과녁판이 좌우로 움직이며, 과녁판을 넘어트릴 때마다 점수를 2점씩 추가하는 작업 반복하기

움직이는 과녁판 로봇을 만들어 봅시다.

❶ LDD 조립도 프로그램을 실행하여 아래와 같이 3개의 모듈을 만들어 놓습니다.

모듈 1

모듈 2

모듈 3

※ 모듈1 : 12칸 1개, 9칸 1개, 모듈2 : 9칸 1개, 모듈3 : 10칸 1개, 3칸 1개를 사용합니다.

※ 제공한 [창작 조립도]–[PART_3] 폴더에서 '03_02_움직이는 과녁판01.lxf' ~ '03_02_움직이는 과녁판03.lxf' 조립도 파일을 하나씩
열어 모듈1 ~ 모듈3 까지 조립하여 나열하도록 합니다.

❷ 먼저 모듈2 와 모듈3 을 가져온 후, 양쪽에 표시된 부분을 서로 결합합니다.

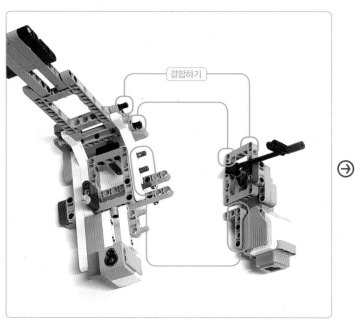

결합하기

결합된 모습

❸ 모듈1과 ❷에서 결합한 모듈을 준비합니다.

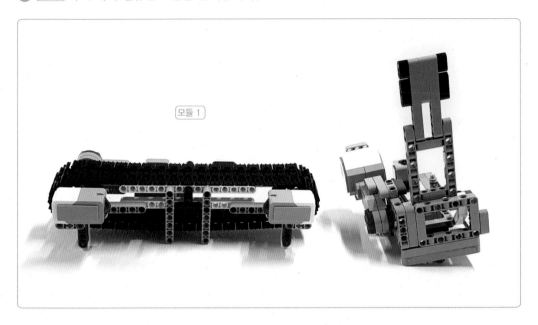

모듈 1

❹ 결합된 모듈을 뒤집어서 바닥 부분을 확인한 후 모듈1의 체인 위에 결합합니다.

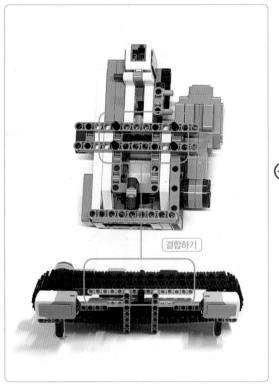

결합하기

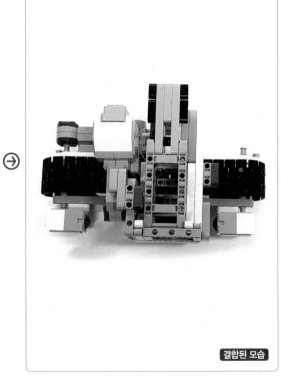

결합된 모습

❺ 완성된 움직이는 과녁판 로봇을 바로 세웁니다.

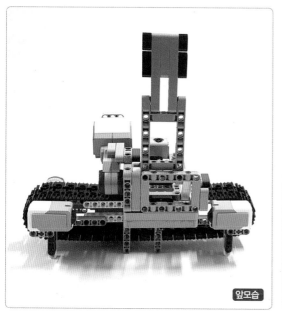
앞모습

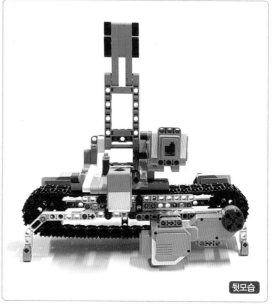
뒷모습

## 2 >> 모터와 센서 연결하기

브릭에 다음과 같이 모터와 센서를 연결해 봅시다.

### 서보 모터

- motorA: 라지 서보 모터     ← 체인을 움직이는 서보 모터
- motorB: 라지 서보 모터     ← 과녁판을 올려 주는 서보 모터
- motorC:
- motorD:

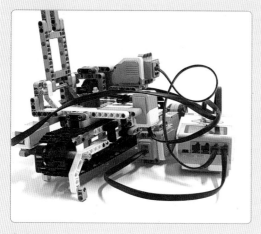
🔺 출력 포트

### 센서 및 버튼

- Sensor1: 버튼     ← 왼쪽 눌림 버튼
- Sensor2: 버튼     ← 오른쪽 눌림 버튼
- Sensor3: 컬러 센서     ← 과녁판이 넘어졌는지 확인하는 센서(반사값으로 사용)
- Sensor4:

🔺 입력 포트

## 3 >> 문제 분석 및 문제 나누기

문제를 분석하여 아래와 같이 작은 문제로 나누어 봅니다.

| **1단계** | **2단계** | **3단계** | **4단계** |
|---|---|---|---|
| 모드(시간/점수)<br>선택하기 | 시간/점수<br>입력받기 | 시간/점수 동안<br>1단계 실행하기 | 시간/점수 동안<br>2단계 실행하기 |

## 4 >> 작은 문제별 해결 전략 세우기

나눈 작은 문제들을 어떻게 해결해야 할지 아래와 같이 단계별로 해결 전략을 세웁니다.

**1단계**
모드(시간/점수)
선택하기

프로그램이 실행되면 사용자에게 시간 또는 점수 중 무엇으로 1, 2단계를 진행할지의 여부를 좌우 버튼으로 입력받습니다. 이때 정해진 시간 동안 1, 2단계를 진행하려면 1번 시간 모드인 왼쪽 버튼을 누르고, 점수에 도달하면 다음 단계로 이동하기 위해 2번 점수 모드인 오른쪽 버튼을 누릅니다.

**2단계**
시간/점수
입력받기

**[시간 모드]를 선택한 경우**
• 왼쪽 버튼을 눌러 단계별 지속할 시간을 결정합니다.
• 처음 10초를 기본으로 왼쪽 버튼을 한 번 누를 때마다 10초씩 증가하고, 오른쪽 버튼을 누르면 시간 설정을 완료합니다.

**[점수 모드]를 선택한 경우**
• 왼쪽 버튼을 눌러 다음 단계로 넘어갈 점수를 결정합니다.
• 처음 1점을 기본으로 왼쪽 버튼을 누를 때마다 1점씩 올라가며, 오른쪽 버튼을 누르면 점수 설정을 완료합니다.

**3단계**
시간/점수 동안
1단계 실행하기

**[시간 모드]를 선택한 경우**
• 시간 측정을 시작하고 화면에 현재 점수, 진행 시간, 종료 시간을 보여 줍니다.
• 컬러 센서의 반사값을 이용하여 과녁판이 넘어지는지 확인하면서 정해진 시간 동안 과녁판이 넘어질 때마다 점수를 1점 증가하고 과녁판을 다시 올립니다.

**[점수 모드]를 선택한 경우**
• 시간 측정을 시작하고 화면에 현재 점수, 종료 점수, 진행 시간을 보여 줍니다.
• 컬러 센서의 반사값을 이용하여 과녁판이 넘어지는지 확인하면서 종료 점수가 되는 동안 과녁판이 넘어질 때마다 점수를 1점 증가하고 과녁판을 다시 올립니다.

**3단계**
시간/점수 동안
2단계 실행하기

**[시간 모드]를 선택한 경우**
• 2단계가 시작되면 정해진 시간 동안 과녁판은 좌우로 움직임을 반복합니다.
• 새롭게 시간 측정을 시작하고 화면에 현재 점수, 진행 시간, 종료 시간을 보여 줍니다.
• 컬러 센서의 반사값을 이용하여 과녁판이 넘어지는지 확인하면서 정해진 시간 동안 과녁판이 넘어지면 점수를 2점 증가하고 과녁판은 다시 올라오는 작업을 반복합니다.

**[점수 모드]를 선택한 경우**
• 2단계가 시작되면 종료 점수가 될 때까지 과녁판은 좌우로 움직임을 반복합니다.
• 화면에 현재 점수, 종료 점수, 진행 시간을 보여 주며 컬러 센서의 반사값을 이용하여 과녁판이 넘어지는지 확인하면서 종료 점수가 될 때까지 과녁판이 넘어지면 점수를 2점 증가하고 과녁판은 다시 올라오는 작업을 반복합니다.

앞에서 설계한 [작은 문제별 해결 전략 세우기]대로 프로그래밍하여 문제를 해결합니다.

**● 프로그래밍을 위한 사전 준비 ●**

센서값 측정하기

**1** EV3 브릭 메뉴 중 [Port View]를 선택하고, 오른쪽 버튼을 두 번 눌러 과녁판이 서 있을 때와 과녁판이 넘어졌을 때의 컬러 센서의 반사값 (REFLECT)을 확인합니다.

**2** 과녁판이 서 있을 때와 넘어졌을 때의 컬러 센서값을 확인하고, 과녁판이 넘어졌음을 확인할 컬러 센서값을 결정합니다.

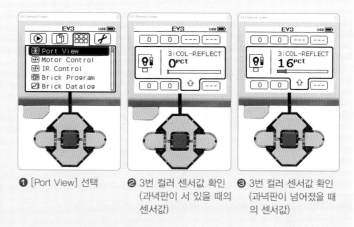

❶ [Port View] 선택

❷ 3번 컬러 센서값 확인 (과녁판이 서 있을 때의 센서값)

❸ 3번 컬러 센서값 확인 (과녁판이 넘어졌을 때의 센서값)

※ 넘어짐 결정값 **[예]** 컬러 센서값이 10 이상이면 넘어진 것으로 판단합니다.

**1단계** 모드(시간, 점수)를 선택해 봅시다.

프로그램이 실행되면 사용자에게 시간 또는 점수 중 무엇으로 1, 2단계를 진행할지의 여부를 좌우 버튼으로 입력받습니다. 이때 정해진 시간 동안 1, 2단계를 진행하려면 1번 시간 모드인 왼쪽 버튼을 누르는 작업을 반복하다가 점수에 도달하면 다음 단계로 이동하기 위해 2번 점수 모드인 오른쪽 버튼을 누릅니다.

**해결 절차**

**절차1** 프로그램이 실행되면 '모드 선택하기' 신호를 호출합니다.

**절차2** '모드 선택하기' 신호를 받으면 왼쪽과 오른쪽 버튼 중 어느 버튼이 눌리는지 확인합니다.

**절차1**

❶ 먼저 선택한 '모드' 값을 저장할 '모드' 변수와 '모드 선택하기' 신호를 만듭니다.

△ 변수 만들기

△ 신호 만들기

❷ 프로그램이 실행되면 ['모드 선택하기' 신호 보내고 기다리기] 블록을 가져와 연결합니다.

❸ '모드 선택하기' 신호를 받으면 현재 '모드' 값을 0으로 초기화하고, "왼쪽 버튼 (시간) 오른쪽 버튼 (점수) 선택하세요."를 출력하여 안내합니다.

← 추가

❹ '모드' 값이 1 또는 2가 될 때까지 왼쪽 버튼이나 오른쪽 버튼이 눌리는지를 계속 확인합니다.

❺ 만약 왼쪽 버튼인 1을 누르면 누른 왼쪽 버튼을 놓을 때까지 기다린 후 '모드' 값을 1로 정합니다. 만약 오른쪽 버튼인 2를 누르면 누른 오른쪽 버튼을 놓을 때까지 기다린 후 '모드' 값을 2로 정합니다. 모드가 선택되면 말하기를 지워 모드 선택을 완료합니다.

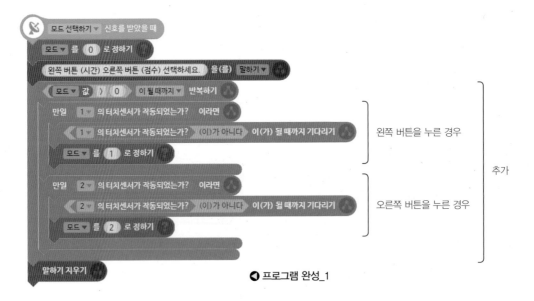

◑ 프로그램 완성_1

**2단계** 시간/점수를 입력받아 봅시다.

| [시간 모드]를 선택한 경우 | • 왼쪽 버튼을 이용하여 단계별 지속할 시간을 결정합니다.<br>• 처음 10초를 기본으로 왼쪽 버튼을 한 번 누를 때마다 10초씩 증가하고, 오른쪽 버튼을 누르면 시간 설정을 완료합니다. |
| --- | --- |

| [점수 모드]를 선택한 경우 | • 왼쪽 버튼을 이용하여 다음 단계로 이동할 점수를 결정합니다.<br>• 처음 1점을 기본으로 한 후 왼쪽 버튼을 누를 때마다 1점씩 올라가고, 오른쪽 버튼을 누르면 점수 설정을 완료합니다. |
| --- | --- |

## 🎏 해결 절차

절차1 '카운트 입력받기' 신호를 만들고 호출합니다.

절차2 '카운트 입력받기' 신호를 받으면 오른쪽 버튼이 눌릴 때까지 왼쪽 버튼을 누를 때마다 '카운트' 값을 1씩 증가합니다.

### 절차1

❶ 182쪽 ❷ 프로그램에서 게임을 지속할 시간이나 점수를 결정할 '카운트' 변수와 '카운트 입력받기' 신호를 만들고, ['모드 선택하기' 신호 보내고 기다리기] 다음에 ['카운트 입력받기' 신호 보내고 기다리기] 블록을 추가합니다.

△ 카운트 입력받기 신호와 변수 만들기

### 절차2

❷ '카운트 입력받기' 신호를 받으면 처음은 10초이거나 목표 점수가 1점이므로 '카운트' 값을 1로 초기화하고, "왼쪽 버튼을 누르면 카운트가 1씩 올라갑니다."를 출력하여 안내합니다.

❸ 오른쪽 버튼(2)를 누를 때까지 왼쪽 버튼(1)을 누르면 누른 왼쪽 버튼을 놓을 때까지 기다린 후 '카운트' 값을 1 증가합니다. 카운트 선택이 끝나면 말하기를 지워 카운트 입력받기 선택을 완료합니다.

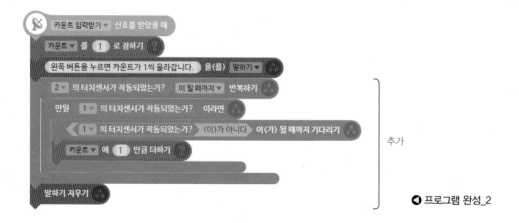

추가

◀ 프로그램 완성_2

| [시간 모드]를 선택한 경우 | • 시간 측정을 시작하고 화면에 현재 점수, 진행 시간, 종료 시간을 보여 줍니다.<br>• 컬러 센서의 반사값으로 과녁판이 넘어지는지 확인하여 정해진 시간 동안 과녁판이 넘어지면 점수를 1점 증가하고 과녁판을 다시 올립니다. |
|---|---|
| [점수 모드]를 선택한 경우 | • 시간 측정을 시작하고 화면에 현재 점수, 종료 점수, 진행 시간을 보여 줍니다.<br>• 컬러 센서의 반사값으로 과녁판이 넘어지는지 확인하여 종료 점수가 되는 동안 과녁판이 넘어지면 점수를 1점 증가하고 과녁판을 다시 올립니다. |

🎯 **해결 절차** – [시간 모드]를 선택한 경우

**절차1** '과녁 올리기' 신호를 만들고 '과녁판 올리기' 신호를 받으면 모터B를 이용하여 과녁판을 올려 줍니다.

**절차2** '시간 1단계 시작' 신호를 만들고 '모드' 값이 1이면 '시간 1단계 시작' 신호를 호출합니다.

**절차3** '시간 1단계 시작' 신호를 받으면 과녁판을 올리고, 초시계를 시작한 후 '초시계 값'이 ('카운트' 값 × 10)인 동안 과녁판이 넘어지면 점수를 1점 올리고 과녁판 올리기를 반복합니다.

**절차1**

❶ 새로 먼저 '과녁 올리기' 신호를 만듭니다. '과녁 올리기' 신호를 받으면 모터B를 30의 출력값으로 0.5초간 돌려 과녁판을 세운 후 모터B를 0.5초간 잠시 정지합니다. 다시 모터B를 −20의 출력값으로 0.8초간 내린 후 모터B를 정지합니다.

프로그램 완성_3 ▶

**절차2**

❷ 183쪽 ❶ 프로그램에서 만일 과녁판이 넘어지면 저장할 '점수' 변수와 '시간 1단계 시작' 신호를 만든 후 만약 '모드' 값이 1이면 '시작 1단계 시작' 신호를 호출하는 명령들을 추가합니다.

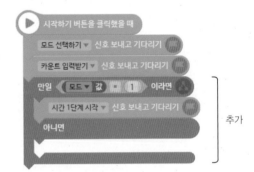

**절차3**

❸ 새롭게 '시간 1단계 시작' 신호를 받으면 '과녁 올리기' 신호를 호출하여 과녁판을 올리고, '점수' 값을 0으로 초기화한 후 [초시계 '시작하기'] 명령어 블록으로 시간 측정을 시작합니다.

❹ '초시계 값'이 ('카운트' 값 × 10)
이하인 동안 3번에 연결된 컬러
센서값이 10보다 크면 과녁판이
넘어진 것이므로 '점수' 값을 1
증가하고, '과녁 올리기' 신호를
보내 과녁판을 세웁니다. 그리고
정해진 시간이 완료되면 초시계
를 정지합니다.

프로그램 완성_4 ▶

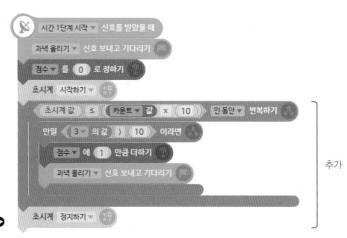

3단계 ❷ 시간/점수 동안 1단계를 실행해 봅시다.

| [시간 모드]를 선택한 경우 | • 시간 측정을 시작하고 화면에 현재 점수, 진행 시간, 종료 시간을 보여 줍니다.<br>• 컬러 센서의 반사값으로 과녁판이 넘어지는지 확인하여 정해진 시간 동안 과녁판이 넘어지면 점수를 1점 증가하고 과녁판을 다시 올립니다. |
|---|---|
| [점수 모드]를 선택한 경우 | • 시간 측정을 시작하고 화면에 현재 점수, 종료 점수, 진행 시간을 보여 줍니다.<br>• 컬러 센서의 반사값을 이용하여 과녁판이 넘어지는지 확인하여 종료 점수가 되는 동안 과녁판이 넘어지면 점수를 1점 증가하고 과녁판을 다시 올립니다. |

 해결 절차 – [점수 모드]를 선택한 경우

절차1 '점수 1단계 시작' 신호를 만들고, '모드' 값이 2이면 '점수 1단계 시작' 신호를 호출합니다.

절차2 '점수 1단계 시작' 신호를 받으면 과녁판을 올리고, 초시계를 시작한 후 '점수' 값이 '카운트' 값보다 작은 동안 과녁판이 넘어지면 점수를 1점 올리고 과녁판 올리기를 반복합니다.

절차1

❶ 183쪽 ❷ 프로그램에서 '점수 1단계 시작' 신호를 만들
고, '모드' 값이 1이 아니면, 즉 2이면 '점수 1단계 시
작' 신호를 호출하는 명령을 추가합니다.

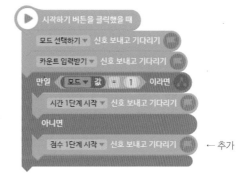

절차2

❷ 위쪽 ❹ 프로그램에서 '점수 1단계 시작' 신호를 받으면 '과녁 올리기' 신호를 호출하여 과녁판을 올리
고, '점수' 값을 0으로 초기화한 후 초시계를 시작하여 시간 측정을 시작할 수 있게 프로그램을 수정합
니다.

❸ '점수' 값이 '카운트' 값보다 작은 동안 3번에 연결된 컬러 센서값이 10보다 크면 과녁판이 넘어진 것이므로 '점수' 값을 1 증가하고, '과녁 올리기' 신호를 보내 과녁판을 세웁니다. 정해진 시간이 완료되면 초시계를 정지합니다.

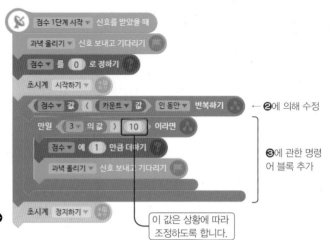

프로그램 완성_5 ▶

← ❷에 의해 수정

❸에 관한 명령어 블록 추가

이 값은 상황에 따라 조정하도록 합니다.

**4단계 1** 시간/점수 동안 2단계를 실행해 봅시다.

| [시간 모드]를 선택한 경우 | • 2단계가 시작되면 정해진 시간이 될 때까지 과녁판은 좌우로 움직임을 반복합니다.<br>• 새롭게 시간 측정을 시작하고 화면에 현재 점수, 진행 시간, 종료 시간을 보여 줍니다.<br>• 컬러 센서의 반사값으로 과녁판이 넘어지는지 확인하여 정해진 시간 동안 과녁판이 넘어지면 점수를 2점 증가하고 과녁판을 다시 올립니다. |
|---|---|
| [점수 모드]를 선택한 경우 | • 2단계가 시작되면 종료 점수가 될 때까지 과녁판은 좌우로 움직임을 반복합니다.<br>• 화면에 현재 점수, 종료 점수, 진행 시간을 보여 줍니다.<br>• 컬러 센서의 반사값을 이용하여 과녁판이 넘어지는지 확인하고 종료 점수가 되는 동안 과녁판이 넘어지면 점수를 2점 더하고, 과녁판을 다시 올립니다. |

**해결 절차 - [시간 모드]를 선택한 경우**

**절차1** '시간 2단계 시작' 신호를 만들고, ['시간 1단계 시작' 신호 보내고 기다리기] 다음에 추가하여 호출합니다.

**절차2** '시간 2단계 시작' 신호를 받으면 과녁판을 올리고, 체인을 좌우로 움직입니다.

**절차3** 초시계를 시작한 후 '초시계 값'이 ('카운트' 값 × 10)인 동안 과녁판이 넘어지면 점수를 2점 더하고, 과녁판 올리기를 반복합니다.

**절차4** 체인을 움직여 과녁판 위치를 가운데로 이동합니다.

**절차1**

❶ 185쪽 ❶ 프로그램에서 '시간 2단계 시작' 신호를 만들어 ['시간 1단계 시작' 신호 보내고 기다리기] 다음에 추가합니다.

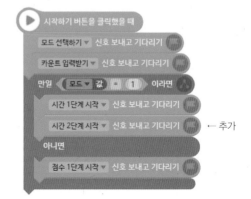

← 추가

❷ 체인을 움직이기 위해 새롭게 '체인 움직임' 변수와 '체인 움직이기' 신호를 만들고, '체인 움직이기' 신호를 받으면 '체인 움직임' 값이 1인 동안 모터A를 이용하여 좌우로 움직이는 동작을 진행합니다.

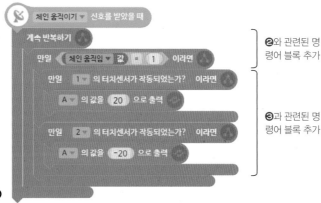

프로그램 완성_6 ▶

❸ 1번 버튼이 눌리면 오른쪽으로 체인을 움직이기 위해 모터A를 20으로 출력하고, 2번 버튼이 눌리면 왼쪽으로 체인을 움직이기 위해 모터A를 −20으로 출력합니다.

❹ 새롭게 '시간 2단계 시작' 신호를 받으면 과녁판을 올리고, 체인을 돌리기 위해 '체인 움직임' 값을 1로 지정합니다.

❺ 모터A를 −20의 출력값으로 이동하고, '체인 움직이기' 신호를 보내 체인을 움직입니다.

❻ '초시계'를 초기화하고 '초시계'를 다시 시작합니다. '초시계 값'이 ('카운트' 값 × 10) 이하인 동안 3번에 연결된 컬러 센서값이 10보다 크면 과녁판이 넘어진 것이므로 '점수' 값을 2 증가하고, '과녁 올리기' 신호를 보내 과녁판을 세웁니다.

❼ 정해진 시간이 완료되면 초시계를 정지합니다.

❽ 과녁판을 가운데로 움직이기 위해 '체인 초기화하기' 신호를 만들고, 초시계 정지하기 다음에 연결합니다.

프로그램 완성_7 ▶

❾ 새롭게 '체인 초기화하기' 신호를 받으면 체인 움직임을 정지하기 위해 '체인 움직임' 값을 0으로 초기화합니다.

❿ 먼저 왼쪽으로 이동하기 위해 왼쪽 1번 버튼이 눌릴 때까지 모터A를 움직이고, 다시 모터A를 오른쪽으로 잠시 이동한 후 정지합니다. 그리고 오른쪽 2번 버튼이 눌릴 때까지 기다립니다.

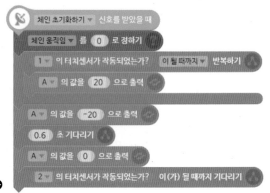

프로그램 완성_8 ▶

---

**4단계 ②** 시간/점수 동안 2단계를 실행해 봅시다.

| [시간 모드]를 선택한 경우 | • 2단계가 시작되면 정해진 시간이 될 때까지 과녁판은 좌우로 움직임을 반복합니다.<br>• 새롭게 시간 측정을 시작하고 화면에 현재 점수, 진행 시간, 종료 시간을 보여 줍니다.<br>• 컬러 센서의 반사값으로 과녁판이 넘어지는지 확인하여 정해진 시간 동안 과녁판이 넘어지면 점수를 2점 증가하고 과녁판을 다시 올립니다. |
|---|---|
| [점수 모드]를 선택한 경우 | • 2단계가 시작되면 종료 점수가 될 때까지 과녁판은 좌우로 움직임을 반복합니다.<br>• 화면에 현재 점수, 종료 점수, 진행 시간을 보여 줍니다.<br>• 컬러 센서의 반사값으로 과녁판이 넘어지는지 확인하고 종료 점수가 될 때까지 과녁판이 넘어지면 점수를 2점 더하고, 과녁판을 다시 올립니다. |

🚩 해결 절차 – [점수 모드]를 선택한 경우

**절차1** '점수 2단계 시작' 신호를 만들고, ['점수 1단계 시작' 신호 보내고 기다리기] 다음에 추가하여 호출합니다.

**절차2** '점수 2단계 시작' 신호를 받으면 과녁을 올리고 종료 점수를 알려준 후, 체인을 좌우로 움직입니다.

**절차3** 초시계를 다시 시작한 후 '점수' 값이 '카운트' 값보다 작은 동안 과녁판이 넘어지면 점수를 2점 더하고, 과녁판 올리기를 반복합니다.

**절차4** 체인을 움직여 과녁판의 위치를 가운데로 이동합니다.

**절차1**

① 186쪽 ❶ 프로그램에 '점수 2단계 시작' 신호를 만든 후 호출 명령을 ['점수 1단계 시작' 신호 보내고 기다리기] 블록 다음에 추가합니다.

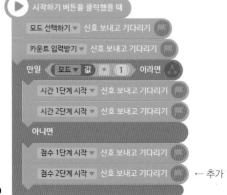

프로그램 완성_9 ▶

절차2

❷ '종료 점수' 변수를 만들고 '점수 2단계 시작' 신호를 받으면 과녁판을 올립니다. 그런 다음 '종료 점수'를 현재 ('점수' 값 + ('카운트' 값 × 2))로 정합니다.

❸ 체인을 돌리기 위해 '체인 움직임' 값을 1로 정하고, 모터A를 −20으로 출력합니다. 그런 다음 '체인 움직이기' 신호를 보내 체인을 움직입니다.

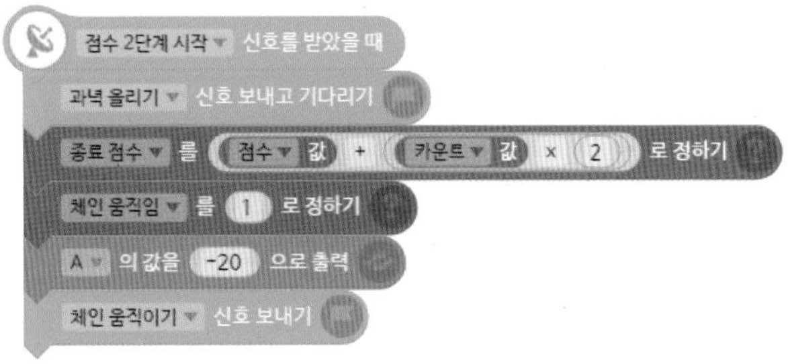


절차3

❹ 초시계를 다시 시작하고 '점수' 값이 '종료 점수' 값보다 작을 때까지 3번에 연결된 컬러 센서값이 10보다 크면 과녁판이 넘어진 것이므로 '점수' 값을 2 증가하고, '과녁 올리기' 신호를 보내 과녁판을 세웁니다.

❺ 정해진 시간이 완료되면 초시계를 정지합니다.

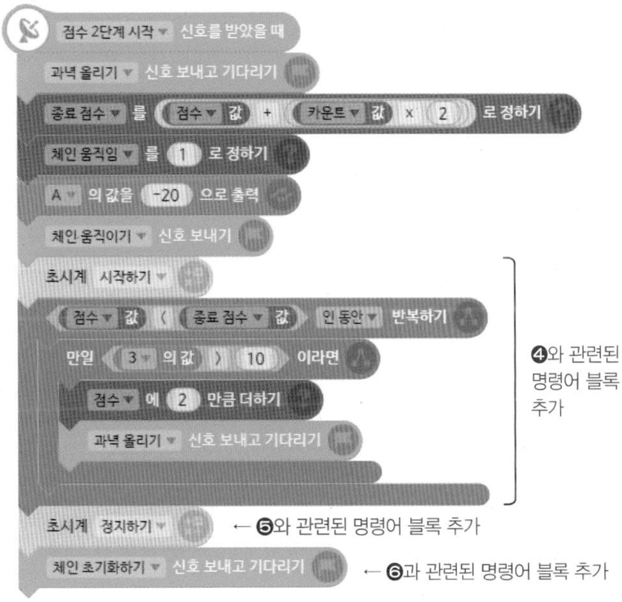


프로그램 완성_10 ▶

절차4

❻ 과녁판을 가운데로 움직이기 위해 '체인 초기화하기' 신호를 만든 후, '초시계 정지하기' 다음에 연결합니다.

**실행하기 원하는 대로 프로그램이 동작하는지 실행하여 확인해 봅시다.**

프로그램 작성이 완료되면 프로그램을 실행하여 로봇이 제대로 동작하는지 확인합니다.

# ROBOTC로 프로그래밍하기

앞에서 설계한 [작은 문제별 해결 전략 세우기]대로 프로그래밍하여 문제를 해결합니다.

● 프로그래밍을 위한 사전 준비 ●

## 1. 센서와 모터 이름 정하기

**1** [Robot]–[Motors and Sensors Setup] 메뉴를 선택한 후 [Motors] 탭으로 이동하여 motorA는 체인을 움직이는 모터로 이름은 'move'로 정하고, Type은 'EV3 Motor(Large)'로 지정합니다.

**2** motorB는 과녁판을 올리는 모터로 이름은 'up'이라 정하고, Type은 'EV3 Motor(Large)'로 지정합니다.

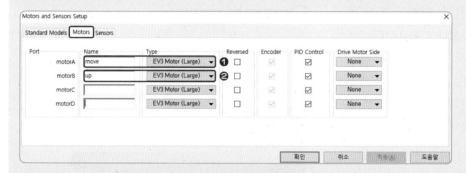

**3** [Sensors] 탭으로 이동하여 Sensor1은 왼쪽 버튼를 연결했으므로 button left를 줄여 'bl'로 정하고, Sensor2는 오른쪽 버튼을 연결했으므로 button right를 줄여 'br'로 정한 후 Sensor1과 2의 Sensor Type은 'Touch(EV3)', Sensor Mode는 'Touch'로 변경합니다.

**4** 컬러 센서인 Sensor3은 과녁판이 넘어짐을 감지하기 위해 사용했으므로 이름은 'cdown', Sensor Type은 'Color(EV3)', Sensor Mode는 'Reflected'로 정한 후 [확인] 버튼을 클릭합니다.

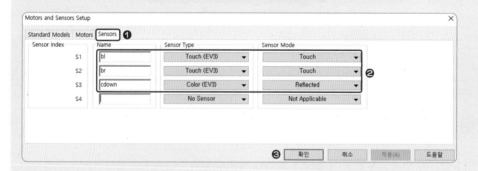

**5** 아래와 같이 프로그램이 자동으로 생성됩니다.

프로그램

```
1   #pragma config(Sensor, S1,      bl,              sensorEV3_Touch)
2   #pragma config(Sensor, S2,      br,              sensorEV3_Touch)
3   #pragma config(Sensor, S3,      cdown,           sensorEV3_Color)
4   #pragma config(Motor,  motorA,          move,        tmotorEV3_Large, PIDControl, encoder)
5   #pragma config(Motor,  motorB,          up,          tmotorEV3_Large, PIDControl, encoder)
6   //*!!Code automatically generated by 'ROBOTC' configuration wizard          !!*//
7
```

## 2. 센서값 측정하기

**1** EV3 브릭 메뉴 중 [Port View]를 선택하고, 오른쪽 버튼을 두 번 눌러 과녁판이 서 있을 때와 과녁판이 넘어졌을 때의 컬러 센서의 반사값 (REFLECT)을 확인합니다.

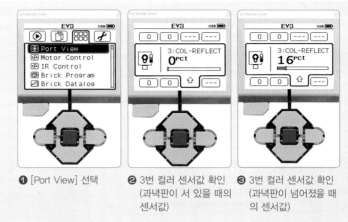

❶ [Port View] 선택

❷ 3번 컬러 센서값 확인 (과녁판이 서 있을 때의 센서값)

❸ 3번 컬러 센서값 확인 (과녁판이 넘어졌을 때의 센서값)

**2** 과녁판이 서 있을 때와 넘어졌을 때의 컬러 센서값을 확인하고, 과녁판이 넘어졌음을 확인할 컬러 센서값을 결정합니다.

> **과녁판 넘어짐 결정값** [예] 컬러 센서값이 10 이상이면 넘어졌다고 판단합니다.

---

### 1단계 모드(시간, 점수)를 선택해 봅시다.

프로그램이 실행되면 사용자에게 시간 또는 점수 중 무엇으로 1, 2단계를 진행할지 좌우 버튼으로 입력받습니다. 정해진 시간 동안 1, 2단계를 진행하려면 1번 시간 모드인 왼쪽 버튼을 누르는 작업을 반복하다가 점수에 도달하면 다음 단계로 이동하기 위해 2번 점수 모드인 오른쪽 버튼을 누릅니다.

#### 해결 절차

> **절차1** 프로그램이 실행되면 모드 선택 함수 select_mode를 호출합니다.
>
> **절차2** select_mode 함수가 호출되면 왼쪽과 오른쪽 버튼 중 어느 버튼이 눌리는지를 확인합니다.

#### 절차1

❶ 모드 선택값을 저장할 정수형 전역 변수를 select로 만들고, 1로 초기화합니다. 또한 select_mode 함수를 만들고, main 함수에서 select_mode 함수를 호출합니다.

**프로그램**

```
 8   int select = 1;        ← 모드를 선택할 정수형 전역 변수 select를 선언하고 1로 초기화하기
 9
10   void select_mode()      ← select_mode 함수를 정의하기
11   {
12   }
13
14   task main()
15   {
16      select_mode();       ← select_mode 함수를 호출하기
17   }
```

❷ 화면에 1은 시간, 2는 점수라고 알려 주고, 왼쪽 버튼이 눌리면 select 변수에 1을 저장한 후 "One"이라고 말하고 select_mode 함수를 종료합니다.

❸ 오른쪽 버튼이 눌리면 select 변수에 2를 저장한 후 "Two"라고 말하고, select_mode 함수를 종료합니다.

**프로그램**

```
10    void select_mode()
11    {
12      while(1)          ← 13~29행을 계속 반복하기
13      {
14        displayBigTextLine(1, "1: time, 2: count");   ← 화면 1행에 "1: time,
15        if(SensorValue[bl] == 1)← bl 버튼이 눌리는지 확인하기      2: count"를 출력하기
16        {
17          select = 1;                          ← 버튼이 눌리면 select값을 1로 지정하기
18          playSoundFile("One.rsf");      ] "One" 소리를 0.5초간 출력하기
19          delay(500);
20          break;                             ← bl 버튼을 누르면 반복문을 종료하기
21        }
22        else if (SensorValue[br] == 1)  ← br 버튼이 눌리는지 확인하기
23        {
24          select = 2;                          ← br 버튼이 눌리면 select값을 2로 지정하기
25          playSoundFile("Two.rsf");      ] "Two" 소리를 0.5초간 출력하기
26          delay(500);
27          return;                              ← br 버튼을 누르면 현재 함수를 종료하기
28        }
29      }
30    }
```

**2단계** 시간/점수를 입력받아 봅시다.

| [시간 모드]를 선택한 경우 | • 왼쪽 버튼을 이용하여 단계별 지속할 시간을 결정합니다.<br>• 처음 10초를 기본으로 왼쪽 버튼을 한 번 누를 때마다 10초씩 증가하고, 오른쪽 버튼을 누르면 시간 설정을 완료합니다. |
|---|---|
| [점수 모드]를 선택한 경우 | • 왼쪽 버튼을 이용하여 다음 단계로 넘어갈 점수를 결정합니다.<br>• 처음 1점을 기본으로 왼쪽 버튼을 누를 때마다 1점씩 올라가고, 오른쪽 버튼을 누르면 점수 설정을 완료합니다. |

🔖 **해결 절차**

절차1 input_count 함수를 선언하고, main 함수에서 호출합니다.

절차2 input_count 함수가 호출되면 화면에 왼쪽 버튼과 오른쪽 버튼에 대하여 안내합니다.

절차3 왼쪽 버튼을 누르면 count값을 1 증가하고, 오른쪽 버튼을 누르면 input_count 함수를 끝냅니다.

**절차1**

❶ 버튼 눌린 값이 기억될 select 변수와 왼쪽 버튼을 누른 횟수를 저장할 count 전역 변수를 만들고, 1로 초기화합니다.

❷ input_count 함수를 정의하고, main 함수에서 input_count와 select_mode 함수를 호출하는 명령을 추가합니다.

```
8      int select = 1, count=1;    ← 왼쪽 버튼을 누른 횟수를 저장할 정수형 전역 변수 count를 선언하고,
       :                              1로 초기화하기
32     void input_count()          ← input_count 함수를 정의하기
33     {
34     }
35
36     task main()
37     {
38       select_mode();
39       input_count();            ← input_count 함수를 호출하기
40     }
41
42
```

❸ input_count 함수가 호출되고 화면 1행에 select값이 1이면 "왼쪽 버튼을 누를 때마다 10초씩 증가합니다."라는 의미인 "1: 10 * count"를 출력하고, select값이 2이면 "왼쪽 버튼을 누를 때마다 목표 점수가 1점 증가합니다."라는 의미인 "1: next count"를 출력합니다.

❹ 3행에 왼쪽 버튼은 카운트값이 증가함을 알려 주고, 5행은 "오른쪽 버튼을 누르면 시작합니다."를 안내합니다. 그리고 7행에는 현재의 count값을 출력합니다.

```
32     void input_count()
33     {
34       while(1)
35       {
36         if( select == 1) displayBigTextLine(1, "1: 10 * count");
37         else displayBigTextLine(1, "1:next count");
38
39         displayBigTextLine(3, "left count add");
40         displayBigTextLine(5, "right start");
41         displayBigTextLine(7, "count = %d", count);
42       }
43     }
```

34~42: 36~41행을 무한 반복하기
36: select값이 1이면 1행에 "1: 10 * count"를 출력하기
37: select값이 2이면 1행에 "1: next count"를 출력하기
39: 3행에 "왼쪽 버튼을 누르면 count값이 증가합니다"라는 의미의 "left count add"를 출력하기
40: 5행에 "오른쪽 버튼을 누르면 시작합니다"라는 의미의 "right start"를 출력하기
41: 7행에 현재 count 값을 "count = ?" 형태로 출력하기

❺ 왼쪽 또는 오른쪽 버튼이 눌리는지를 확인합니다. 이때 왼쪽 버튼을 누르면 count값을 1 증가하고 "Bravo" 소리를 출력합니다. 그리고 오른쪽 버튼을 누르면 "Ready" 소리를 출력하고 input_count 함수를 끝냅니다.

```
32    void input_count()
33    {
34      while(1)
35      {
36        if( select == 1) displayBigTextLine(1, "1: 10 * count");
37        else displayBigTextLine(1, "1:next count");
38
39        displayBigTextLine(3, "left count add");
40        displayBigTextLine(5, "right start");
41        displayBigTextLine(7, "count = %d", count);
42
43        if(SensorValue[bl] == 1)           ← bl 버튼이 눌리는지 계속 확인하기
44        {
45          count++;                         ← bl 버튼을 누르면 count값을 1 증가하기
46          playSoundFile("Bravo.rsf");   ⎫ "Bravo" 소리를 0.5초간 출력하기
47          delay(500);                   ⎭
48        }
49        else if (SensorValue[br] == 1)   ← br 버튼이 눌리는지 계속 확인하다가 버튼이
50        {                                   눌리면 50~54행 실행하기
51          playSoundFile("Ready.rsf");   ⎫ "Ready" 소리를 0.5초간 출력하기
52          delay(500);                   ⎭
53          return;                          ← input_count 함수를 종료하기
54        }
55      }
56    }
```

**3단계 1** 시간/점수 동안 1단계를 실행해 봅시다.

| | |
|---|---|
| **[시간 모드]를 선택한 경우** | • 시간 측정을 시작하고 화면에 현재 점수, 진행 시간, 종료 시간을 보여 줍니다.<br>• 컬러 센서의 반사값으로 과녁판이 넘어지는지 확인하고 정해진 시간 동안 과녁판이 넘어지면 점수를 1점 증가하고 과녁판을 다시 올립니다. |
| **[점수 모드]를 선택한 경우** | • 시간 측정을 시작하고, 화면에 현재 점수, 종료 점수, 진행 시간을 보여 줍니다.<br>• 컬러 센서의 반사값으로 과녁판이 넘어지는지를 확인하고, 종료 점수가 될 때까지 과녁판이 넘어지면 점수를 1점 더한 후 과녁판을 다시 올립니다. |

**해결 절차 – [시간 모드]를 선택한 경우**

**절차1** level_11 함수를 만들고, 메인 함수에서 select값이 1이면 level_11 함수를 호출합니다.

**절차2** level_11 함수가 호출되면 타이머를 시작하고 화면에 점수, 현재 시간, 종료 시간, 컬러 센서값을 안내합니다.

**절차3** 컬러 센서값이 컬러 경계값(cgp)보다 더 큰지 계속 확인하다가 더 크면 점수를 1점 증가하고, 과녁판을 다시 올립니다.

**절차1**

❶ 과녁판이 넘어졌는지를 확인할 정수형 전역 변수 cgp를 선언하고, 앞에서 정한 경계값인 10으로 초기화합니다. 또 점수를 저장할 jumsoo 변수를 선언한 후 0으로 초기화합니다.

❷ level_11 함수를 선언하고, main 함수에서 select값이 1이면 시간으로 1단계를 실행할 level_11 함수를 호출합니다.

```
8    int select = 1, count=1, jumsoo = 0, cgp = 10;   ← jumsoo 변수를 선언하고 0으로 초
     :                                                     기화하기, cgp 변수를 선언하고 10
58   void level_11()            ← level_11 함수를 정의하기    으로 초기화하기
59   {
60   }
61
62   task main()
63   {
64     select_mode();
65     input_count();
66     if(select == 1)
67     {
68       level_11();              select값이 1이면 level_11 함수를 호출하기
69     }
70   }
```

❸ 시작할 때 up 모터를 이용하여 과녁판을 올리고 시작하기 위해 target_up 함수를 만듭니다.

❹ up 모터를 30의 값으로 0.5초간 동작하여 과녁판을 올리고, 완전히 세워질 때를 기다리기 위해 0.5 초 기다린 후 천천히 내립니다.

프로그램

```
58   void target_up()          ← target_up 함수를 정의하기
59   {
60     motor[up] = 30;
61     delay(500);             up 모터를 30의 속도로 0.5초간 출력하여 과녁판 세우기
62     motor[up] = 0;
63     delay(500);             up 모터를 정지하기
64     motor[up] = -20;
65     delay(800);             up 모터를 -20의 속도로 0.8초간 출력하고 정지하기
66     motor[up] = 0;
67   }
68
69   void level_11()
70   {
71     target_up();            ← target_up 함수를 호출하기
72   }
```

❺ T1 타이머를 시작하고 화면을 지운 후, T1 타이머가 'count * 10초'가 될 때까지 화면의 1행에 jumsoo값, 3행에 현재 진행 시간, 5행에 종료 시간, 7행에 컬러 센서의 반사값을 출력합니다. 단, 1 초가 1000으로 나타나므로 10초인 경우 '10 * 1000'으로 계산합니다.

프로그램

```
69   void level_11()
70   {
71     target_up();
72     clearTimer(T1);
73
74     eraseDisplay();
75
```

```
76      while(time1[T1] <= count * 10 * 1000)
77      {
78        displayBigTextLine(1, "jumsoo = %d", jumsoo);
79        displayBigTextLine(3, "now time= %d", time1[T1] / 1000);
80        displayBigTextLine(5, "end time= %d", count * 10);
81        displayBigTextLine(7, "color= %d",SensorValue[cdown] );
82      }
83    }
```

72: clearTimer(T1) 함수를 이용하여 T1 타이머를 시작하기
74: 브릭의 화면을 지우기
76: time1[T1] 시간이 'count * 10 * 1000' 이하일 때까지 반복하기
78: 화면 1행에 jumsoo값을 출력하기
79: 화면 3행에 현재 진행 시간을 출력하기
80: 화면 5행에 종료 시간을 출력하기
81: 화면 7행에 컬러 센서의 반사값을 출력하기

**절차3**

❻ 컬러 센서의 반사값이 cgp(10) 값보다 크면 과녁판이 넘어진 것으로 판단하여 jumsoo에 1점을 추가
하고, 과녁판을 다시 세우기 위해 target_up 함수를 호출합니다.

**프로그램**

```
69    void level_11()
70    {
71      target_up();
72      clearTimer(T1);
73
74      eraseDisplay();
75
76      while(time1[T1] <= count * 10 * 1000)
77      {
78        displayBigTextLine(1, "jumsoo = %d", jumsoo);
79        displayBigTextLine(3, "now time= %d", time1[T1] / 1000);
80        displayBigTextLine(5, "end time= %d", count * 10);
81        displayBigTextLine(7, "color= %d",SensorValue[cdown] );
82
83        if(SensorValue[cdown] > cgp)    ← cdown 컬러 센서값이 cgp(10) 값보다 크면 84~87행
84        {                                  실행하기
85          jumsoo++;                      ← jumsoo의 값에 1점 더하기
86          target_up();                   ← target_up 함수를 호출하기
87        }
88      }
89    }
```

❼ 시간이 끝나면 브릭 화면을 지우고 현재 점수를 화면 1행에 출력합니다.

**프로그램**

```
69    void level_11()
70    {
71      target_up();
72      clearTimer(T1);
73
74      eraseDisplay();
75
76      while(time1[T1] <= count * 10 * 1000)
```

```
77        {
78          displayBigTextLine(1, "jumsoo = %d", jumsoo);
79          displayBigTextLine(3, "now time= %d", time1[T1] / 1000);
80          displayBigTextLine(5, "end time= %d", count * 10);
81          displayBigTextLine(7, "color= %d",SensorValue[cdown] );
82
83          if(SensorValue[cdown] > cgp)
84          {
85             jumsoo++;
86             target_up();
87          }
88        }
89
90        eraseDisplay();                                     ← 브릭 화면을 지우기
91        displayBigTextLine(1, "jumsoo = %d", jumsoo);    ← jumsoo값을 브릭 화면 1행에
92      }                                                      출력하기
```

**3단계 ②** 시간/점수 동안 2단계를 실행해 봅시다.

| | |
|---|---|
| [시간 모드]를 선택한 경우 | • 시간 측정을 시작하고 화면에 현재 점수, 진행 시간, 종료 시간을 보여 줍니다.<br>• 컬러 센서의 반사값으로 과녁판이 넘어지는지 확인하여 정해진 시간 동안 과녁판이 넘어지면 점수를 1점 증가하고 과녁판을 다시 올립니다. |
| [점수 모드]를 선택한 경우 | • 시간 측정을 시작하고, 화면에 현재 점수, 종료 점수, 진행 시간을 보여 줍니다.<br>• 컬러 센서의 반사값으로 과녁판이 넘어지는지를 확인하여 종료 점수가 될 때까지 과녁판이 넘어지면 점수를 1점 더한 후 과녁판을 다시 올립니다. |

**해결 절차 –** [점수 모드]를 선택한 경우

**절차1** level_21 함수를 만들고, 메인 함수에서 select값이 2이면 level_21 함수를 호출합니다.

**절차2** level_21 함수가 호출되면 타이머를 시작하고, 화면에 현재 점수, 목표 점수, 진행 시간, 컬러 센서값을 안내합니다.

**절차3** 컬러 센서값이 컬러 경계값(cgp)보다 더 큰지 계속 확인하다가 더 크면 점수를 1점 증가하고 과녁판을 다시 올립니다.

**절차1**

❶ level_21 함수를 선언하고, main 함수에서 select값이 2이면 점수로 1단계를 실행할 level_21 함수를 호출합니다.

**프로그램**

```
94      void level_21()                      ← level_21 함수를 정의하기
95      {
96      }
97
98      task main()
99      {
100       select_mode();
101       input_count();
102       if(select == 1)
103       {
104          level_11();
```

```
105        }
106      else
107      {
108        level_21();
109      }
110    }
```

select값이 2이면 level_21 함수를 호출하기

❷ 점수로 1단계가 시작되면 과녁판을 올리기 위해 target_up 함수를 호출하고, T1 타이머를 시작합니다.

❸ 화면을 지운 후, 현재 jumsoo값이 목표 점수인 count값보다 작은 동안 화면의 1행에 jumsoo값, 3행에 목표 시간, 5행에 현재 진행 시간, 7행에 컬러 센서의 반사값을 출력합니다.

프로그램

```
94     void level_21()
95     {
96       target_up();
97       clearTimer(T1);
98
99       eraseDisplay();
100
101      while(jumsoo < count)
102      {
103        displayBigTextLine(1, "jumsoo = %d", jumsoo);
104        displayBigTextLine(3, "Next = %d", count);
105        displayBigTextLine(5, "now time= %d", time1[T1] / 1000);
106        displayBigTextLine(7, "color= %d",SensorValue[cdown] );
107      }
108    }
```

96: target_up 함수를 호출하여 과녁판 세우기
97: clearTimer(T1) 함수를 이용하여 T1 타이머를 시작하기
99: 브릭의 화면을 지우기
101: 현재 jumsoo값이 목표 count값보다 작은 동안 102~107행을 반복 실행하기
103: 화면 1행에 현재 jumsoo를 출력하기
104: 화면 3행에 목표 점수인 count를 출력하기
105: 화면 5행에 현재 진행 시간을 초 단위로 출력하기
106: 화면 7행에 컬러 센서의 반사값을 출력하기

❹ 컬러 센서의 반사값이 cgp(10)보다 크면 과녁판이 넘어진 것으로 판단하여 jumsoo값에 1점을 추가하고, 과녁판을 다시 세우기 위해 target_up 함수를 호출합니다.

❺ 목표 점수에 도달하면 브릭 화면을 지우고 현재 점수를 화면 1행에 출력합니다.

프로그램

```
94     void level_21()
95     {
96       target_up();
97       clearTimer(T1);
98
99       eraseDisplay();
100
```

```
101       while(jumsoo < count)
102       {
103         displayBigTextLine(1, "jumsoo = %d", jumsoo);
104         displayBigTextLine(3, "Next = %d", count);
105         displayBigTextLine(5, "now time= %d", time1[T1] / 1000);
106         displayBigTextLine(7, "color= %d",SensorValue[cdown] );
107
108         if(SensorValue[cdown] > cgp)
109         {
110           jumsoo++;
111           target_up();
112         }
113       }
114
115       eraseDisplay();
116       displayBigTextLine(1, "jumsoo = %d", jumsoo);
117       displayBigTextLine(3, "now time= %d", time1[T1] / 1000);
118     }
```

108: cdown 컬러 센서값이 cgp(10)값보다 크면 109~112행을 수행하기
110: jumsoo값에 1점 누적하기
111: target_up 함수를 호출하기
115: 브릭 화면을 지우기
116: jumsoo값을 브릭 화면 1행에 출력하기
117: 1단계 완료 시간을 브릭 화면 3행에 출력하기

## 4단계 1 시간/점수 동안 1단계를 실행해 봅시다.

| [시간 모드]를 선택한 경우 | • 2단계가 시작되면 정해진 시간이 될 때까지 과녁판은 좌우로 움직임을 반복합니다.<br>• 새롭게 시간 측정을 시작하고, 화면에 현재 점수, 진행 시간, 종료 시간을 보여 줍니다.<br>• 컬러 센서의 반사값을 이용하여 과녁판이 넘어지는지를 확인하여 정해진 시간 동안 과녁판이 넘어지면 점수를 2점 더한 후 과녁판을 다시 올립니다. |
|---|---|
| [점수 모드]를 선택한 경우 | • 2단계가 시작되면 종료 점수가 될 때까지 과녁판은 좌우로 움직임을 반복합니다.<br>• 화면에 현재 점수, 종료 점수, 진행 시간을 보여 주며 컬러 센서의 반사값으로 과녁판이 넘어지는지를 확인하여 종료 점수가 될 때까지 과녁판이 넘어지면 점수를 2점 더한 후 과녁판을 다시 올립니다. |

### 해결 절차 – [시간 모드]를 선택한 경우

절차1 level_12 함수를 만들고, 메인 함수에서 level_11 함수가 종료되면 level_12 함수를 호출합니다.

절차2 level_12 함수가 호출되면 체인을 돌리는 멀티 함수 start_move를 만들고 호출합니다. start_move 멀티 함수가 시작되면 move 모터가 좌우로 움직입니다.

절차3 level_12 함수에서 타이머를 시작하고 화면에 점수, 현재 진행 시간, 종료 시간, 컬러 센서값을 안내한 후 컬러 센서값이 cgp값보다 크면 jumsoo값을 2점 더한 후 과녁판을 다시 올립니다.

절차4 2단계가 끝나면 start_move 멀티 함수를 종료한 후 현재 jumsoo값을 화면에 알려 줍니다. 그리고 과녁판을 중앙으로 이동시킨 후 왼쪽 버튼을 누를 때까지 화면에 jumsoo값을 출력합니다.

절차1

❶ level_12 함수를 선언하고, main 함수에서 level_11 함수를 호출하고, 다음 줄에서 2단계를 실행할 level_12 함수를 호출합니다.

```
120    void level_12()          ← level_12 함수를 정의하기
121    {
122    }
123
124    task main()
125    {
126      select_mode();
127      input_count();
128      if(select == 1)
129      {
130        level_11();
131        level_12();          ← level_12 함수를 호출하기
132      }
133      else
134      {
135        level_21();
136      }
137    }
```

**절차2**

❷ start_move 멀티 함수를 만들고, move 모터값은 −10을 출력하여 천천히 오른쪽으로 이동합니다.

❸ br 모터가 눌리면 move 모터값에 −10을 적용하여 왼쪽으로 움직이고, bl 모터가 눌리면 move값에 10을 적용하여 오른쪽으로 움직임을 계속 반복합니다.

❹ level_12 함수가 시작되면 target_up 함수를 이용하여 과녁판을 올리고, start_move 멀티 함수를 호출하여 체인 움직이기를 시작합니다.

```
120    task start_move()                        ← start_move 멀티 함수를 시작하기
121    {
122      motor[move] = -10;                      ← move 함수를 −10으로 출력하여 오른쪽으로 움직이기
123      while(1)
124      {
125        if(SensorValue[bl] == 1)
126        {                                      왼쪽 버튼 bl이 눌리면 move에 10을 적용하여
127          motor[move] = 10;                    오른쪽으로 움직이기
128        }
129        else if (SensorValue[br] == 1)
130        {                                      오른쪽 버튼 br이 눌리면 move에 −10을 적용하여
131          motor[move] = -10;                   오른쪽으로 움직이기
132        }
133      }
134    }
135
136    void level_12()
137    {
138      target_up();                            ← target_up 함수를 호출하여 과녁판을 올리기
139      startTask(start_move);                  ← start_move 멀티 함수를 시작하기
140    }
```

**절차3**

❺ T1 타이머를 시작하고 화면을 지운 후, T1 타이머 값이 (count * 10 * 1000)이 되거나 클 때까지 화면의 1행에 jumsoo값, 5행에 현재 진행 시간, 7행에 종료 시간, 9행에 컬러 센서 반사값을 출력합니다.

**❻** 과녁판이 넘어져 컬러 센서 cdown값이 cpg(10) 값보다 크면 jumsoo에 2점 추가하고, 과녁판을 다시 올립니다.

> **프로그램**

```
136    void level_12()
137    {
138      target_up();
139      startTask(start_move);
140      clearTimer(T1);              ← clearTimer(T1) 함수를 이용하여 T1 타이머를 시작하기
141
142      eraseDisplay();             ← 브릭의 화면을 지우기
143
144      while(time1[T1] <= count * 10 * 1000)  ← time1[T1] 시간이 'count * 10 * 1000' 이하
145      {                                         일 때까지 145~156행을 반복하기
146        displayBigTextLine(1, "jumsoo = %d", jumsoo);
147        displayBigTextLine(5, "now time= %d", time1[T1] / 1000);
148        displayBigTextLine(7, "end time= %d", count * 10);
149        displayBigTextLine(9, "color= %d",SensorValue[cdown] );
150
151        if(SensorValue[cdown] > cgp)  ← cdown 컬러 센서값이 cgp(10) 값보다 크면 152~155행을
152        {                                 실행하기
153          jumsoo = jumsoo + 2;        ← jumsoo값에 2점 더하기
154          target_up();                ← target_up 함수를 호출하기
155        }
156      }
157    }
```

146: 화면 1행에 jumsoo값을 출력하기
147: 화면 5행에 현재 진행 시간을 출력하기
148: 화면 7행에 종료 시간을 출력하기
149: 화면 9행에 컬러 센서의 반사값을 출력하기

> **절차4**

**❼** 2단계 시간이 종료되어 반복문이 끝나면 start_move 함수를 종료한 후 화면 1행에 jumsoo값을 출력하고, 과녁판을 중앙으로 이동하기 위해 b1 버튼이 눌릴 때까지 왼쪽으로 이동한 후 오른쪽으로 잠시 이동합니다. 그리고 b1 버튼이 눌릴 때까지 기다립니다.

> **프로그램**

```
136    void level_12()
137    {
138      target_up();
139      startTask(start_move);
140      clearTimer(T1);
141
142      eraseDisplay();
143
144      while(time1[T1] <= count * 10 * 1000)
145      {
146        displayBigTextLine(1, "jumsoo = %d", jumsoo);
147        displayBigTextLine(5, "now time= %d", time1[T1] / 1000);
148        displayBigTextLine(7, "end time= %d", count * 10);
149        displayBigTextLine(9, "color= %d",SensorValue[cdown] );
150
151        if(SensorValue[cdown] > cgp)
152        {
153          jumsoo = jumsoo + 2;
```

```
154          target_up();
155      }
156  }
157
158  stopTask(start_move);   ← start_move 멀티 함수를 종료하기
159  eraseDisplay();          ← 브릭 화면을 지우기
160  displayBigTextLine(1, "jumsoo = %d", jumsoo);  ← 화면 1행에 jumsoo값을
161  displayBigTextLine(3, "finish left button");      출력하기
162
163  while(SensorValue[bl] == 0) motor[move] = 20;
164  motor[move] = -20;
165  delay(600);              ⎤ move 모터를 -20의 출력값으로 0.6초 오른쪽으로 이동하고 정지하기
166  motor[move] = 0;         ⎦
167
168  while(SensorValue[bl] == 0){}  ← bl 버튼을 누를 때까지 기다리기
169  }
```

161: 화면 3행에 끝내려면 왼쪽 버튼을 누르라는 의미의 "finish left button"을 출력하기
163: bl 버튼을 누를 때까지 move 모터를 20의 출력값으로 왼쪽으로 이동하기

---

**4단계 ❷** 시간/점수 동안 2단계를 실행해 봅시다.

| **[시간 모드]를 선택한 경우** | • 2단계가 시작되면 정해진 시간이 될 때까지 과녁판은 좌우로 움직임을 반복합니다.<br>• 새롭게 시간 측정을 시작하고, 화면에 현재 점수, 진행 시간, 종료 시간을 보여 줍니다.<br>• 컬러 센서의 반사값을 이용하여 과녁판이 넘어지는지를 확인하여 정해진 시간 동안 과녁판이 넘어지면 점수를<br>2점 더한 후 과녁판을 다시 올립니다. |
|---|---|
| **[점수 모드]를 선택한 경우** | • 2단계가 시작되면 종료 점수가 될 때까지 과녁판은 좌우로 움직임을 반복합니다.<br>• 화면에 현재 점수, 종료 점수, 진행 시간을 보여 주며 컬러 센서의 반사값으로 과녁판이 넘어지는지를 확인하여<br>종료 점수가 될 때까지 과녁판이 넘어지면 점수를 2점 더한 후 과녁판을 다시 올립니다. |

 **해결 절차 – [점수 모드]를 선택한 경우**

**절차1** level_22 함수를 만들고, 메인 함수에서 level_21 함수가 종료되면 level_22 함수를 호출하고 level_22 함수가 시작되면 과녁판을 올린 후 체인을 좌우로 움직입니다.

**절차2** 현재 jumsoo값이 종료할 점수가 될 때까지 브릭 화면에 현재 점수, 진행 시간, 목표 점수, 컬러 센서값을 안내하고, 컬러 센서값이 cgp값보다 크면 jumsoo값에 2점 증가하고 과녁판을 다시 올립니다.

**절차3** 2단계가 끝나면 start_move 멀티 함수를 종료한 후 현재 jumsoo와 진행 시간을 화면에 알려 준 후, 과녁판을 중앙으로 이동시킨 후 왼쪽 버튼을 누를 때까지 화면에 jumsoo값을 출력합니다.

**절차1**

❶ level_22 함수를 선언하고, main 함수에서 level_21 함수를 호출하고, 다음 행에서 2단계를 실행할 level_22 함수를 호출합니다.

❷ level_22 함수가 호출되면 과녁판을 올리고 start_move 멀티 함수를 호출하여 체인을 움직입니다.

**프로그램**

```
171  void level_22()            ← level_22 함수를 정의하기
172  {
173    target_up();             ← target_up 함수를 호출하여 과녁판을 올리기
174    startTask(start_move);   ← start_move 멀티 함수를 시작하여 체인을 좌우로 움직이기
```

```
175        }
176
177    task main()
178    {
179      select_mode();
180      input_count();
181      if(select == 1)
182      {
183        level_11();
184        level_12();
185      }
186      else
187      {
188        level_21();
189        level_22();      ← level_22 ( ) 함수를 호출하기
190      }
191    }
```

절차2

❸ 화면을 지운 후, 종료 점수인 endjumsoo를 선언하고 (jumsoo + count * 2) 값으로 초기화합니다. 여 기서 count값은 목표 개수를 말합니다.

❹ jumsoo값이 endjumsoo값보다 작은 동안 화면의 1행에 jumsoo값, 3행에 현재 진행 시간, 5행에 목 표 점수, 7행에 컬러 센서의 반사값을 출력합니다.

❺ 과녁판이 넘어져 컬러 센서 cdown값이 cpg(10)보다 크면 jumsoo에 2점 추가하고 과녁판을 다시 올립니다.

**프로그램**

```
171    void level_22()
172    {
173      target_up();
174      startTask(start_move);
175
176      eraseDisplay();
177      int endjumsoo = jumsoo + count * 2;
178      while(jumsoo < endjumsoo)
179      {
180        displayBigTextLine(1, "jumsoo = %d", jumsoo);
181        displayBigTextLine(3, "now time= %d", time1[T1] / 1000);
182        displayBigTextLine(5, "end jumsoo= %d", endjumsoo);
183        displayBigTextLine(7, "color= %d",SensorValue[cdown] );
184
185        if(SensorValue[cdown] > cgp)
186        {
187          jumsoo = jumsoo + 2;
188          target_up();
189        }
190      }
191    }
```

176: 브릭의 화면을 지우기
177: endjumsoo값을 선언하고 jumsoo + (count * 2) 값으로 초기화하기
178: 현재 jumsoo값이 endjumsoo값보다 작은 동안 계속 반복 하기
180: 화면 1행에 jumsoo값을 출력하기

181: 화면 3행에 현재 진행 시간을 출력하기
182: 화면 5행에 종료 시간을 출력하기
183: 화면 7행에 컬러 센서의 반사값을 출력하기
185: cdown 컬러 센서값이 cgp(10) 값보다 큰지 확인하기
187: jumsoo를 2점 더하기
188: target_up 함수를 호출하기

❻ 2단계 시간이 종료되어 반복문이 끝나면 start_move 함수를 종료하고, 화면 1행에 jumsoo값, 화면 3행에 진행 시간을 출력합니다.

❼ 과녁판을 중앙으로 이동하기 위해 bl 버튼이 눌릴 때까지 왼쪽으로 이동한 후 오른쪽으로 잠시 이동합니다. 그리고 bl 버튼이 눌릴 때까지 기다립니다.

**프로그램**

```
171    void level_22()
172    {
173       target_up();
174       startTask(start_move);
175
176       eraseDisplay();
177       int endjumsoo = jumsoo + count * 2;
178       while(jumsoo < endjumsoo)
179       {
180          displayBigTextLine(1, "jumsoo = %d", jumsoo);
181          displayBigTextLine(3, "now time= %d", time1[T1] / 1000);
182          displayBigTextLine(5, "end jumsoo= %d", endjumsoo);
183          displayBigTextLine(7, "color= %d",SensorValue[cdown] );
184
185          if(SensorValue[cdown] > cgp)
186          {
187             jumsoo = jumsoo + 2;
188             target_up();
189          }
190       }
191
192       stopTask(start_move);
193       eraseDisplay();
194       displayBigTextLine(1, "jumsoo = %d", jumsoo);
195       displayBigTextLine(3, "now time= %d", time1[T1] / 1000);
196       displayBigTextLine(5, "finish left button");
197
198       while(SensorValue[bl] == 0) motor[move] = 20;
199       motor[move] = -20;
200       delay(600);
201       motor[move] = 0;
202
203       while(SensorValue[bl] == 0){}
204    }
```

192: start_move 멀티 함수를 종료하기
193: 브릭 화면을 지우기
194: 화면 1행에 jumsoo값을 출력하기
195: 화면 3행에 현재 진행 시간을 출력하기
196: 화면 5행에 끝내려면 왼쪽 버튼을 누르라는 의미의 메시지인 "finish left button"을 출력하기
198: bl 버튼을 누를 때까지 move 모터를 20의 출력값으로 왼쪽으로 이동하기
199~201: move 모터를 −20의 출력값으로 0.6초 오른쪽으로 이동하고 정지하기
203: bl 버튼을 누를 때까지 기다리기

**실행하기** 원하는 대로 프로그램이 동작하는지 실행하여 확인해 봅시다.

프로그램 작성이 완료되면 프로그램을 실행하여 로봇이 제대로 동작하는지 확인합니다.

C·H·A·P·T·E·R

# 03

프로젝트 ★ 3

# 밀당 로봇 만들기

로봇과 밀당을 할 수 있을까요? 사용자가 버튼을 누르면 로봇이 싫어해서 버튼을 다시 올려 놓는, 사람과 밀당하는 로봇을 만들어 봅시다.

완성된
로봇

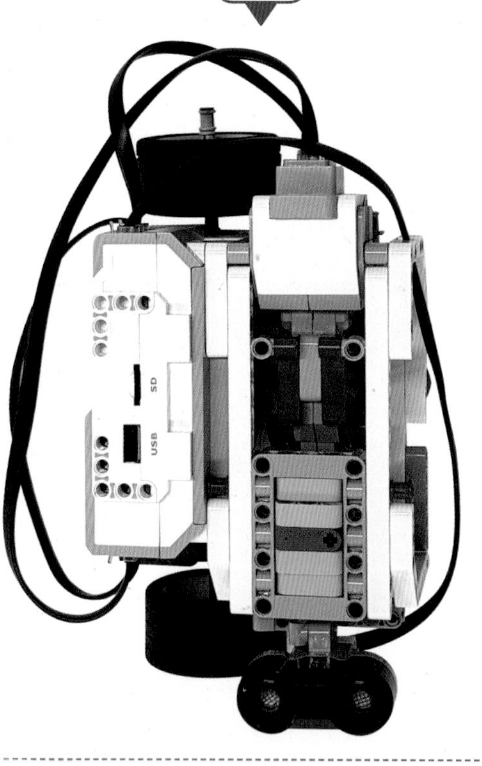

윗모습

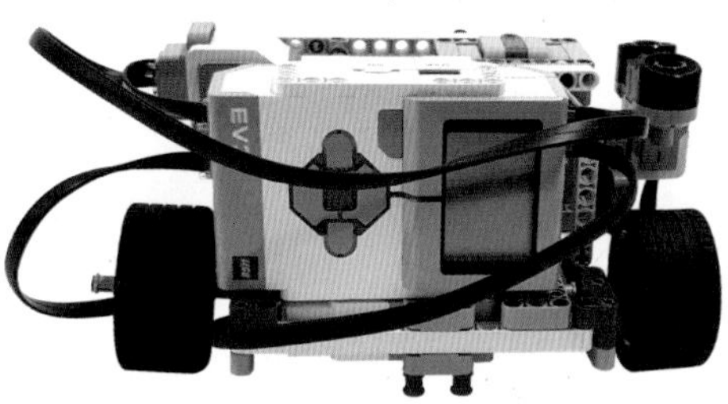

옆모습

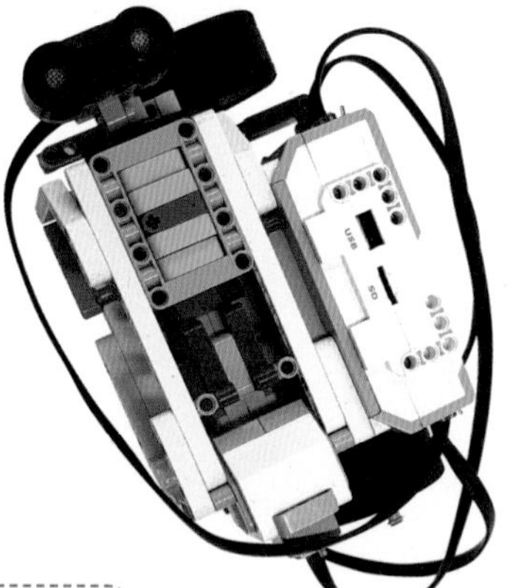

대각선 방향 윗모습

※ **소스 파일:** [PART_3]–[3_3_밀당 로봇] 폴더에서 단계별로 완성한 파일을 참고하세요.

해결할
문제

작은 문제로 나누어서 해결합니다.

**1단계**
프로그램이 실행되면 버튼 올리기

**2단계**
사용자가 버튼을 누르면 "누르지 마"라는 소리와 함께 버튼을 다시 올리기

**3단계**
5번 이상 버튼을 누르면 초음파 센서로 움직임을 감지하여 왼쪽, 오른쪽으로 이동하면서 도망 다니게 하기

**4단계**
10번 이상 버튼을 누르면 "너 집에 가"라는 소리와 함께 버튼을 내려 숨기기

조립도를 보고 밀당 로봇을 만들어 봅시다.

❶ 먼저 LDD 조립도 프로그램을 실행하여 다음과 같이 3개의 모듈을 만들어 놓습니다.

모듈 1

모듈 2

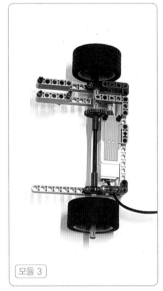

모듈 3

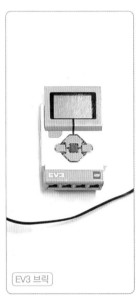

EV3 브릭

※ 모듈 3 의 서보 모터의 경우, 선을 끼우는 것이 어려우므로 미리 연결해 놓습니다.

※ 모듈 2 : 5칸 2개, 6칸 1개, 모듈 3 : 8칸 1개, 10칸 1개, 4칸 1개를 사용합니다.

※ 제공한 [창작 조립도]–[PART_3] 폴더에서 '03_03_밀당 로봇01.lxf' ~ '03_03_밀당 로봇03.lxf' 조립도 파일을 하나씩 열어 모듈 1
  ~ 모듈 3 까지 조립하여 나열하도록 합니다.

❷ 모듈 1 과 모듈 2 를 준비하고, 두 모듈을 그림과 같이 세워 놓습니다.

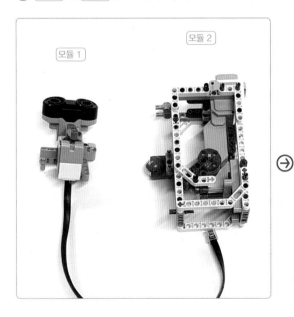

모듈 1

모듈 2

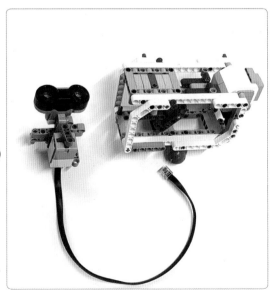

❸ 모듈2 안쪽으로 모듈1 을 넣고 아랫부분을 결합합니다.

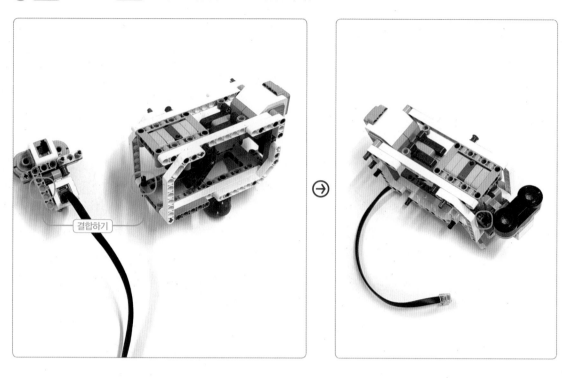

❹ 이때 한쪽만 결합했으므로 모듈1 이 고정되지 않고 회전하는 것은 정상입니다. 추후 다른 모듈과 함께 고정할 예정입니다.

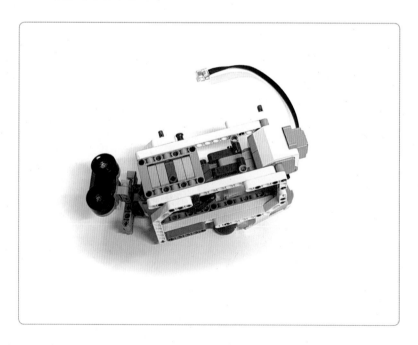

❺ 결합 모듈을 아래와 같이 뉘어 놓고 EV3 브릭을 준비합니다. 이때 EV3 브릭 모터쪽 연결 부분을 초음파 센서쪽 방향으로 놓습니다.

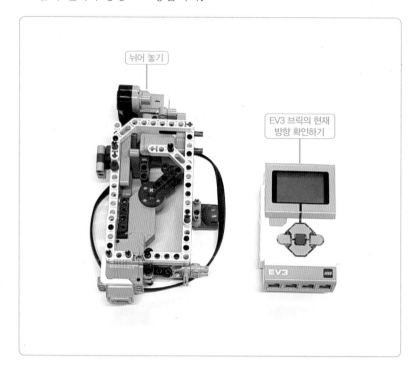

❻ EV3 브릭을 뒤집은 후 EV3 브릭을 결합하고 아래와 같이 방향을 바꿉니다.

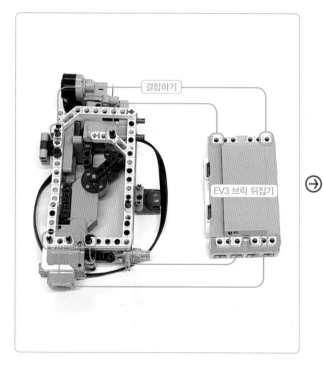

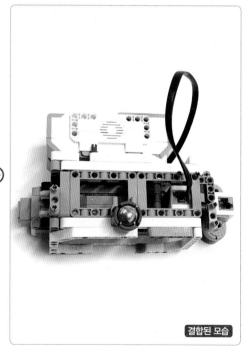

**7** 결합된 모듈과 모듈3 을 준비한 후 아랫부분을 고려하여 모듈3 을 결합합니다.

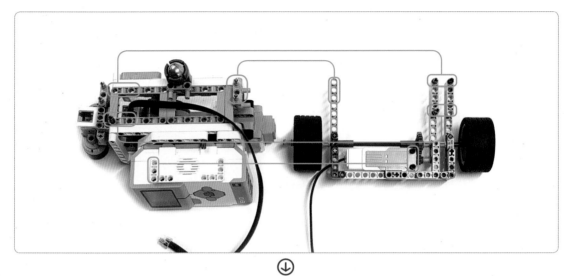

결합된 모습

**8** 아래와 같이 밀당 로봇을 완성합니다.

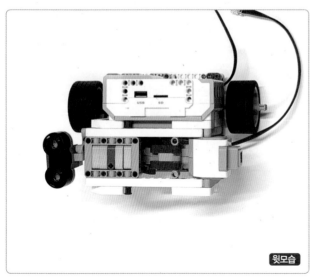

윗모습

옆모습

## 2 >> 모터와 센서 연결하기

브릭에 모터와 센서를 연결합니다.

### 서보 모터

- motorA: 라지 서보 모터   ← 버튼을 올리는 서보 모터
- motorB: 미디엄 서보 모터   ← 바퀴로 이동하는 서보 모터
- motorC: –
- motorD: –

◐ 출력 포트

### 센서 및 버튼

- Sensor1: 버튼   ← 버튼을 누르는지 확인용
- Sensor2: 초음파 센서   ← 사람이 버튼을 누르는지 확인용
- Sensor3: –
- Sensor4: –

◐ 입력 포트

## 3 >> 문제 분석 및 문제 나누기

문제를 분석하여 아래와 같이 작은 문제로 나누어 봅니다.

**1단계**
버튼 올리기

▶

**2단계**
5번 이상 버튼 누르면
도망 다니기

▶

**3단계**
10번 이상 버튼 누르면
버튼 숨기기

## 4 >> 작은 문제별 해결 전략 세우기

나눈 작은 문제들을 각각 어떻게 해결해야 할지 아래와 같이 단계별로 해결 전략을 세웁니다.

**1단계**
버튼 올리기

프로그램이 실행되면 버튼을 올려 사용자가 버튼을 누를 때까지 기다립니다. 만약 버튼이 눌리면 "누르지 마" 또는 "No" 소리와 함께 버튼을 다시 올려 줍니다.

**2단계**
5번 이상 버튼
누르면 도망 다니기

버튼을 누른 횟수가 5번 이상이면 초음파 센서를 이용하여 손이 감지될 경우 한 번은 왼쪽으로 한 번은 오른쪽으로 움직여 도망 다니게 합니다.

**3단계**
10번 이상 버튼
누르면 버튼 숨기기

버튼을 누른 횟수가 10번 이상이면 "너 집에 가" 또는 "Go" 소리와 함께 버튼을 내려 5초 이상 누르지 못하도록 하고 처음부터 다시 시작합니다.

앞에서 설계한 [작은 문제별 해결 전략 세우기]대로 프로그래밍하여 문제를 해결합니다.

● 프로그래밍을 위한 사전 준비 ●

• 소리로 말하기 위한 소리 파일 만들기

기본으로 제공되는 소리 파일 이외의 소리 파일을 사용하려면 녹음기 프로그램을 이용하여 음성 파일을 만들거나 다른 곳에 음성 파일이 저장되어 있어야 합니다.

**1** 음성 파일을 녹음하기 위해 음성 녹음기를 실행하여 "누르지 마"라고 녹음하고, 파일 이름을 "누르지 마"로 저장합니다. 같은 방법으로 "너 집에 가"도 저장합니다.

※ 소리는 스마트폰으로 녹음하고 녹음한 파일인 m4a를 다운로드하여 사용할 수도 있습니다.

**2** 엔트리에서 소리 파일은 확장자가 mp3 또는 wav 파일만 사용할 수 있으므로, 녹음한 파일을 'DAUM팟 인코더'와 같은 소리 변환 프로그램을 이용하여 사용 가능한 소리 파일로 변환하도록 합니다.

DAUM팟 인코더 ▶

**3** 엔트리에서 [소리] 탭으로 이동하여 [소리 추가] 버튼을 클릭합니다.

**4** [파일 업로드] 탭으로 이동하여 [파일 추가] 버튼을 클릭하고, 앞에서 만든 mp3 파일을 불러 옵니다. 불러온 파일을 선택한 후 [적용하기]를 클릭합니다.

**5** 엔트리에서 파일을 불러오면 해당 소리 파일을 사용할 수 있습니다.

▲ 추가된 소리 파일

**1단계** 버튼을 올려 봅시다.

프로그램이 실행되면 버튼을 올려 사용자가 버튼을 누를 때까지 기다립니다. 만약 버튼이 눌리면 "누르지 마" 또는 "No" 소리와 함께 버튼을 다시 올려 줍니다.

🎏 해결 절차

> **절차1** '버튼 올리기' 신호를 만들고 ['버튼 올리기' 신호 보내고 기다리기]를 추가합니다.
>
> **절차2** '버튼 올리기' 신호를 받으면 "누르지 마" 소리를 출력하고 motorA를 이용하여 버튼을 올립니다.

**절차1**

❶ [속성]−[신호]−[신호 추가]를 차례대로 클릭하여 '버튼 올리기' 신호를 만듭니다.

신호 만들기 ▶

**절차2**

❷ [시작하기 버튼을 클릭했을 때] 아래에 ['버튼 올리기' 신호 보내고 기다리기] 블록을 추가합니다.

❸ '버튼 올리기' 신호를 받으면 [소리] 블록에서 [소리 '누르지 마' 2초 재생하고 기다리기] 블록을 추가합니다.

❹ motorA를 −30으로 1초간 출력하여 버튼을 올리고 motorA를 정지합니다.

프로그램 완성_1 ▶

**2단계** 5번 이상 버튼을 누르면 도망 다니게 해 봅시다.

버튼을 누른 횟수가 5번 이상일 때 초음파 센서에 손이 감지되면 한 번은 왼쪽으로, 한 번은 오른쪽으로 움직여 도망 다니게 합니다.

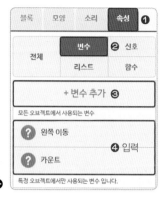

## 해결 절차

**절차1** 버튼을 누른 횟수를 기억할 '카운트' 변수와 왼쪽 오른쪽으로 번갈아 움직이기 위한 '왼쪽 이동' 변수를 만듭니다.

**절차2** 버튼을 누를 때마다 '카운트' 변수의 값을 1 증가하고 '버튼 올리기' 신호를 호출합니다.

**절차3** [시작하기 버튼을 클릭했을 때]를 새롭게 추가한 후 '카운트' 값이 5 이상이고, 초음파 센서값이 10 이하이면 좌우로 이동하여 손을 피하도록 합니다.

### 절차1

❶ [속성]-[변수]-[변수 추가]를 차례대로 클릭하여 버튼을 누른 횟수를 기억할 '카운트' 변수와 왼쪽 오른쪽으로 번갈아 움직이기 위한 '왼쪽 이동' 변수를 만듭니다.

변수 만들기 ▶

### 절차2

❷ 214쪽 ❷ 프로그램에서 1번의 터치 센서가 눌리는지를 계속 확인하여 1번 터치 센서가 눌리면 '카운트' 값을 1 증가하고, ['버튼 올리기' 신호 보내고 기다리기] 블록을 추가합니다.

### 절차3

❸ 새롭게 [시작하기 버튼을 클릭했을 때] 블록을 추가하고 [계속 반복하기]와 [만일~이라면] 블록을 가져와 '카운트' 값이 5 이상이고, 2번의 초음파 센서 값이 10 이하인지를 확인하는 블록을 추가합니다.

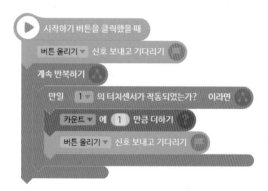

❹ '왼쪽 이동' 값이 0이면 motorB를 −20의 출력값으로 1초간 오른쪽으로 이동한 후 정지합니다. 그리고 왼쪽으로 이동하기 위해 '왼쪽 이동' 값을 1로 지정합니다.

❺ '왼쪽 이동' 값이 0이 아니면 motorB를 20의 출력값으로 1초간 왼쪽으로 이동한 후 정지합니다. 그리고 다음번엔 오른쪽으로 이동하기 위해 '왼쪽 이동' 값을 0으로 지정합니다.

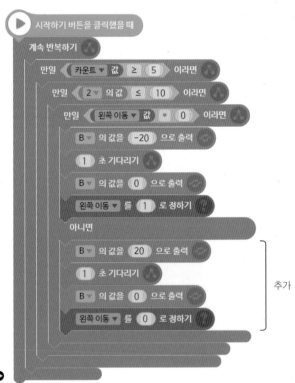

프로그램 완성_2 ▶

**3단계** 버튼을 10번 이상 눌렀을 경우, 버튼을 숨겨 봅시다.

버튼을 누른 횟수가 10번 이상이면 "너 집에 가" 또는 "Go" 소리와 함께 버튼을 내려 5초 이상 누르지 못하도록 하고 처음부터 다시 시작합니다.

## 해결 절차

절차1 '집에 가' 신호를 만들고 버튼을 누른 횟수가 기억된 '카운트' 값이 10 이상이면 ['집에 가' 신호 보내고 기다리기] 블록을 호출합니다.

절차2 '집에 가' 신호가 호출되면 "너 집에 가" 소리를 출력하고 motorA를 이용하여 버튼을 5초간 내린 후 '카운트' 값을 0으로 초기화하고 버튼을 올립니다.

### 절차1

❶ [속성]-[신호] 탭을 클릭하여 '집에 가' 신호를 추가합니다.

신호 만들기 ▶

❷ 215쪽 ❷ 프로그램에서 만일 '1번 터치 센서가 작동되었는가?' 블록 아래에 '카운트' 값이 10 이상이면 ['집에 가' 신호 보내고 기다리기] 블록을 추가합니다.

프로그램 완성_3 ▶

### 절차2

❸ 새롭게 '집에 가' 신호를 받으면 "너 집에 가" 소리를 2초간 출력합니다.

❹ 버튼을 내리기 위해 motorA를 30의 출력값으로 1초간 돌리고 motorA를 정지한 후 5초간 기다립니다.

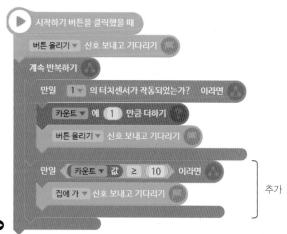

❺ 새롭게 밀당을 시작하기 위해 '카운트' 값을 0으로 초
기화하고, ['버튼 올리기' 신호 보내고 기다리기] 블록
을 연결하여 프로그램을 완성합니다.

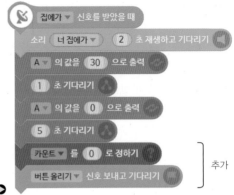

프로그램 완성_4 ▶

실행하기 원하는 대로 프로그램이 동작하는지 실행하여 확인해 봅시다.

엔트리 화면에 있는 ▶ 시작하기 버튼을 클릭하여 로봇이 제대로 동작하는지 확인합니다.

앞에서 설계한 [작은 문제별 해결 전략 세우기]대로 프로그래밍하여 문제를 해결합니다.

● 프로그래밍을 위한 사전 준비 ●

### 1. "No"와 "Go" 소리 파일 확인하기

**1** EV3 브릭에 저장되어 있는 소리 파일을 확인해 봅니다. EV3를 연결한 상태에서 [Robot]-[LEGO Brick]-[File Management Utility] 메뉴를 차례대로 클릭합니다.

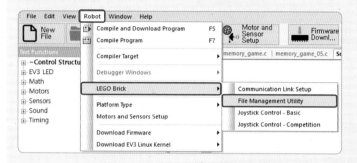

**2** [/..]-[/resources]-[/Sounds]로 이동하면 사용 가능한 소리 파일들을 확인할 수 있습니다.

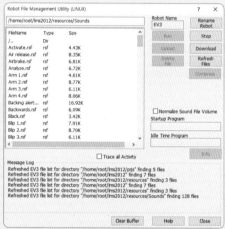

※ No.rsf, Go.rsf 파일이 제공되고 있음을 확인할 수 있습니다.

**3** 다음과 같이 "No", "Go" 소리 파일이 순서대로 나오도록 프로그램을 작성하여 소리 파일 출력을 확인합니다.

프로그램

```
2  task main()
3  {
4    playSoundFile("No.rsf");
5    delay(1000);
6    playSoundFile("Go.rsf");
7    delay(1000);
8  }
```

※ 파일 이름은 대소문자 및 띄어쓰기까지 정확하게 입력해야 합니다.
여기서는 파일의 이상 유무만을 확인하고, 이 프로그램은 사용하지 않습니다.

## 2. 모터와 센서 이름 정하기

**1** [Robot]–[Motors and Sensors Setup] 메뉴를 클릭하고, [Motors] 탭에서 버튼을 위로 올려 주는 motorA의 이름은 'mup', 바퀴를 움직이는 motorB의 이름은 'mlr'로 지정하여 사용합니다.

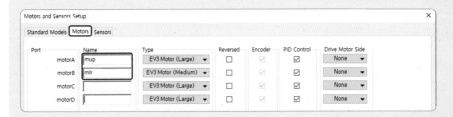

**2** 이번에는 [Sensors] 탭에서 터치 버튼을 연결한 S1의 이름은 'btn', 초음파 센서를 연결한 S2의 이름은 'ult'로 지정합니다.

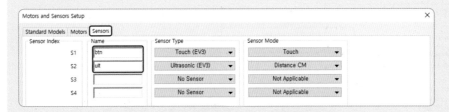

**3** [확인] 버튼을 클릭하면 다음과 같이 프로그램 소스가 자동으로 생성됩니다.

프로그램

```
1  #pragma config(Sensor, S1,      btn,              sensorEV3_Touch)
2  #pragma config(Sensor, S2,      ult,              sensorEV3_Ultrasonic)
3  #pragma config(Motor,  motorA,            mup,          tmotorEV3_Large, PIDControl, encoder)
4  #pragma config(Motor,  motorB,            mlr,          tmotorEV3_Medium, PIDControl, encoder)
5  //*!!Code automatically generated by 'ROBOTC' configuration wizard              !!*//
```

## 3. 모터가 올라오고 내려오는 값 확인하기

**1** 위쪽 파란색 올렸다 내리고, 확인하기: up 함수를 만들고 mup 모터를 정방향으로 돌려 파란색을 위로 올리고 0.5초 기다렸다 다시 내리는 프로그램을 작성합니다.

프로그램

```
5   void up()                    ← up 함수를 선언하기
6   {
7     motor[mup] = 20;           ┐ mup 모터의 출력값을 20으로 0.23초간 돌려 위쪽 파란색을 올리기
8     delay(230);                ┘
9     motor[mup] = 0;            ┐ 파란색을 올린 상태로 0.5초 기다리기
10    delay(500);                ┘
11    motor[mup] = -20;          ┐ mup 모터의 출력값을 -20으로 0.2초간 돌려 위쪽 파란색을 내리기
12    delay(200);                ┘
13    motor[mup] = 0;            ← mup 모터를 정지하기
14  }
15
16  task main()
17  {
18    up();                      ← up 함수를 호출하여 파란색 모터가 올라갔다 내려오는지를 확인하기
19  }
```

※ 위로 올리는 0.23초와 아래 중간 위치로 내리는 0.2초는 경우에 따라 값을 조정할 수도 있습니다.

**2** 아래쪽 노란색 올렸다 내리고, 확인하기: down 함수를 만들고 mup 모터를 반대 방향으로 돌려 노란색을 위로 올리고, 0.5초 기다렸다 다시 내리는 프로그램을 작성합니다.

프로그램

```
16      void down()              ← down 함수를 선언하기
17      {
18        motor[mup] = -20;      ⎫ mup 모터의 출력값을 -20으로 0.3초간 돌려 아래쪽 노란색을 올리기
19        delay(300);            ⎭
20        motor[mup] = 0;        ⎫ 노란색을 올린 상태로 0.5초 기다리기
21        delay(500);            ⎭
22        motor[mup] = 20;       ⎫ mup 모터의 출력값을 20으로 0.28초간 돌려 아래쪽 노란색을 내리기
23        delay(280);            ⎭
24        motor[mup] = 0;        ← mup 모터를 정지하기
25      }
26
27      task main()
28      {
29        up();
30        down();                ← down 함수를 호출하여 노란색 모터가 올라갔다 내려오는지 확인하기
31      }
```

**3** 왼쪽 초록색 올렸다 내리고, 확인하기: left 함수를 만들고 mlr 모터를 반대 방향으로 돌려 초록색을 위로 올린 후 0.5초 기다렸다 다시 내리는 프로그램을 작성합니다.

프로그램

```
27      void left()              ← left 함수를 선언하기
28      {
29        motor[mlr] = -20;      ⎫ mlr 모터의 출력값을 -20으로 0.35초간 돌려 왼쪽 초록색을 올리기
30        delay(350);            ⎭
31        motor[mlr] = 0;        ⎫ 초록색을 올린 상태로 0.5초 기다리기
32        delay(500);            ⎭
33        motor[mlr] = 20;       ⎫ mlr 모터의 출력값을 20으로 0.3초간 돌려 왼쪽 초록색을 내리기
34        delay(300);            ⎭
35        motor[mlr] = 0;        ← mlr 모터를 정지하기
36      }
37
38      task main()
39      {
40        up();
41        down();
42        left();                ← left 함수를 호출하여 초록색 모터가 올라갔다 내려오는지 확인하기
43      }
```

**4** 오른쪽 빨간색 올렸다 내리고, 확인하기: right 함수를 만들고 mlr 모터를 정방향으로 돌려 빨간색을 위로 올린
후 0.5초 기다렸다 다시 내리는 프로그램을 작성합니다.

```
프로그램
38    void right()                    ← right 함수를 선언하기
39    {
40      motor[mlr] = 20;       ⎫ mlr 모터의 출력값을 20으로 0.23초간 돌려 오른쪽 빨간색을 올리기
41      delay(230);            ⎭
42      motor[mlr] = 0;        ⎫ 빨간색을 올린 상태로 0.5초 기다리기
43      delay(500);            ⎭
44      motor[mlr] = -20;      ⎫ mlr 모터의 출력값을 -20으로 0.18초간 돌려 오른쪽 빨간색을 내리기
45      delay(180);            ⎭
46      motor[mlr] = 0;
47    }
48
49    task main()
50    {
51      up();
52      down();
53      left();
54      right();                        ← right 함수를 호출하여 빨간색 모터가 올라갔다 내려오는지 확인하기
55    }
```

※ main 함수에서 호출한 up, down, left, right 함수는 테스트 후 삭제하고 시작합니다.

**1단계** 버튼을 올려 봅시다.

프로그램이 실행되면 버튼을 올려 사용자가 누를 때까지 기다립니다. 만약 버튼이 눌리면 "누르지 마"
또는 "No" 소리와 함께 버튼을 다시 올려 줍니다.

🔖 **해결 절차**

**절차1** 프로그램이 실행되면 버튼을 올리는 up 함수를 호출합니다.

**절차2** up 함수가 호출되면 버튼을 올리는 모터로 버튼을 올려 줍니다.

**절차1**

❶ 7~10행에 up 함수를 만들고, main 함수의 14행에 버튼을 올린 후 시작하기 위해 up 함수를 호출하
는 명령을 추가합니다.

```
프로그램
 7    void up()                       ← up 함수를 선언하기
 8    {
 9
10    }
11
12    task main()
13    {
14      up();                         ← up 함수를 호출하기
15    }
```

❷ up 함수가 시작되면 "No" 소리를 1초간 출력하고, 'mup' 모터의 출력값을 -30으로 1초간 회전하여 버튼을 올립니다. 그리고 모터에 힘을 줘 현재 위치에서 정지한 후 다시 모터에 힘을 풀어 사용자가 버튼을 누르면 아래로 내려가게 합니다.

**프로그램**

```
7    void up()
8    {
9      delay(500);                                ← 버튼을 누르면 0.5초 기다렸다가 소리를 내기 위해 0.5초 기다리기
10     playSoundFile("No.rsf");     ┐
11     delay(1000);                      ┘ 'No' 소리를 1초간 출력하기
12
13     motor[mup] = -30;                ┐ mup 모터를 -30의 출력값으로 1초간 회전하여 버튼을 올리기
14     delay(1000);                      ┘
15     motor[mup] = 0;                             ← mup 모터를 정지하기
16     setMotorBrakeMode(mup, motorBrake);  ← mup 모터에 전력을 줘 현재 모터 높이에 고정하기
17     delay(100);                                 ← 고정이 되기까지 0.1초 기다리기
18     setMotorBrakeMode(mup, motorCoast);  ← 버튼이 손으로 눌리게 mup 모터의 전력을 차단해 힘을 풀기
19     delay(100);                                 ← 0.1초 기다리기
20   }
```

**TIP** | setMotorBrakeMode 함수 이해하기

모터에 0의 출력값을 주면 모터가 더 이상 움직이지 않고 멈춘 상태가 됩니다. 힘으로 모터를 움직이고 싶으면 setMotorBrake Mode 함수를 이용합니다.

[형식] setMotorBrakeMode(모터, 모드)
- 모터: motorA~motorD 중 하나를 기재
- 모드: motorBrake          ← 모터에 전력을 줘 힘이 들어가 있는 상태
  motorCoast          ← 모터에 전력을 차단하여 힘이 빠진 상태

**2단계** 5번 이상 버튼을 누르면 도망 다니게 해 봅시다.

버튼을 누른 횟수가 5번 이상인 경우, 초음파 센서에 손이 감지되면 한 번은 왼쪽으로 한 번은 오른쪽으로 움직여 도망 다니게 합니다.

**해결 절차**

절차1 버튼을 누른 횟수를 기억할 nCnt 전역 변수, 왼쪽과 오른쪽으로 번갈아 움직이기 위한 nleft 전역 변수를 선언합니다.

절차2 초음파 센서에 손이 감지되면 좌우로 이동할 ult_move 멀티 함수를 선언하고, main 함수에서 ult_move 멀티 함수를 시작합니다.

절차3 버튼을 누른 횟수가 5번 이상이면 초음파 센서가 감지를 시작합니다. 초음파 센서가 감지되고 nleft값이 0이면 왼쪽으로 움직이고, 1이면 오른쪽으로 움직입니다.

절차4 버튼을 누를 때마다 'nCnt' 값을 1씩 증가하고 up 함수를 호출합니다.

❶ 버튼을 누른 횟수를 기억할 정수형 전역 변수를 nCnt로 선언하고 0으로 초기화합니다. 그리고 왼쪽
과 오른쪽으로 번갈아 움직이는 정수형 전역 변수를 nleft로 선언하고 0으로 초기화합니다.

```
프로그램
6    int nCnt = 0;
7    int nlcft - 0;
```

❷ 초음파 센서에 손이 감지되면 좌우로 이동할 ult_move 멀티 함수를 선언하고, main 함수의 32행에
서 ult_move 멀티 함수를 호출하는 명령을 추가합니다.

```
프로그램
24    task ult_move()          ← ult_move 멀티 함수를 선언하기
25    {
26
27    }
28
29    task main()
30    {
31      up();
32      startTask(ult_move);   ← ult_move 멀티 함수를 호출하기
33    }
```

❸ ult_move 멀티 함수가 호출되면 버튼을 누른 횟수가 5회 이상인지 반복하여 확인합니다.

```
프로그램
24    task ult_move()
25    {
26      while(1)                ← 27~32행을 무한 반복하기
27      {
28        if(nCnt >= 5)         ← nCnt값이 5 이상인지 확인하기
29        {
30
31        }
32      }
33    }
```

❹ 만약 ult 초음파 센서값이 10보다 작고(손이 감지되면) nleft값이 0이면 mlr 모터의 출력값을 −20으
로 1초간 회전하여 왼쪽으로 움직입니다. 다음번엔 오른쪽으로 움직이기 위해 nleft값을 1로 지정합
니다.

```
프로그램
24    task ult_move()
25    {
26      while(1)
27      {
```

```
28        if(nCnt >= 5)
29        {
30            if(SensorValue[ult] < 10)   ← ult 센서값이 10보다 작은지 확인하여 10보다 작으면
31            {                                      31~40행을 실행하기
32              if(nleft == 0)            ← nleft값이 0인지 확인하여 0이면 33~38행을 실행하기
33              {
34                motor[mlr] = -20;       ⎤
35                delay(1000);            ⎬ mlr 모터를 -20의 출력값으로 1초간 회전하기
36                motor[mlr] = 0;         ← mlr 모터를 정지하기
37                nleft = 1;              ← nleft값을 1로 변경하기
38              }
39            }
40          }
41        }
42      }
43    }
```

❺ 만약 left값이 1이면 mlr 모터의 출력값을 20으로 1초간 회전하여 오른쪽으로 움직이고, 다음번엔 왼쪽으로 움직이기 위해 nleft값을 0으로 지정합니다.

**프로그램**

```
24    task ult_move()
25    {
26      while(1)
27      {
28        if(nCnt >= 5)
29        {
30          if(SensorValue[ult] < 10)
31          {
32            if(nleft == 0)
33            {
34              motor[mlr] = -20;
35              delay(1000);
36              motor[mlr] = 0;
37              nleft = 1;
38            }
39            else              ← nleft값이 0이 아니면 40~45행을 실행하기
40            {
41              motor[mlr] = 20;    ⎤
42              delay(1000);        ⎬ mlr 모터를 20의 출력값으로 1초간 회전하기
43              motor[mlr] = 0;     ← mlr 모터를 정지하기
44              nleft = 0;          ← nleft값을 0으로 변경하기
45            }
46          }
47        }
48      }
49    }
```

**절차4**

❻ 버튼을 누른 횟수를 기록하기 위해 main 함수에서 버튼을 누르는지 계속 확인하고, 버튼을 누르면 nCnt값을 1 증가한 후 up 함수를 호출하여 버튼을 다시 올립니다.

```
51   task main()
52   {
53     up();
54     startTask(ult_move);
55     while(1)
56     {
57       if(SensorValue[btn] == 1)
58       {
59         nCnt++;
60         up();
61       }
62     }
63   }
```

← 버튼이 눌리는지 계속 확인하기 위해 56~62행을 무한 반복하기

← 버튼이 눌리면 58~61행을 실행하기

← 버튼이 눌린 횟수를 기억하는 nCnt값을 1 증가하기
← up 함수를 호출하여 버튼을 올리기

**3단계** 10번 이상 버튼을 누르면, 버튼을 내려 숨겨 봅시다.

버튼을 누른 횟수가 10번 이상이면 "너 집에 가" 또는 "Go" 소리와 함께 버튼을 내려 5초 이상 누르지 못하도록 하고 처음부터 다시 시작합니다.

### 해결 절차

**절차1** gohome 함수를 선언하고 main 함수에서 버튼을 누른 횟수인 nCnt값이 10 이상이면 gohome 함수를 호출합니다.

**절차2** gohome 함수가 호출되면 "Go" 소리를 출력하고, 버튼을 내려 5초간 기다린 후 nCnt값을 0으로 초기화한 후 버튼을 올립니다.

**절차1**

❶ gohome 함수를 만들어 선언하고, main 함수에서 버튼을 누른 횟수인 nCnt값이 10 이상이면 gohome 함수를 호출합니다.

```
51   void gohome()                            ← gohome 함수를 선언하기
52   {
53
54   }
55
56   task main()
57   {
58     up();
59     startTask(ult_move);
60     while(1)
61     {
62       if(SensorValue[btn] == 1)
63       {
64         nCnt++;
65         up();
66       }
67
```

```
68        if(nCnt >= 10)
69        {
70            gohome();                          ⎤
71        }                                       ⎬  nCnt값이 10 이상이면 gohome 함수를 호출하기
72    }                                          ⎦
73 }
```

절차2

❷ gohome 함수가 호출되면 0.5초 기다린 후 "Go" 소리를 3회 출력하고, mup 모터를 이용하여 버튼을 내린 후 다시 5초 기다립니다. 그리고 nCnt값을 0으로 초기화하고, 버튼을 올려 처음부터 다시 시작합니다.

**프로그램**

```
51    void gohome()
52    {
53        delay(500);                              ← 0.5초 기다리기
54        playSoundFile("Go.rsf");                 ⎤ "Go" 소리를 1초간 호출하기
55        delay(1000);                             ⎦
56        playSoundFile("Go.rsf");                 ⎤ "Go" 소리를 1초간 호출하기
57        delay(1000);                             ⎦
58        playSoundFile("Go.rsf");                 ⎤ "Go" 소리를 1초간 호출하기
59        delay(1000);                             ⎦
60
61        motor[mup] = 30;                         ⎤ mup 모터를 30의 출력값을 적용하여
62        delay(1000);                             ⎦ 모터 내리기
63        motor[mup] = 0;                          ← mup 모터를 정지하기
64        setMotorBrakeMode(mup, motorBrake);      ⎤ mup 모터를 5초간 힘을 줘 버튼을 올리지 않기
65        delay(5000);                             ⎦
66        setMotorBrakeMode(mup, motorCoast);      ⎤ 다시 버튼을 누를 수 있도록 mup 모터의 힘을
67        delay(100);                              ⎦ 풀어 주기
68        nCnt = 0;                                ← nCnt값을 0으로 초기화하기
69        up();                                    ← up 함수를 호출하여 버튼을 올리기
70    }
```

**실행하기** 원하는 대로 프로그램이 동작하는지 실행하여 확인해 봅시다.

프로그램 작성이 완료되면 프로그램을 실행하여 로봇이 제대로 동작하는지 확인합니다.

C·H·A·P·T·E·R

**조립 난이도 하**　**프로그램 난이도 하**

프로젝트★4

# 04 격투 로봇 만들기

로봇이 좌우로 움직이며 자신의 버튼을 방어하면서 팔로 상대방 로봇의 버튼을 때리면 이기는 격투 로봇을 만들어 봅시다.

**완성된** 로봇

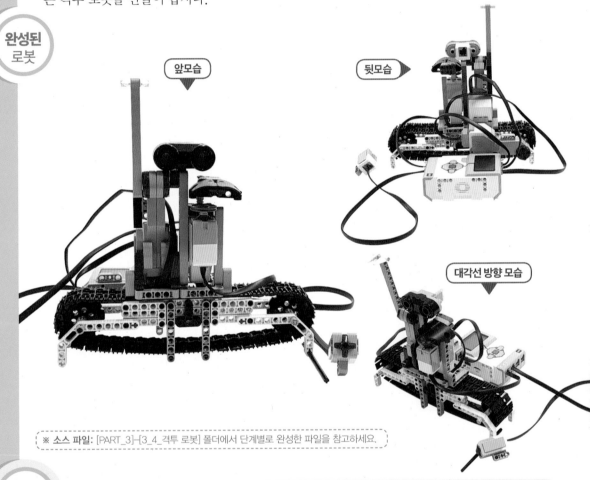

앞모습

뒷모습

대각선 방향 모습

※ 소스 파일: [PART_3]−[3_4_격투 로봇] 폴더에서 단계별로 완성한 파일을 참고하세요.

**해결할** 문제

작은 문제로 나누어서 해결합니다.

| **1단계** | **2단계** | **3단계** | **4단계** |
|---|---|---|---|
| 프로그램이 실행되면 체인은 계속 왼쪽으로 움직이며, 체인과 연결된 버튼(버튼1)이 눌리는 동안만 오른쪽으로 움직이기 | 왼쪽에 있는 버튼을 누르면 막기 모터를 회전하여 0.5초간 공격을 막은 후 다시 돌아오고, 1초 동안 다시 사용할 수 없게 하기 | 브릭에 있는 오른쪽 버튼을 누르면 모터를 회전하여 공격한 후 다시 제자리로 올라오기 | 수비 실패 버튼(버튼1)이 눌릴 때마다 생명력값은 1씩 감소하고(초기 2), 생명력값이 0이 되면 게임을 종료하기 |

▶ 다음과 같이 로봇 두 대를 연결하여 격투 게임을 할 수도 있습니다.

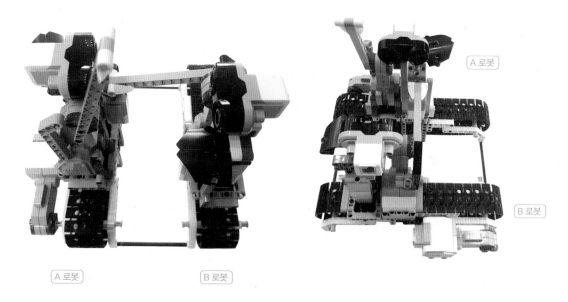

A 로봇          B 로봇

조립도를 보고 움직이는 격투 로봇을 만들어 봅시다.

❶ LDD 조립도 프로그램을 실행하여 다음과 같이 3개의 모듈을 준비합니다.

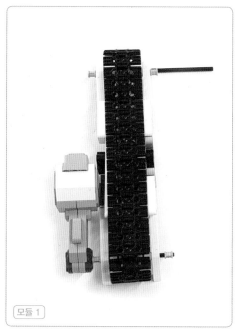

모듈 1

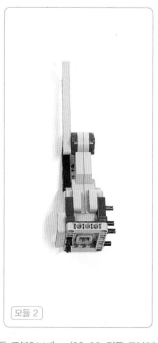

모듈 2

모듈 3

※ 제공한 [창작 조립도]−[PART_3] 폴더에서 '03_04_격투 로봇01.lxf' ~ '03_03_격투 로봇03.lxf' 조립도 파일을 하나씩 열어 모듈 1 ~ 모듈 3 까지 조립하여 나열하도록 합니다.

❷ 먼저 모듈 2 와 모듈 3 을 결합하기 위해 준비합니다.

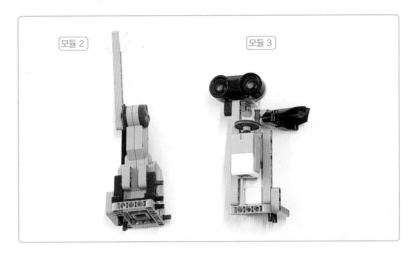

❸ 두 모듈의 아랫부분을 서로 연결하여 결합합니다.

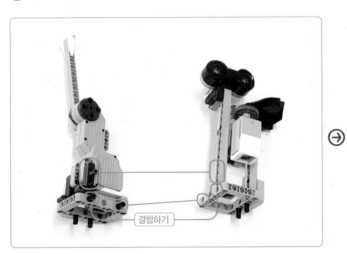

❹ 다음 작업의 편의를 위해 아래와 같이 서보 모터 2곳에 선을 연결해 놓습니다.

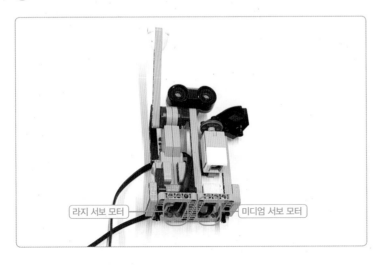

❺ 모듈1 을 준비하고 ❸에서 결합한 모듈을 세워 아랫부분 4곳을 체인에 결합합니다.

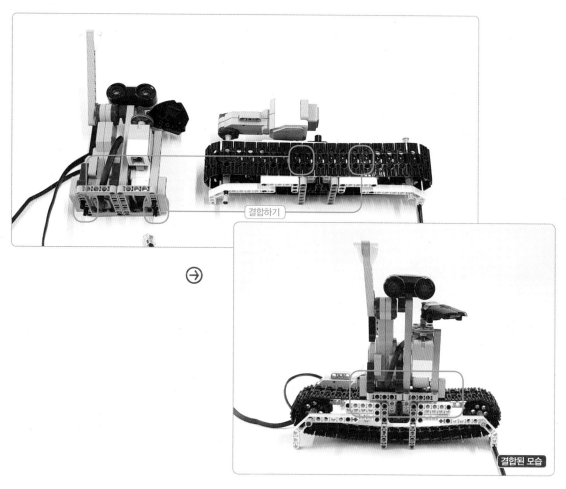

결합하기

결합된 모습

❻ 완성된 모습은 아래와 같습니다.

대각선 방향 모습

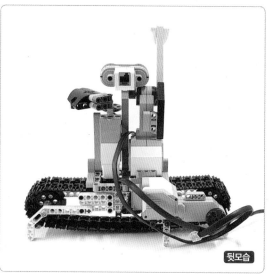

뒷모습

❼ 마지막으로 EV3 브릭에 있는 여러 입력 포트 중 2번 포트에 공격용 버튼을 선으로 연결해 놓습니다.

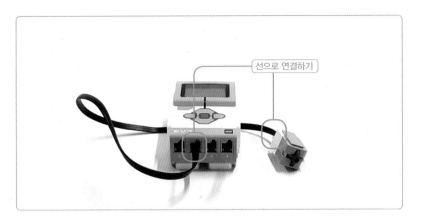

## 2 >> 모터와 센서 연결하기

브릭에 모터와 센서를 연결합니다.

### 서보 모터

- motorA: 라지 서보 모터   ← 체인을 움직이는 서보 모터
- motorB: 라지 서보 모터   ← 공격을 위한 서보 모터
- motorC: 미디엄 서보 모터  ← 방어를 위한 서보 모터
- motorD: −

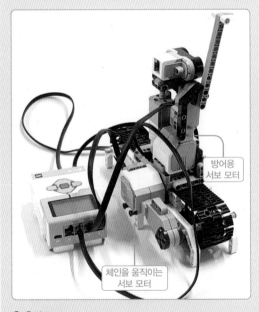

🔺 출력 포트

### 센서 및 버튼

- Sensor1: 버튼    ← 수비 실패 확인 버튼
- Sensor2: 버튼    ← 체인을 오른쪽으로 움직이는 버튼
- Sensor3:
- Sensor4:

※ Sensor2에 연결된 버튼은 결합하지 않고, 손으로 잡은 상태에서 조종합니다.

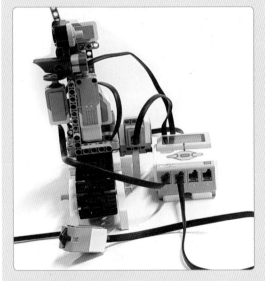

🔺 입력 포트

## 3 >> 문제 분석 및 작은 문제로 나누기

문제를 분석하여 아래와 같이 작은 문제로 나누어 봅니다.

**1단계**
버튼으로 체인
움직이기

**2단계**
방어하기

**3단계**
공격하기

**4단계**
수비를 실패할 경우
생명력 줄이기

## 4 >> 작은 문제별 해결 전략 세우기

나눈 작은 문제들을 어떻게 해결해야 할지 아래와 같이 단계별로 해결 전략을 세웁니다.

**1단계**
버튼으로 체인
움직이기

프로그램이 실행되면 체인에 연결된 모터를 이용하여 체인을 움직이는 버튼(S2)이 눌리면 오른쪽으로 움직이고 아니면 왼쪽으로 움직이는 작업을 반복합니다.

**2단계**
방어하기

브릭에 있는 왼쪽 버튼을 누르면 방어 모터를 회전하여 방패로 0.5초간 막고, 다시 처음 위치로 이동한 후 1초 동안 다시 사용할 수 없는 상태로 기다립니다.

**3단계**
공격하기

브릭에 있는 오른쪽 버튼을 누르면 공격 모터를 회전하여 아래로 공격한 후 다시 제자리로 올라옵니다.

**4단계**
수비를 실패할 경우
생명력 줄이기

프로그램이 실행되면 생명력은 2부터 시작합니다. 만약 수비를 실패하여 수비 버튼(S1)이 눌리면 생명력값을 1 감소하고, 생명력값이 0이 되면 게임을 종료합니다.

앞에서 설계한 [작은 문제별 해결 전략 세우기]대로 프로그래밍하여 문제를 해결합니다.

**1단계** 버튼으로 체인을 움직여 봅시다.

프로그램이 실행되면 체인에 연결된 모터에 의해 체인을 움직이는 버튼(S2)을 누르면 오른쪽으로 움직이고, 아니면 왼쪽으로 움직이는 작업을 반복합니다.

 해결 절차

절차1 프로그램이 실행되면 2번에 연결된 터치 센서가 눌리는지 확인합니다.

절차2 터치 센서가 눌리면 오른쪽으로 움직이고, 눌리지 않으면 왼쪽으로 움직입니다.

**절차1**

❶ [시작하기 버튼을 클릭했을 때] 블록 다음에

 블록을 가져와 연결하고, 2번에 연결된 터치 센서가 작동되는지 확인하기 위해 '참' 대신 블록을 가져와 연결합니다.

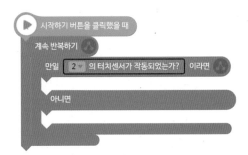

**절차2**

❷ 2번에 연결된 터치 센서가 눌리면 motorA를 20의 출력값으로 하여 오른쪽으로 움직이고, 터치 센서가 눌리지 않으면 반대로 움직이기 위해 motorA를 −20의 출력값으로 지정합니다.

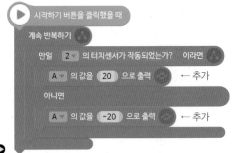

프로그램 완성_1 ▶

**2단계** 방어를 해 봅시다.

브릭의 왼쪽 버튼을 누르면 방어 모터를 회전하여 방패로 0.5초간 막고, 다시 처음 위치로 이동한 후 1초 동안 다시 사용할 수 없는 상태로 기다립니다.

## 해결 절차

**절차1** 프로그램이 실행되면 방어 모터를 뒤쪽으로 이동시킵니다.

**절차2** 브릭에 있는 왼쪽 버튼을 누르면 방어 모터를 빠르게 돌려 0.5초간 막습니다.

**절차3** 바로 사용하지 못하도록 다시 뒤쪽으로 1초간 이동시킵니다.

**절차1**

❶ 새롭게 [시작하기 버튼을 클릭했을 때] 블록을 가져오고, motorC의 출력값을 −10으로 정해 1초간 돌려 방어 모터를 뒤쪽으로 보냅니다.

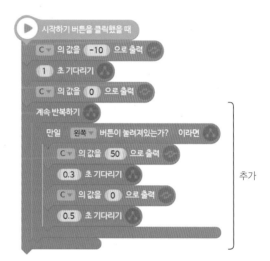

**절차2**

❷ [계속 반복하기]로 브릭에 있는 왼쪽 버튼이 눌리는지 계속 확인합니다. 만약 왼쪽 버튼이 눌리면 motorC를 50의 출력값으로 0.3초간 움직여 방어하고, 다시 0.5초간 기다려 방어합니다.

**절차3**

❸ 이번에는 방어를 계속 사용하지 못하도록 천천히 방어 모터를 뒤쪽으로 이동시키기 위해 motorC를 −10의 출력값으로 1초간 회전합니다.

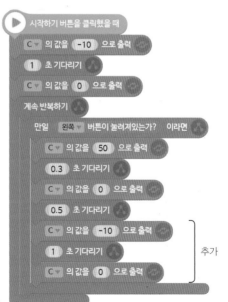

프로그램 완성_2 ▶

**3단계** 공격을 해 봅시다.

브릭에 있는 오른쪽 버튼을 누르면 공격 모터를 회전하여 아래로 공격한 후 다시 제자리로 올라옵니다.

🏷️ **해결 절차**

**절차1** 프로그램이 실행되면 공격 모터를 위쪽으로 이동시킵니다.

**절차2** 브릭에 있는 오른쪽 버튼을 누르면 공격 모터를 빠르게 돌린 후 공격하여 상대방의 버튼을 누릅니다.

**절차3** 다시 공격할 수 있도록 위쪽으로 1초간 이동시킵니다.

**절차1**

❶ 새롭게 [시작하기 버튼을 클릭했을 때] 블록을
연결하고 motorB의 출력값을 −20으로 1초간
돌려 공격 모터를 위쪽으로 보냅니다.

**절차2**

❷ 브릭에 있는 오른쪽 버튼이 눌리는지 계속 확인
합니다. 만약 오른쪽 버튼이 눌리면 motorB를
80의 출력값으로 0.2초간 움직여 공격합니다.

**절차3**

❸ 다시 공격할 수 있도록 motorB를 −20의 출력
값으로 1초간 회전하고 정지합니다.

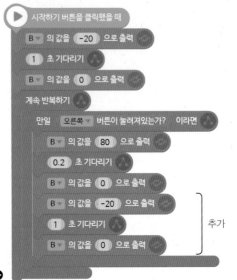

프로그램 완성_3 ▶

**4단계** 수비를 실패할 경우 생명력을 줄여 봅시다.

프로그램이 실행되면 '생명력' 값은 2부터 시작합니다. 만약 수비를 실패하여 수비 버튼(S1)이 눌리면 '생명력' 값을 1 감소하고, '생명력' 값이 0이 되면 게임을 종료합니다.

**🚩⊕ 해결 절차**

**절차1** 생명력 변수를 만들고 초깃값을 2로 지정합니다.

**절차2** 수비 버튼(S1)이 눌리면 '생명력' 값을 1 감소합니다.

**절차3** '생명력' 값이 0이 되면 프로그램을 종료합니다.

**절차1**

❶ '생명력' 변수를 만들기 위해 [속성]-[변수]-[변수 추가]를 클릭하여 변수 이름을 지정하고, 기본값을 2로 입력합니다.

변수 만들기 ▶

❷ 수비에 실패하면 "남자 비명" 소리를 출력하기 위해 [소리]-[소리 추가]를 차례대로 클릭한 후, [남자 비명]을 선택하고 [적용하기] 버튼을 클릭합니다.

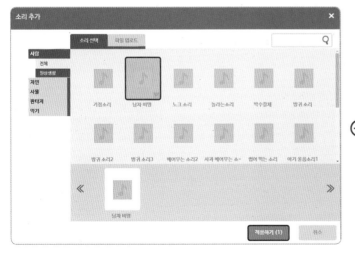

▲ 소리 추가 완료

❸ 새롭게 [시작하기 버튼을 클릭했을 때] 블록을 가져오고, 1번에 연결된 터치 센서가 눌리는지 확인하여 터치 센서가 눌리면 "남자 비명"을 1초간 재생한 후 '생명력' 값을 1 감소합니다.

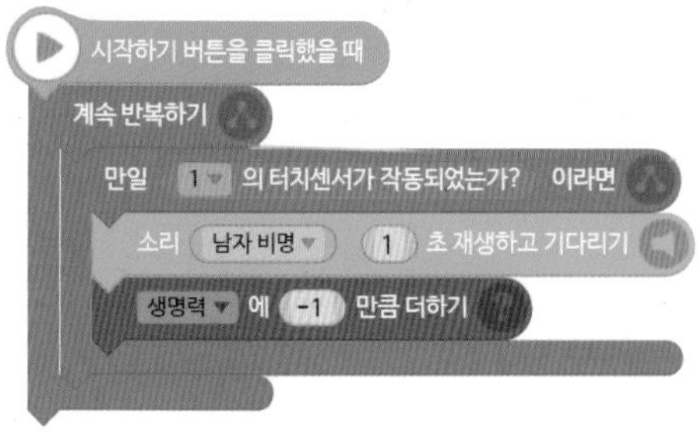

❹ '생명력' 값이 0인지를 확인하고 0이면 게임에서 진 것이므로 "게임에서 졌습니다."를 메시지로 안내하고 프로그램을 종료합니다.

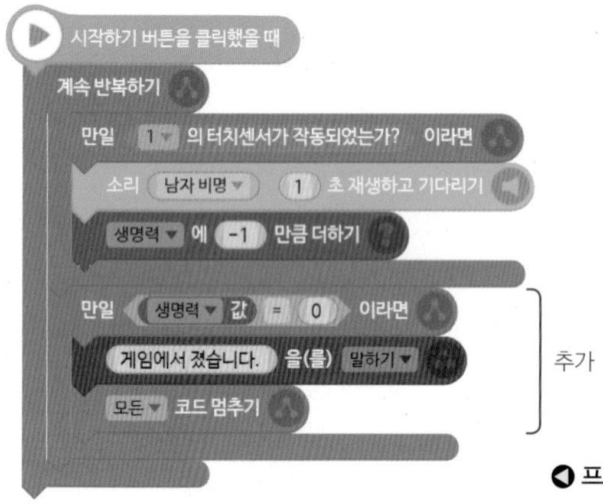

추가

◀ 프로그램 완성_4

**실행하기** 원하는 대로 프로그램이 동작하는지 실행하여 확인해 봅시다.

엔트리 화면에 있는 ▶ 시작하기 버튼을 클릭하여 로봇이 제대로 동작하는지 확인합니다.

앞에서 설계한 [작은 문제별 해결 전략 세우기]대로 프로그래밍하여 문제를 해결합니다.

● 문제 해결을 위한 사전 준비 ●

• 센서와 모터 이름 정하기

**1** [Robot]−[Motors and Sensors Setup] 메뉴를 클릭한 후, [Motors] 탭에서 체인을 움직이는 motorA는 motor move를 줄여 이름을 'mm', 공격하는 데 사용하는 motorB는 motor attack을 줄여 'ma', 방어하는 motorC는 motor defense를 줄여 'md'로 지정하여 사용합니다.

**2** 이번에는 [Sensors] 탭에서 생명력 터치 센서인 S1의 이름은 'blife', 누르면 오른쪽으로 움직이는 터치 센서인 S2의 이름은 'br'로 지정합니다.

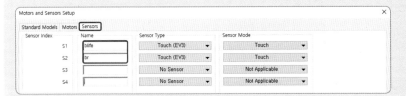

**3** [확인] 버튼을 클릭하면 아래와 같이 프로그램 소스가 자동으로 생성됩니다.

프로그램

```
1  #pragma config(Sensor, S1,      blife,           sensorEV3_Touch)
2  #pragma config(Sensor, S2,      br,              sensorEV3_Touch)
3  #pragma config(Motor,  motorA,          mm,              tmotorEV3_Large,  PIDControl, encoder)
4  #pragma config(Motor,  motorB,          ma,              tmotorEV3_Large,  PIDControl, encoder)
5  #pragma config(Motor,  motorC,          md,              tmotorEV3_Medium, PIDControl, encoder)
6  //*!!Code automatically generated by 'ROBOTC' configuration wizard              !!*//
```

**1단계** 버튼으로 체인을 움직여 봅시다

프로그램이 실행되면 체인에 연결된 모터를 이용하여 체인을 움직이는 버튼(S2)이 눌리면 오른쪽으로 움직이고, 아니면 왼쪽으로 움직이는 작업을 반복합니다.

 해결 절차

절차1 cmove 멀티 태스크 함수를 만들고, main 함수에서 cmove 멀티 태스크 함수를 시작합니다.

절차2 cmove 멀티 태스크 함수가 시작됩니다. 만약 br 버튼이 눌리면 체인을 오른쪽으로 이동하고, 눌리지 않으면 체인을 왼쪽으로 이동합니다.

절차1

❶ cmove 멀티 태스크 함수를 만들고, main 함수에서 startTask를 이용하여 해당 함수를 호출합니다.

프로그램

```
8    task cmove()               ← cmove 멀티 태스크 함수를 선언하기
9    {
10
11   }
12
13   task main()
14   {
15      startTask(cmove);  ← cmove 멀티 태스크 함수를 호출하기
16   }
```

절차2

❷ cmove 멀티 태스크 함수가 호출되면 br 터치 센서가 눌리는지 계속 확인하여 br 터치 센서값이 1이 되면 mm 모터의 출력값을 20으로 정해 체인을 오른쪽으로 돌리는 명령을 추가합니다.

프로그램

```
8    task cmove()
9    {
10     while(1)                          ← 11~16행을 계속 반복하기
11     {
12       if(SensorValue[br] == 1)     ⎤ br 터치 센서값이 1이 되면 mm 모터의 출력값을 20으로 정해
13       {                            ⎦ 체인을 오른쪽으로 움직이기
14         motor[mm] = 20;
15       }
16     }
17   }
```

❸ 만약 br 터치 센서값이 1이 아니면(br 터치 센서가 눌리지 않으면) mm 모터의 출력값을 −20으로 정해 체인을 왼쪽으로 돌리는 명령을 추가합니다.

프로그램

```
8    task cmove()
9    {
10     while(1)
11     {
12       if(SensorValue[br] == 1)
13       {
14         motor[mm] = 20;
15       }
16       else                        ← br 터치 센서가 눌리지 않으면 18행을 실행하기
17       {
18         motor[mm] = -20;    ← mm 모터의 출력값을 −20으로 정해 체인을 왼쪽으로 움직이기
19       }
20     }
21   }
```

❹ 프로그램이 정상적으로 작동하는지 확인하기 위해 main 함수를 종료하면 안 되므로 26행에 의미 없는 무한 반복문인 'while(1)'을 추가하여 멀티 태스크 함수가 정상적으로 작동하는지 확인합니다.

```
23    task main()
24    {
25      startTask(cmove);
26      while(1){}        ← 멀티 태스크 함수가 정상적으로 작동하는지 확인하기 위해 무한 반복하기
27    }
```

**2단계** 방어를 해 봅시다.

브릭에 있는 왼쪽 버튼을 누르면 방어 모터를 회전하여 방패로 0.5초간 막고, 다시 처음 위치로 이동하여 1초 동안 다시 사용할 수 없는 상태로 기다립니다.

### 해결 절차

**절차1** defense 멀티 태스크 함수를 만들고, main 함수에서 defense 멀티 태스크 함수를 호출합니다.

**절차2** defense 멀티 태스크 함수가 호출되면 md 모터를 뒤쪽으로 이동시킵니다.

**절차3** md 모터를 빠르게 돌려 0.5초간 방어를 합니다.

**절차4** 다시 사용할 수 있도록 md 모터를 뒤쪽으로 1초간 돌립니다.

**절차1**

❶ defense 멀티 태스크 함수를 만들고, main 함수에서 startTask(cmove) 아래에 defense 멀티 태스크 함수를 호출하는 명령을 추가합니다.

프로그램

```
23    task defense()        ← defense 멀티 태스크 함수를 선언하기
24    {
25
26    }
27
28    task main()
29    {
30      startTask(cmove);
31      startTask(defense);   ← defense 멀티 태스크 함수를 호출하기
32    X while(1){}
33    }
```

**절차2**

❷ defense 멀티 태스크 함수가 호출되면 md 모터의 출력값을 −10으로 1초간 돌린 후 정지하여 방어 모터를 뒤쪽으로 이동시킵니다.

프로그램

```
23    task defense()
24    {
25      motor[md] = -10;    ⎫ md 모터의 출력값을 −10으로 정하고 1초간 기다리기
26      delay(1000);        ⎭
27      motor[md] = 0;      ← md 모터를 정지하기
28    }
```

절차3

**❸** md 모터를 빠르게 돌려 0.5초간 방어를 하기 위해 getButtonPress 함수를 이용하여 브릭의 왼쪽 버튼이 눌리는지 계속 확인합니다.

프로그램

```
23    task defense()
24    {
25      motor[md] = -10;
26      delay(1000);
27      motor[md] = 0;
28      while(1)
29      {
30        if(getButtonPress(buttonLeft) == 1)    ← 브릭의 왼쪽 버튼이 눌리는지 확인하기
31        {
32
33        }
34      }
35    }
```

**❹** md 모터의 출력값을 50으로 0.3초간 돌려 빠르게 방어합니다. 그리고 방어를 위해 0.5초간 기다립니다.

프로그램

```
23    task defense()
24    {
25      motor[md] = -10;
26      delay(1000);
27      motor[md] = 0;
28      while(1)
29      {
30        if(getButtonPress(buttonLeft) == 1)
31        {
32          motor[md] = 50;        ⎫ md 모터의 출력값을 50으로 정하고 0.3초간 기다려 빠르게 방어 모터를 회전하기
33          delay(300);            ⎭
34          motor[md] = 0;         ⎫ md 모터를 0.5초간 정지하기
35          delay(500);            ⎭
36        }
37      }
38    }
```

절차4

**❺** 방어 모터를 다시 뒤쪽으로 돌리기 위해 md 모터의 출력값을 −10으로 1초간 돌리고 정지합니다.

프로그램

```
23    task defense()
24    {
25      motor[md] = -10;
26      delay(1000);
27      motor[md] = 0;
28      while(1)
29      {
30        if(getButtonPress(buttonLeft) == 1)
31        {
32          motor[md] = 50;
33          delay(300);
34          motor[md] = 0;
35          delay(500);
```

```
36        motor[md] = -10;          ⎫  md 모터의 출력값을 -10으로 정하고, 1초간 기다려 방어 모터를
37        delay(1000);              ⎬  뒤쪽으로 이동시키기
38        motor[md] = 0;            ← md 모터를 정지하기
39      }
40    }
41  }
```

**3단계** 공격을 해 봅시다.

브릭에 있는 오른쪽 버튼을 누르면 공격 모터를 회전하여 아래로 공격한 후 다시 제자리로 올라옵니다.

📌 해결 절차

절차1 attack 멀티 태스크 함수를 만들고, main 함수에서 attack 멀티 태스크 함수를 호출합니다.

절차2 attack 멀티 태스크 함수가 호출되면 공격 모터를 위쪽으로 이동시킵니다.

절차3 브릭의 오른쪽 버튼을 누르면 공격 모터를 빠르게 돌려 공격하여 상대방의 버튼을 누릅니다.

절차4 다시 공격할 수 있도록 위쪽으로 1초간 이동시킵니다.

절차1

❶ attack 멀티 태스크 함수를 만들고, main 함수에서 startTask(defense) 다음에 attack 멀티 태스크 함수를 호출합니다.

프로그램
```
43    task attack()              ← attack 멀티 태스크 함수를 선언하기
44    {
45
46    }
47
48    task main()
49    {
50      startTask(cmove);
51      startTask(defense);
52      startTask(attack);       ← attack 멀티 태스크 함수를 호출하기
53      while(1){}
54    }
```

절차2

❷ attack 멀티 태스크 함수가 시작되면 ma 모터의 출력값을 -20으로 1초간 돌린 후 정지하여 공격 모터를 위쪽으로 이동시킵니다.

프로그램
```
43    task attack()
44    {
45      motor[ma] = -20;
46      delay(1000);
47      motor[ma] = 0;
48    }
```

❸ getButtonPress 함수를 이용하여 브릭의 오른쪽 버튼이 눌리는지 계속 확인하고, 브릭의 오른쪽 버튼이 눌리면 ma 모터의 출력값을 80으로 0.2초간 돌린 후 정지하여 공격합니다.

프로그램

```
43    task attack()
44    {
45      motor[ma] = -20;
46      delay(1000);
47      motor[ma] = 0;
48      while(1)                              ← 49~56행을 무한 반복하기
49      {
50        if(getButtonPress(buttonRight) == 1)   ← 브릭의 오른쪽 버튼이 눌리면 51~55행을
51        {                                          실행하기
52          motor[ma] = 80;                     ┐ ma 모터의 출력값을 80으로 0.2초간 돌리기
53          delay(200);                         ┘
54          motor[ma] = 0;                      ← ma 모터를 정지하기
55        }
56      }
57    }
```

❹ 다시 공격할 수 있도록 ma 모터의 출력값을 −20으로 1초간 회전하여 위쪽으로 올린 후 정지합니다.

프로그램

```
43    task attack()
44    {
45      motor[ma] = -20;
46      delay(1000);
47      motor[ma] = 0;
48      while(1)
49      {
50        if(getButtonPress(buttonRight) == 1)
51        {
52          motor[ma] = 80;
53          delay(200);
54          motor[ma] = 0;
55          motor[ma] = -20;                    ┐ ma 모터의 출력값을 −20으로 1초간 돌리기
56          delay(1000);                        ┘
57          motor[ma] = 0;                      ← ma 모터를 정지하기
58        }
59      }
60    }
```

**4단계** 수비를 실패할 경우, 생명력을 줄여 봅시다.

프로그램이 실행되면 '생명력' 값은 2부터 시작합니다. 만약 수비를 실패하여 수비 버튼(S1)이 눌리면 생명력을 1 감소하고, 생명력이 0이 되면 게임을 종료합니다.

**해결 절차**

절차1 nlife를 생명력 전역 변수로 만들고 초깃값을 2로 지정합니다.

절차2 blife 수비 버튼이 눌리면 생명력, 즉 nlife값을 1 감소시킵니다.

절차3 생명력값이 0이 되면 프로그램을 종료합니다.

❶ 생명력을 저장할 변수를 정수형 전역 변수 nlife로 만들고, 초깃값은 2로 지정합니다.

프로그램

```
7    int nlife = 2;          ← 정수형 전역 변수 nlife를 선언하고 2로 초기화하기
```

절차2

❷ blife 수비 버튼이 눌리면 생명력값을 1 감소하기 위해 main 함수에서 기존 while문 안의 내용을 수정하여 수비 버튼이 눌리면(수비에 실패하면) "Sorry"를 1초간 출력하고, 생명력인 nlife값을 1 감소합니다.

프로그램

```
62    task main()
63    {
64      startTask(cmove);
65      startTask(defense);
66      startTask(attack);
67      while(1)                          ← 68~75행을 무한 반복하기
68      {
69        if(SensorValue[blife] == 1)     ← blife 버튼이 눌리면 70 ~74행을 실행하기
70        {
71          playSoundFile("Sorry.rsf");   ⎫ "Sorry"를 1초간 출력하기
72          delay(1000);                  ⎭
73          nlife--;                      ← nlife값을 1 감소하기
74        }
75      }
76    }
```

절차3

❸ 생명력이 0, 즉 nlife값이 0인지 확인하여 0이면 "Game over"를 1초간 출력하고, 모든 멀티 함수를 종료한 후 프로그램을 종료합니다.

프로그램

```
62    task main()
63    {
64      startTask(cmove);
65      startTask(defense);
66      startTask(attack);
67      while(1)
68      {
69        if(SensorValue[blife] == 1)
70        {
71          playSoundFile("Sorry.rsf");
72          delay(1000);
73          nlife--;
74        }
75        if(nlife == 0)                   ← nlife값이 0이면 76~81행을 실행하기
76        {
77          playSoundFile("Game over.rsf");⎫ "Game over"를 1초간 출력하기
78          delay(1000);                   ⎭
79          stopAllTasks();                ← 모든 멀티 태스크 함수를 종료하기
80          return;                        ← main 함수를 종료하기
81        }
82      }
83    }
```

실행하기   원하는 대로 프로그램이 동작하는지 실행하여 확인해 봅시다.

프로그램 작성이 완료되면 프로그램을 실행하여 로봇이 제대로 동작하는지 확인합니다.

C·H·A·P·T·E·R

# 05

**프로젝트★5**

# 시간 예측 로봇 만들기

로봇이 임의의 시간(5~25초)을 알려 주면 두 명이 서로 짐작하여 버튼을 눌러, 누가 더 시간을 초과하지 않고 비슷한 시간을 맞혔는지 겨루는 시간 예측 로봇을 만들어 봅시다.

**완성된** 로봇

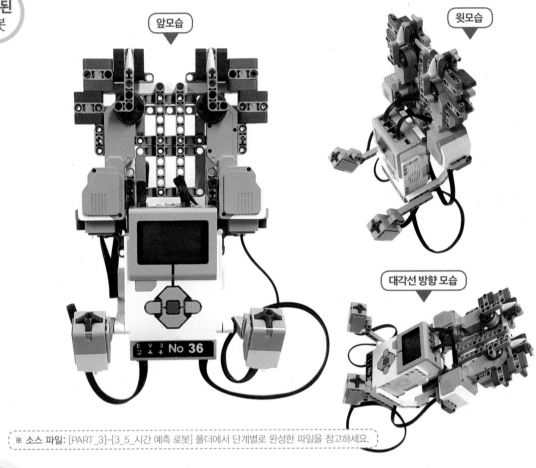

앞모습

윗모습

대각선 방향 모습

E V 3
교육용 No 36

※ **소스 파일:** [PART_3]–[3_5_시간 예측 로봇] 폴더에서 단계별로 완성한 파일을 참고하세요.

**해결할** 문제

작은 문제로 나누어서 해결합니다.

| 1단계 | 2단계 | 3단계 | 4단계 |
|---|---|---|---|
| 게임 시작하기 | 버튼 누름 확인하기 | 승무패 확인하기 | 게임 종료 확인하기 |

조립도를 보고 시간 예측 로봇을 만들어 봅시다.

❶ LDD 조립도 프로그램을 실행하여 아래와 같이 4개의 모듈을 만들어 놓습니다.

※ 모듈1 : 3칸 2개, 모듈2 : 6칸 1개, 모듈3 : 6칸 1개, 모듈4 : 6칸 1개를 사용합니다.

※ 제공한 [창작 조립도]–[PART_3] 폴더에서 '03_05_시간 예측 로봇01.lxf' ~ '03_04_시간 예측 로봇04.lxf' 조립도 파일을 하나씩
열어 모듈1 ~ 모듈4 까지 조립하여 나열하도록 합니다.

❷ 모듈 모듈2 , 모듈3 , 모듈4 를 준비한 후, 먼저 모듈 모듈2 와 모듈3 의 좌측을 결합합니다.

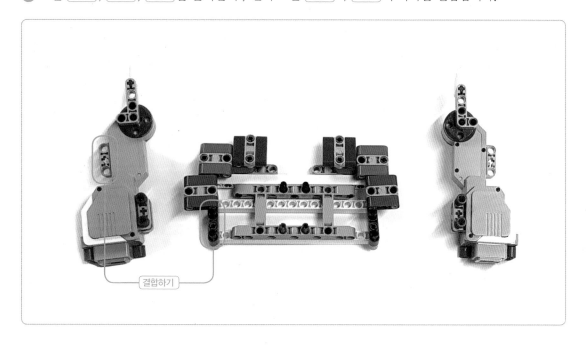

결합하기

**❸** 이번에는 **❷**에서 결합한 모듈의 우측에 모듈 4 를 결합합니다.

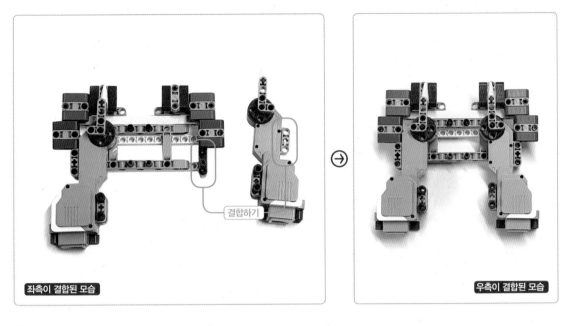

좌측이 결합된 모습

우측이 결합된 모습

**❹** 모듈 1 과 결합된 모듈을 준비한 후, 모듈 1 을 결합된 모듈 위에 올려놓고 결합합니다.

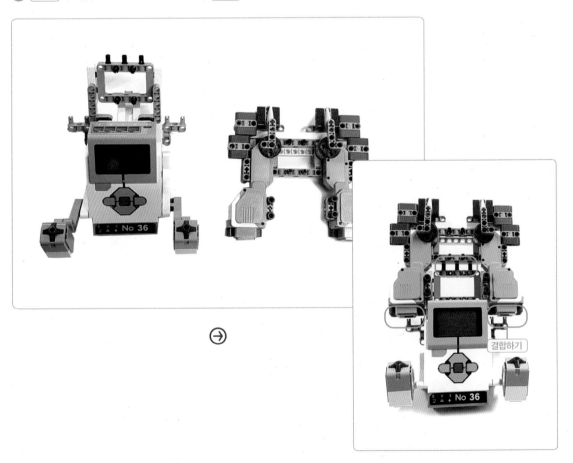

❺ 결합이 완료되면 중간에 튀어 나온 빨간색 나사를 밀어 넣어 고정합니다.

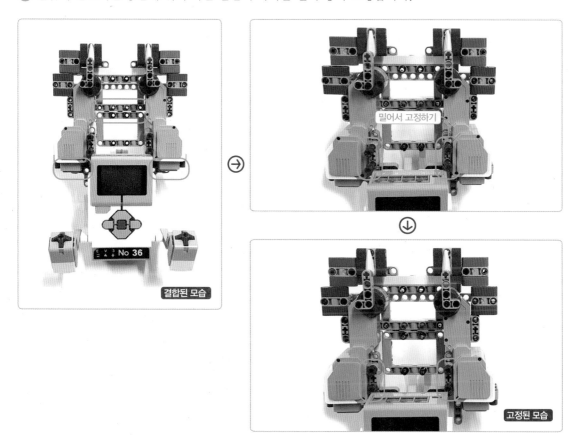

밀어서 고정하기

결합된 모습

고정된 모습

❻ 결합된 모듈을 고정하기 위해 다음과 같이 결합 모듈과 11칸 일자 모듈을 2개 준비한 후, 11칸 일자를 각각 다음과 같이 결합하여 시간 예측 로봇을 완성합니다.

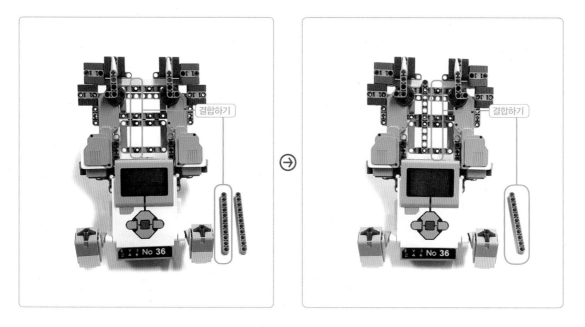

결합하기

결합하기

완성된 앞모습

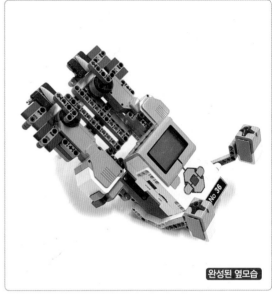

완성된 옆모습

## 모터와 센서 연결하기

브릭에 모터와 센서를 연결합니다.

### 서보 모터

- motorA: 라지 서보 모터    ← 1번 사용자(왼쪽)의 점수를
                           알려 주는 서보 모터
- motorB: −
- motorC: −
- motorD: 라지 서보 모터    ← 2번 사용자(오른쪽)의 점수
                           를 알려 주는 서보 모터

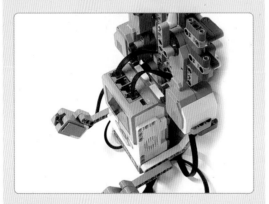

◑ 출력 포트

### 센서 및 버튼

- Sensor1: 버튼    ← 1번 사용자(왼쪽)의 시간 멈
                   춤용 버튼
- Sensor2: −
- Sensor3: −
- Sensor4: 버튼    ← 2번 사용자(오른쪽)의 시간
                   멈춤용 버튼

◑ 입력 포트

## 3 >> 문제 분석 및 작은 문제로 나누기

문제를 분석하여 아래와 같이 작은 문제로 나누어 봅니다.

## 4 >> 작은 문제별 해결 전략 세우기

나눈 작은 문제들은 어떤 일을 해야 할지 아래와 같이 단계별로 해결 전략을 세웁니다.

**1단계**
게임 시작 알리기
- 프로그램이 시작되면 5~25초 사이의 시간을 알려 주고, 카운트다운을 한 후 시작을 알립니다.
- 시작과 함께 초시계를 시작하고 숨겨 놓습니다.

**2단계**
버튼 누름 확인하기
게임이 시작되면 사용자1과 사용자2의 터치 센서가 눌림을 확인하여 눌린 시간을 기록합니다.

**3단계**
승무패 확인하기
사용자1과 사용자2가 모두 터치 센서를 눌렀으면 누른 시간에 따라 '승무패'를 확인한 후 점수판에 기록합니다.

**4단계**
게임 종료 확인하기
사용자1과 사용자2의 점수를 확인하여 2점이 나왔을 경우 게임을 종료하고, 아니면 게임을 다시 합니다.

앞에서 설계한 [작은 문제별 해결 전략 세우기]대로 프로그래밍하여 문제를 해결합니다.

● **문제 해결을 위한 사전 준비** ●

점수판 모터값 설정하기

사용자1과 사용자2의 점수판 모터를 움직여 점수를 올리거나 내리는 값을 다음과 같이 만들어 놓습니다.

**1** 1번 점수 추가하기: '1번 점수 추가' 신호를 만들고, motorA를 10의 출력값으로 0.5초간 움직이게 하는 프로그램을 작성합니다. 그리고 [시작하기 버튼을 클릭했을 때]와 ['1번 점수 추가' 신호 보내기] 블록을 연결하여 왼쪽 점수판의 점수가 올라가는지 확인합니다.

◀ 신호 만들기

◆ 프로그램 완성_1

**2** 1번 점수 감점하기: 위와 같은 방법으로 '1번 점수 감점' 신호를 만들고, motorA를 −10의 출력값으로 0.5초간 움직이게 하는 프로그램을 작성합니다. 왼쪽 점수판의 점수가 내려가는지 확인합니다.

◀ 프로그램 완성_2

**3** 2번 점수 추가하기: '2번 점수 추가' 신호를 만들고, motorD를 10의 출력값으로 0.5초간 움직이게 하는 프로그램을 작성합니다. 오른쪽 점수판의 점수가 올라가는지 확인합니다.

◀ 프로그램 완성_3

**4** 2번 점수 감점하기: '2번 점수 감점' 신호를 만들고 motorD를 −10의 출력값으로 0.5초간 움직이게 하는 프로그램을 작성합니다. 오른쪽 점수판의 점수가 내려가는지 확인합니다.

◀ 프로그램 완성_4

**5** 점수판 초기화하기: 양쪽 점수판 모두 0점에서 시작하기 위해 '점수판 초기화' 신호를 만들고, motorA와 motorD를 −10의 출력값으로 1초간 회전했다가 정지하는 블록을 추가합니다.

◀ 프로그램 완성_5

**1단계** 버튼 올리기를 해 봅시다.

프로그램이 시작되면 5~25초 사이의 시간을 알려 주고, 카운트다운을 한 후 시작을 알립니다. 시작과 함께 초시계를 시작하고 숨겨 놓습니다.

🚩⊕ 해결 절차

**절차1** '게임 시작 알리기' 신호를 만들고 ['점수판 초기화' 신호 보내기] 아래에 연결합니다.

**절차2** '게임 시작 알리기' 신호를 받으면 5~25초 사이의 수로 시간을 정하고, 3부터 카운트다운을 한 후 게임 시작을 알립니다.

**절차3** 게임이 시작되면 초시계를 시작합니다.

**절차1**

❶ '게임 시작 알리기' 신호를 만들고, ['점수판 초기화' 신호 보내기] 블록 아래에 ['게임 시작 알리기' 신호 보내고 기다리기] 블록을 연결합니다.

◀ 신호 만들기

**절차2**

❷ '게임 시작 알리기' 신호를 받으면 5~25초 사이의 수로 시간을 정한 후 저장할 변수는 '결정된 시간', 1번 사용자의 시간을 저장할 변수는 '1번 시간', 2번 사용자의 시간을 저장할 변수는 '2번 시간'으로 만듭니다.

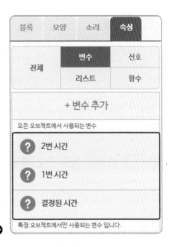

필요한 변수 만들기 ▶

❸ '결정된 시간' 변수에 0~20 사이의 무작위 수를 생성한 후 여기에 5를 더한 값, 즉 5~25 사이의 수를 저장하는 계산 블록을 추가합니다.

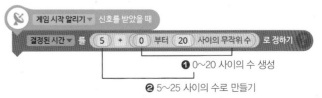

❶ 0~20 사이의 수 생성

❷ 5~25 사이의 수로 만들기

❹ [소리] 탭에서 시작을 알리는 "종소리"
를 추가합니다.

❺ 숫자 "3", "2", "1"을 차례대로 말한
후 소리는 "종소리"로 시작을 알리고
"시작~ 결정된 시간을 생각하다 버
튼을 누르세요."라고 말하는 블록을
추가합니다.

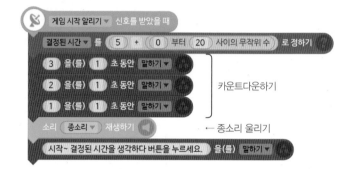

절차3

❻ 초시계를 사용하기 위해 [계산] 블록에
서 [초시계 시작하기], [초시계 초기
화하기] 블록을 추가하고 시간을 알
려 주지 않기 위해 [초시계 숨기기]
블록도 추가합니다. 그리고 '1번 시
간'과 '2번 시간' 변수도 숨겨서 시간
을 알지 못하도록 합니다.

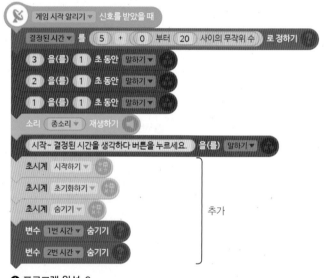

◉ 프로그램 완성_6

**2단계** 버튼 누름을 확인해 봅시다.

게임이 시작되면 사용자1과 사용자2의 터치 센서가 눌렀는지 확인하여 눌린 시간을 기록합니다.

 해결 절차

절차1 '버튼 누름 확인하기' 신호를 만들고 ['게임 시작 알리기' 신호 보내고 기다리기] 블록 아래에 연결합니다.

절차2 '버튼 누름 확인하기' 신호를 받으면 1번 터치 센서가 눌리는지 확인하고, 1번 터치 센서가 눌리면 '1번 시간' 변수에 눌린 시간을 기록합니다.

절차3 4번 터치 센서가 눌리는지 확인하고 4번 터치 센서가 눌리면 '2번 시간' 변수에 눌린 시간을 기록합니다.

❶ '버튼 누름 확인하기' 신호를 만듭니다.

❷ 253쪽 ❶의 프로그램에서 [`게임 시작 알리기' 신호 보내고 기다리기] 블록 아래에 ['버튼 누름 확인하기' 신호 보내기] 블록을 추가합니다.

◀ 신호 만들기

❸ 1번 터치 센서가 눌렸을 때의 시간을 저장할 '1번 시간' 변수와 4번 터치 센서를 눌렀을 때의 시간을 저장할 '2번 시간' 변수를 만듭니다.

❹ '버튼 누름 확인하기' 신호가 시작되면 1번의 터치 센서가 눌리지는지를 계속 확인합니다. 만약 1번 터치 센서가 눌리고 '1번 시간' 값이 0이면(아직 터치 센서를 안 누름) '1번 시간'에 현재 '초시계 값'을 저장합니다.

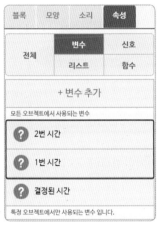

◀ 변수 만들기

❺ 4번의 터치 센서가 눌리지는 계속 확인합니다. 만약 4번 터치 센서가 눌리고 '2번 시간'이 0이면(아직 터치 센서를 안 누름) '2번 시간'에 현재 '초시계 값'을 저장합니다.

프로그램 완성_7 ▶

**3단계** 승무패를 확인해 봅시다.

사용자1과 사용자2 모두 터치 센서를 눌렀으면 누른 시간에 따라 '승무패'를 확인하고 점수판에 기록합니다.

**🏴 해결 절차**

**절차1** '승무패 확인하기' 신호를 만들고 ['버튼 누름 확인하기' 신호 보내기] 블록 아래에 연결합니다.

**절차2** '버튼 누름 확인하기' 신호가 시작되면 1번과 4번의 터치 센서가 모두 눌릴 때까지 기다립니다.

**절차3** '1번 시간' 값과 '2번 시간' 값을 알려 주고 '무승부'인지를 확인합니다.

**절차4** 1번의 터치 센서 사용자가 승리했는지 확인합니다.

**절차5** 4번의 터치 센서 사용자가 승리했는지 확인합니다.

**절차1**

❶ '승무패 확인하기' 신호를 만듭니다.

신호 만들기 ▶

❷ 256쪽 ❷의 프로그램에서 ['버튼 누름 확인하기' 신호 보내기] 블록 다음에 ['승무패 확인하기' 신호 보내고 기다리기] 블록을 추가합니다.

**절차2**

❸ '승무패 확인하기' 신호를 받으면 [~이 될 때까지 기다리기] 블록을 사용하여 '1번 시간' 값과 '2번 시간' 값에 버튼 누른 시간이 저장될 때까지 기다립니다.

**절차3**

❹ '1번 시간' 값과 '2번 시간' 값을 보여 주는 블록을 추가합니다.

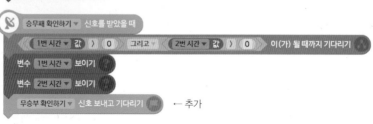

❺ 먼저 무승부 여부를 확인하기 위해 '무승부 확인하기' 신호를 만들고, ['무승부 확인하기' 신호 보내고 기다리기] 블록을 추가합니다.

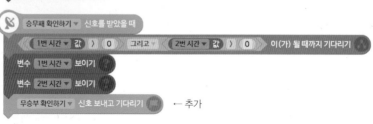

❻ 두 사용자의 점수를 기억하기 위해 '1번 점수'와 '2번 점수' 변수를
추가로 만듭니다.

변수 만들기 ▶

❼ '무승부 확인하기' 신호를 받으면 먼저 둘 다 시간 초과인지를 확인하기 위해 '1번 시간' 값이 '결정된
시간' 값보다 크면서, '2번 시간' 값이 '결정된 시간' 값보다 크면 둘 다 시간 초과임을 알려 줍니다.

```
무승부 확인하기 ▼ 신호를 받았을 때
만일  < 1번 시간 ▼ 값 > 결정된 시간 ▼ 값  그리고  < 2번 시간 ▼ 값 > 결정된 시간 ▼ 값 > 이라면
    1번 2번 모두 시간 초과입니다. 을(를) 3 초 동안 말하기 ▼
아니면
```

❽ 1번의 시간이 초과이고 '1번 점수' 값이 0보다 큰 경우에는 1점을 감점하기 위해 '1번 점수' 값에서 −1
을 하고, 왼쪽 점수판에서는 1점을 줄이기 위해 '1번 점수 감점' 신호를 호출합니다.

```
무승부 확인하기 ▼ 신호를 받았을 때
만일  < 1번 시간 ▼ 값 > 결정된 시간 ▼ 값  그리고  < 2번 시간 ▼ 값 > 결정된 시간 ▼ 값 > 이라면
    1번 2번 모두 시간 초과입니다. 을(를) 3 초 동안 말하기 ▼
    만일  < 1번 점수 ▼ 값 > 0 > 이라면
        1번 점수 ▼ 에 -1 만큼 더하기       ] 추가
        1번 점수 감점 ▼ 신호 보내기
아니면
```

❾ 같은 방법으로 2번의 시간이 초과되었고, '2번 점수' 값이 0보다 큰 경우에는 1점을 감점하기 위해 '2번
점수' 값에서 −1을 하고, 오른쪽 점수판에서는 1점을 줄이기 위해 '2번 점수 감점' 신호를 호출합니다.

```
무승부 확인하기 ▼ 신호를 받았을 때
만일  < 1번 시간 ▼ 값 > 결정된 시간 ▼ 값  그리고  < 2번 시간 ▼ 값 > 결정된 시간 ▼ 값 > 이라면
    1번 2번 모두 시간 초과입니다. 을(를) 3 초 동안 말하기 ▼
    만일  < 1번 점수 ▼ 값 > 0 > 이라면
        1번 점수 ▼ 에 -1 만큼 더하기
        1번 점수 감점 ▼ 신호 보내기
    만일  < 2번 점수 ▼ 값 > 0 > 이라면
        2번 점수 ▼ 에 -1 만큼 더하기       ] 추가
        2번 점수 감점 ▼ 신호 보내기
아니면
```

⓿ '1번 시간'과 '2번 시간' 값이 서로 같으면서 시간 초과가 아니면 "무승부입니다."를 출력합니다.

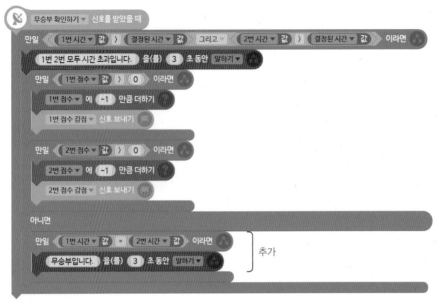

● 프로그램 완성_8

절차4

⓫ 두 번째로 왼쪽의 1번 사용자가 승리했는지 확인하기 위해 '1번 승리 확인' 신호를 만들고 ['무승부 확인하기' 신호 보내고 기다리기] 블록 다음에 ['1번 승리 확인' 신호 보내고 기다리기] 블록을 추가합니다.

⓬ 새롭게 '1번 승리 확인' 신호를 받으면 '1번 시간' 값이 '결정된 시간' 값 이하인지를 비교합니다.

⓭ '2번 시간'이 '결정된 시간'보
다 크면 2번은 시간 초과이
므로 '2번 점수'가 0보다 크
면 −1하고 '2번 점수 감점'
신호를 보냅니다. 1번이 이
겼으므로 '1번 점수'에 1을
더한 후, '1번 점수 추가' 신
호를 보내고, "2번 시간 초
과로 1번 승리입니다."를 안
내합니다.

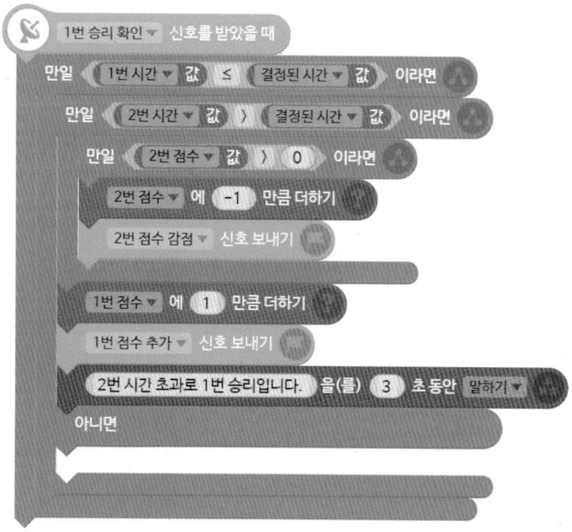

⓮ 둘 다 시간 초과가 아니고, '1
번 시간'이 '2번 시간'보다 크
면 '1번 점수'에 1점을 더하
고, '1번 점수 추가' 신호를 보
내 왼쪽 점수판의 점수를 올
립니다. 그리고 "1번 승리입
니다."를 안내합니다.

◀ 프로그램 완성_9

**절차5**

⓯ 258쪽 ⓫ 프로그램에서 4번
의 터치 센서 사용자, 즉 세
번째로 오른쪽의 2번 사용자
의 승리인지 확인하기 위해
'2번 승리 확인' 신호를 만들
고 ['1번 승리 확인' 신호 보
내고 기다리기] 블록 다음에

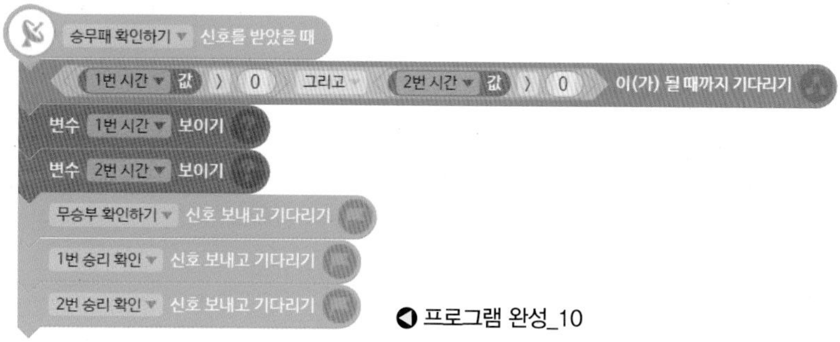

◀ 프로그램 완성_10

['2번 승리 확인' 신호 보내고 기다리기] 블록을 추가합니다.

⑯ '2번 승리 확인' 신호를 받으면 '2번 시간' 값이 '결정된 시간' 값 이하인지 확인합니다.

⑰ '1번 시간'이 '결정된 시간'보다 크면 1번은 시간 초과이므로 '1번 점수'가 0보다 크면 −1을 하고, '1번 점수 감점' 신호를 보냅니다. 2번이 이겼으므로 '2번 점수'에 1을 더한 후 '2번 점수 추가' 신호를 보내고 "1번 시간 초과로 2번 승리입니다."를 안내합니다.

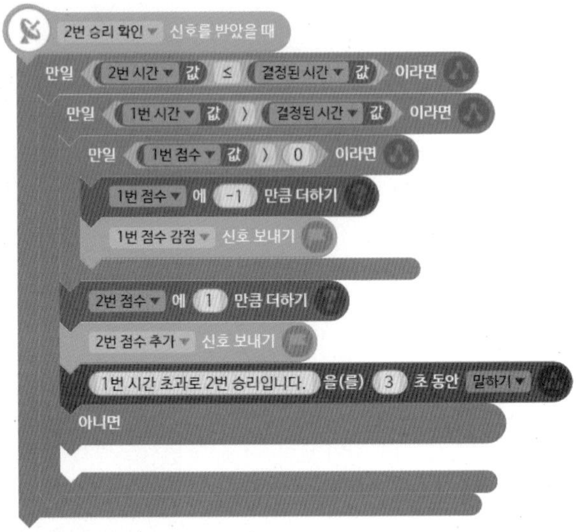

⑱ 둘 다 시간 초과가 아니고, '2번 시간'이 '1번 시간'보다 크면 '2번 점수'에 1점을 더하고, '2번 점수 추가' 신호를 보내 오른쪽 점수판의 점수를 올립니다. 그리고 "2번 승리입니다."를 안내합니다.

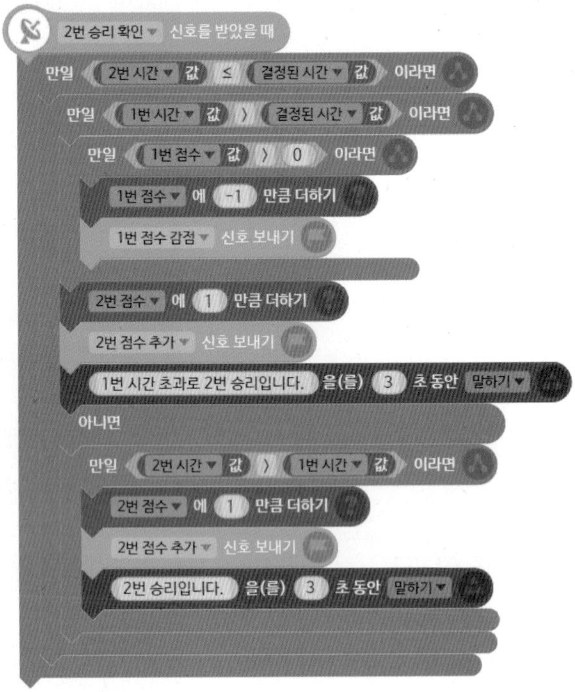

🔺 프로그램 완성_11

**4단계** 게임 종료를 확인해 봅시다.

사용자1과 사용자2의 점수를 모두 확인하여 2점이 나왔을 경우 게임을 종료하고, 아니면 게임을 다시 합니다.

### 해결 절차

**절차1** '게임 종료 확인하기' 신호를 만들고 ['승무패 확인하기' 신호 보내고 기다리기] 블록 다음에 연결합니다.

**절차2** '게임 종료 확인하기' 신호가 시작되면 '1번 점수'가 2점이 되면 "1번이 최종 승리하였습니다."를 안내하고 프로그램을 종료합니다.

**절차3** '2번 점수'가 2점이 되면 "2번이 최종 승리하였습니다."를 안내하고 프로그램을 종료합니다.

**절차4** 둘의 점수가 2점이 아니면 게임을 계속 합니다.

---

**절차1**

❶ '게임 종료 확인하기' 신호를 만듭니다.

신호 만들기 ▶    게임 종료 확인하기

❷ 256쪽 ❷의 프로그램에서 ['승무패 확인하기' 신호 보내기] 블록 다음에 ['게임 종료 확인하기' 신호 보내고 기다리기] 블록을 추가합니다.

시작하기 버튼을 클릭했을 때
점수판 초기화 ▼ 신호 보내기
게임 시작 알리기 ▼ 신호 보내고 기다리기
버튼 누름 확인하기 ▼ 신호 보내기
승무패 확인하기 ▼ 신호 보내고 기다리기
게임 종료 확인하기 ▼ 신호 보내고 기다리기

**절차2**

❸ '게임 종료 확인하기' 신호가 시작되고, '1번 점수' 값이 2 이상이면 "1번이 최종 승리하였습니다."를 안내하고 모든 코드를 멈춥니다.

게임 종료 확인하기 ▼ 신호를 받았을 때
만일  1번 점수 ▼ 값  ≥  2  이라면
    1번이 최종 승리하였습니다.  을(를)  말하기 ▼
    모든 ▼  코드 멈추기

**절차3**

❹ '2번 점수' 값이 2 이상이면 "2번이 최종 승리하였습니다."를 안내하고 모든 코드를 멈춥니다.

게임 종료 확인하기 ▼ 신호를 받았을 때
만일  1번 점수 ▼ 값  ≥  2  이라면
    1번이 최종 승리하였습니다.  을(를)  말하기 ▼
    모든 ▼  코드 멈추기
만일  2번 점수 ▼ 값  ≥  2  이라면
    2번이 최종 승리하였습니다.  을(를)  말하기 ▼
    모든 ▼  코드 멈추기

절차4

❺ 둘의 점수가 2점이 아니면 게임을 계속하기 위해 '1번 시간' 값과 '2번 시간' 값을 0으로 초기화합니다.

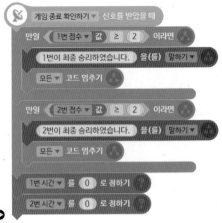

프로그램 완성_12 ▶

❻ 계속 게임을 반복할 수 있도록 261쪽 ❷의 프로그램을 [계속 반복하기] 블록 안으로 이동시킵니다.

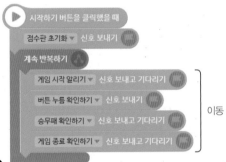

프로그램 완성_13 ▶

**실행하기** 원하는 대로 프로그램이 동작하는지 실행하여 확인해 봅시다.

엔트리 화면에 있는 ▶ 시작하기 버튼을 클릭하여 로봇이 제대로 동작하는지 확인합니다.

앞에서 설계한 [작은 문제별 해결 전략 세우기]대로 프로그래밍하여 문제를 해결합니다.

### 문제 해결을 위한 사전 준비

## 1. 모터와 센서 이름 정하기

**1** [Robot]–[Motors and Sensors Setup] 메뉴를 클릭한 후, [Motors] 탭에서 motorA는 왼쪽 점수판 모터로 motor left를 줄여 이름을 'ml', motorD는 오른쪽 점수판 모터로 motor right를 줄여 'mr'로 입력합니다.

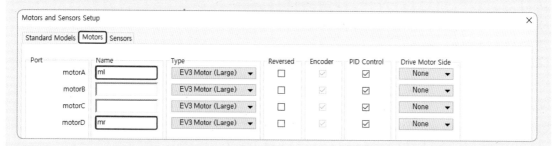

**2** [Sensors] 탭에서 S1은 왼쪽 사용자의 터치 센서를 연결하였으므로 button left를 줄여 이름을 'bl', S4는 오른쪽 사용자의 터치 센서를 연결하였으므로 button right를 줄여 'br'로 입력합니다.

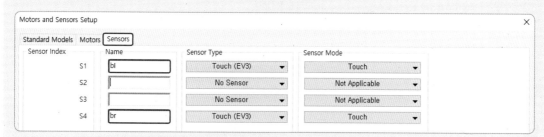

**3** [확인] 버튼을 클릭하면 아래와 같이 프로그램 소스가 자동으로 생성됩니다.

#### 프로그램

```
1  #pragma config(Sensor, S1,      bl,              sensorEV3_Touch)
2  #pragma config(Sensor, S4,      br,              sensorEV3_Touch)
3  #pragma config(Motor,  motorA,          ml,          tmotorEV3_Large, PIDControl, encoder
4  #pragma config(Motor,  motorD,          mr,          tmotorEV3_Large, PIDControl, encoder
5  //*!!Code automatically generated by 'ROBOTC' configuration wizard              !!*//
```

## 2. 점수판 모터값 설정하기

사용자1과 사용자2의 점수판 모터를 움직여 점수를 올리거나 내리는 함수를 만들어 놓습니다.

**1** 왼쪽 점수 추가하기: left_add 함수를 만들고 ml 모터의 출력값을 10으로 0.5초간 회전하여 점수를 1점 올리는 프로그램을 작성합니다. 그리고 main 함수에서 왼쪽 점수를 1점 올리는 함수인 left_add 함수를 호출하여 정상적으로 동작하는지를 확인합니다.

```
 6    void left_add()              ← left_add 함수를 선언하기
 7    {
 8      motor[ml] = 10;            ⎫ ml 모터의 출력값을 10으로 0.5초간 돌려 왼쪽 모터 점수를 1점 올리기
 9      delay(500);                ⎭
10      motor[ml] = 0;             ← ml 모터를 정지하기
11    }
12
13    task main()
14    {
15      left_add();                ← left_add 함수를 호출하여 왼쪽 점수가 1점 올라가는지 확인하기
16    }
```

**2** 왼쪽 점수 감점하기: left_back 함수를 만들고 ml 모터의 출력값을 −10으로 0.5초간 회전하여 점수를 1점 줄이는 프로그램을 작성합니다. 그리고 main 함수에서 왼쪽 점수를 1점 내리는 함수인 left_back 함수를 호출하여 정상적으로 동작하는지를 확인합니다.

```
13    void left_back()             ← left_back 함수를 선언하기
14    {
15      motor[ml] = -10;           ⎫ ml 모터의 출력값을 −10으로 0.5초간 돌려 왼쪽 모터 점수를 1점 줄이기
16      delay(500);                ⎭
17      motor[ml] = 0;             ← ml 모터를 정지하기
18    }
19
20    task main()
21    {
22      left_back();               ← left_back 함수를 호출하여 왼쪽 점수가 1점 내려가는지 확인하기
23    }
```

**3** 오른쪽 점수 추가하기: right_add 함수를 만들고 mr 모터의 출력값을 10으로 0.5초간 회전하여 점수를 1점 올리는 프로그램을 작성합니다. 그리고 main 함수에서 오른쪽 점수를 1점 올리는 함수인 right_add 함수를 호출하여 정상적으로 동작하는지를 확인합니다.

```
20    void right_add()             ← right_add 함수를 선언하기
21    {
22      motor[mr] = 10;            ⎫ mr 모터의 출력값을 10으로 0.5초간 돌려 오른쪽 모터 점수를 1점 올리기
23      delay(500);                ⎭
24      motor[mr] = 0;             ← mr 모터를 정지하기
25    }
26
27    task main()
28    {
29      right_add();               ← right_add 함수를 호출하여 오른쪽 점수가 1점 올라가는지 확인하기
30    }
```

**4** 오른쪽 점수 감점하기: right_back 함수를 만들고 mr 모터의 출력값을 −10으로 0.5초간 회전하여 점수를 1점 줄이는 프로그램을 작성합니다. 그리고 main 함수에서 오른쪽 점수를 1점 내리는 함수인 right_back 함수를 호출하여 정상적으로 동작하는지 확인합니다.

```
27    void right_back()         ← right_back 함수를 선언하기
28    {
29      motor[mr] = -10;      ⎫ mr 모터의 출력값을 -10으로 0.5초간 돌려 오른쪽 모터 점수를 1점 줄이기
30      delay(500);          ⎭
31      motor[mr] = 0;        ← mr 모터를 정지하기
32    }
33
34    task main()
35    {
36      right_back();         ← right_back 함수를 호출하여 오른쪽 점수가 1점 내려가는지 확인하기
37    }
```

**5** 점수판 초기화하기: 양쪽 점수판이 모두 0점에서 시작하기 위해 clear_score 함수를 만들고, ml과 mr 모터를 -10의 출력값으로 1초간 회전했다 정지하는 명령을 추가한 후 메인 함수에서 호출합니다.

```
34    void clear_score()        ← clear_score 함수를 선언하기
35    {
36      motor[ml] = -10;     ⎫ ml과 mr 모터의 출력값을 각각 -10으로 1초간 돌려 양쪽 모터를 0의 위치로
37      motor[mr] = -10;     ⎬ 이동시키기
38      delay(1000);         ⎭
39      motor[ml] = 0;        ← ml 모터를 정지하기
40      motor[mr] = 0;        ← mr 모터를 정지하기
41    }
42
43    task main()
44    {
45      clear_score();        ← clear_score 함수를 호출하여 양쪽 모터가 0의 위치로 이동하는지 확인하기
46    }
```

**1단계** 버튼 올리기를 해 봅시다.

프로그램이 시작되면 5~25초 사이의 시간을 알려 주고, 카운트다운을 한 후 시작을 알립니다. 시작과 함께 초시계를 시작하고 숨겨 놓습니다.

**해결 절차**

**절차1** game_start 함수와 알려 줄 시간인 전역 변수 ntime을 만들고, 메인 함수에서는 clear_score 함수 호출 다음으로 game_start 함수를 호출합니다.

**절차2** game_start 함수가 호출되면 결정 시간인 ntime값을 5~25 사이의 수로 정하고 "Three", "Two", "One", "Go" 소리를 차례대로 1초씩 호출합니다.

**절차3** 게임이 시작되면 시간 측정을 시작합니다.

**절차1**

❶ 알려 줄 시간을 기억할 변수는 전역 변수 ntime으로 선언하고 0으로 초기화합니다.

```
7    int ntime = 0;
```

❷ game_start 함수를 만들고, main 함수에서 'game_start( );' 명령을 추가하여 호출합니다.

프로그램

```
46   void game_start()              ← game_start 함수를 선언하기
47   {
48
49   }
50
51   task main()
52   {
53     clear_score();
54     game_start();                ← game_start 함수를 호출하기
55   }
```

절차2

❸ game_start 함수가 호출되면 random 함수를 이용하여 0~20 사이의 수를 무작위로 만든 수에 5를
더해 5~25 사이의 수로 만들어 ntime 변수에 저장해야 하지만, ROBOTC에서 T1~T4를 사용하는
타이머는 1초가 1000이므로 1000을 곱한 값을 ntime 변수에 저장합니다. 그리고 "Three", "Two",
"One", "Go" 소리를 1초씩 차례대로 출력하는 명령을 추가합니다.

프로그램

```
46   void game_start()
47   {
48     ntime = (5 + random(20)) * 1000;     ← ntime값에 (5+(0~20 중 랜덤값))*1000을 저장
49     displayBigTextLine(1, "time = %d", ntime);  ← 브릭 화면 1행에 결정된 ntime값을 출력하기
50     playSoundFile("Three.rsf");    ⎫ "Three" 소리를 1초간 출력하기
51     delay(1000);                   ⎭
52     playSoundFile("Two.rsf");      ⎫ "Two" 소리를 1초간 출력하기
53     delay(1000);                   ⎭
54     playSoundFile("One.rsf");      ⎫ "One" 소리를 1초간 출력하기
55     delay(1000);                   ⎭
56     playSoundFile("Go.rsf");       ⎫ "Go" 소리를 1초간 출력하기
57     delay(1000);                   ⎭
58   }
```

절차3

❹ 게임이 시작되면 시간 측정을 위한 T1 타이머를 시작하기 위해 clearTimer(T1) 함수를 추가하여 호
출합니다.

프로그램

```
46   void game_start()
47   {
48     ntime = (5 + random(20)) * 1000;
49     displayBigTextLine(1, "time = %d", ntime);
50     playSoundFile("Three.rsf");
51     delay(1000);
52     playSoundFile("Two.rsf");
53     delay(1000);
54     playSoundFile("One.rsf");
55     delay(1000);
56     playSoundFile("Go.rsf");
57     delay(1000);
58     clearTimer(T1);    ← clearTimer 함수를 이용하여 T1 타임 측정을 초기화하고 시작하기
59   }
```

게임이 시작되면 사용자1과 사용자2의 터치 센서가 눌렸는지 확인하여 눌린 시간을 기록합니다.

### 해결 절차

절차1 check_button 함수와 왼쪽 그리고 오른쪽 누른 시간을 기록할 전역 변수 left_time, right_time을 만들고, game_start 함수 호출 다음으로 check_button 함수를 호출합니다.

절차2 check_button 함수가 호출되면 bl 버튼이 눌리지는 확인하고, bl 버튼이 눌리고 left_time값이 0이면 left_time값을 T1 타이머값으로 저장합니다.

절차3 left_time값과 right_time값이 모두 0이 아니면 check_button 함수를 종료합니다.

**절차1**

❶ check_button 함수와 왼쪽 버튼과 오른쪽 버튼을 누른 시간을 기록할 전역 변수 left_time, right_time을 선언한 후 0으로 초기화합니다.

```
7    int ntime = 0;
8    int left_time = 0;      ← left_time을 정수형 전역 변수로 선언하고 0으로 초기화하기
9    int right_time = 0;     ← right_time을 정수형 전역 변수로 선언하고 0으로 초기화하기
```

❷ check_button 함수를 만들고, main 함수에서 'check_button( );' 함수를 추가하여 호출합니다.

```
63    void check_button()      ← check_button 함수 선언하기
64    {
65
66    }
67
68    task main()
69    {
70      clear_score();
71      game_start();
72      check_button();        ← check_button 함수를 호출하기
73    }
```

**절차2**

❸ check_button 함수가 호출되면 bl 버튼이 눌리는지 확인, 즉 센서값에 1이 들어오는지 확인하고 left_time값이 0이면 아직 버튼을 누른 적이 없는 것이므로 left_time값에 T1 타이머값을 저장합니다.

```
63    void check_button()
64    {
65      while(1)                      ← 66~71행을 무한 반복하기
66      {
67        if(SensorValue[bl] == 1)    ← bl 버튼이 눌리면 69행을 실행하기
68        {
```

```
69         if(left_time == 0)  left_time = time1[T1];  ← left_time값이 0이면 left_time값에 T1
70       }                                                타이머를 저장하기(1초면 1000을 저장)
71     }
72   }
```

❹ br값이 눌려 센서값에 1이 들어오는지 확인하고, right_time값이 0이면 아직 버튼을 누른 적이 없는 것이므로 right_time값에 T1 타이머값을 저장합니다.

프로그램

```
63   void check_button()
64   {
65     while(1)
66     {
67       if(SensorValue[bl] == 1)
68       {
69         if(left_time == 0)  left_time = time1[T1];
70       }
71
72       if(SensorValue[br] == 1)        ← br 버튼이 눌리면 74행을 실행하기
73       {
74         if(right_time == 0)  right_time = time1[T1];  ← right_time값이 0이면 right_time값에
75       }                                                 T1 타이머를 저장하기(1초면 1000을
76     }                                                   저장함)
77   }
```

절차3

❺ left_time값과 right_time값 모두 0이 아니면 check_button 함수를 종료하는 명령을 추가합니다.

프로그램

```
63   void check_button()
64   {
65     while(1)
66     {
67       if(SensorValue[bl] == 1)
68       {
69         if(left_time == 0)  left_time = time1[T1];
70       }
71
72       if(SensorValue[br] == 1)
73       {
74         if(right_time == 0)  right_time = time1[T1];
75       }
76
77       if(left_time > 0 && right_time > 0)  return;  ← left_time값이 0보다 크고, right_time값
78     }                                                 이 0보다 크면 check_button 함수를 끝
79   }                                                   내기
```

**3단계** 승무패를 확인해 봅시다.

사용자1과 사용자2 모두 터치 버튼을 눌렀으면 누른 시간에 따라 '승무패'를 확인하고 점수판에 기록합니다.

**절차1** '승무패'를 확인하는 check_win 함수와 왼쪽 점수와 오른쪽 점수를 기록할 전역 변수 left_score, right_score를 만들고, check_button 함수를 호출한 다음에 check_win 함수를 호출합니다.

**절차2** 브릭 화면 3행에는 왼쪽 버튼을 누른 시간, 5행에는 오른쪽 버튼을 누른 시간을 출력합니다.

**절차3** 무승부인지 확인하는 check_draw 함수를 만들고, check_draw 함수를 호출합니다.

**절차4** 왼쪽 버튼을 누른 시간이 승리인지 확인하는 check_left_win 함수를 만들고 호출합니다.

**절차5** 오른쪽 버튼을 누른 시간이 승리인지 확인하는 check_right_win 함수를 만들고 호출합니다.

---

**절차1**

❶ 왼쪽 점수와 오른쪽 점수를 기록할 전역 변수 left_score, right_score를 선언하고 0으로 초기화합니다.

프로그램
```
 7    int ntime = 0;
 8    int left_time = 0;
 9    int right_time = 0;
10    int left_score = 0;      ← left_score 정수형 전역 변수를 선언하고 0으로 초기화하기
11    int right_score = 0;     ← right_score 정수형 전역 변수를 선언하고 0으로 초기화하기
```

❷ check_win 함수를 만들고 main 함수에서 check_button 함수를 호출한 다음에 check_win 함수를 호출합니다.

프로그램
```
83    void check_win()       ← check_win 함수를 선언하기
84    {
85
86    }
87
88    task main()
89    {
90      clear_score();
91      game_start();
92      check_button();
93      check_win();         ← check_win 함수를 호출하기
94    }
```

---

**절차2**

❸ 브릭 화면 3행에는 왼쪽 버튼을 누른 시간이 저장되어 있는 left_time을 출력하고, 5행에는 오른쪽 버튼을 누른 시간이 저장되어 있는 right_time을 출력하는 명령을 추가합니다.

프로그램
```
83    void check_win()            ← 브릭 화면 3행에 left = left_time값을 출력하기
84    {
85      displayBigTextLine(3, "left = %d", left_time);
86      displayBigTextLine(5, "right = %d", right_time);
87    }
```

❹ 무승부인지 확인하는 check_draw 함수를 만들고, check_win 함수에서 호출합니다.

```
프로그램
83    void check_draw()                         ← check_draw 함수를 선언하기
84    {
85
86    }
87
88    void check_win()
89    {
90      displayBigTextLine(3, "left = %d", left_time);
91      displayBigTextLine(5, "right = %d", right_time);
92      check_draw();                            ← check_draw 함수를 호출하기
93    }
```

❺ left_time값과 right_time값이 모두 알려 준 시간인 ntime값을 초과했다면 브릭 화면 7행과 9행에 각각 "left time out"과 "right time out"을 3초간 출력하는 명령을 추가합니다.

```
프로그램
83    void check_draw()
84    {
85      if(left_time > ntime && right_time > ntime)  ← left_time값이 ntime보다 크고, right_time값이
86      {                                               ntime보다 크면 86~89행을 실행하기
87        displayBigTextLine(7, "left time out");   ← 브릭 화면 7행에 "left time out"을 출력하기
88        displayBigTextLine(9, "right time out");  ← 브릭 화면 9행에 "right time out"을 출력하기
89        delay(3000);                             ← 3초간 출력되도록 3초간 기다리기
90      }
91    }
```

❻ left_score값이 0보다 크면 1점 감소하고, left_back 함수를 호출하여 왼쪽 점수판에서 1점 적게 표시합니다.

```
프로그램
83    void check_draw()
84    {
85      if(left_time > ntime && right_time > ntime)
86      {
87        displayBigTextLine(7, "left time out");
88        displayBigTextLine(9, "right time out");
89        delay(3000);
90        if(left_score > 0)                      ← left_score값이 0보다 크면 91~94행을 실행하기
91        {
92          left_score--;                         ← left_score값을 1 감소하고
93          left_back();                          ← left_back 함수를 호출하여 왼쪽 점수판에서 1점 적게 표시하기
94        }
95      }
96    }
```

❼ right_score값이 0보다 크면 1점 감소하고, right_back 함수를 호출하여 오른쪽 점수판에서 1점 적게 표시합니다.

**프로그램**

```
83    void check_draw()
84    {
85      if(left_time > ntime && right_time > ntime)
86      {
87        displayBigTextLine(7, "left time out");
88        displayBigTextLine(9, "right time out");
89        delay(3000);
90        if(left_score > 0)
91        {
92          left_score--;
93          left_back();
94        }
95        if(right_score > 0)    ← right_score값이 0보다 크면 96~99행을 실행하기
96        {
97          right_score--;        ← right_score값을 1 감소하고
98          right_back();         ← right_back 함수를 호출하여 오른쪽 점수판에서 1점 적게 표시하기
99        }
100     }
101   }
```

❽ left_time값과 right_time값 모두 시간 초과가 아니면서 시간이 같으면 브릭 화면 7행에 "draw game"을 3초간 출력합니다.

**프로그램**

```
83    void check_draw()
84    {
85      if(left_time > ntime && right_time > ntime )
86      {
87        displayBigTextLine(7, "left time out");
88        displayBigTextLine(9, "right time out");
89        delay(3000);
90        if(left_score > 0)
91        {
92          left_score--;
93          left_back();
94        }
95        if(right_score > 0)
96        {
97          right_score--;
98          right_back();
99        }
100     }
101     else if(left_time == right_time) ← left_time값과 right_time값이 같으면 102~105행을 실행하기
102     {
103       displayBigTextLine(7, "draw game"); ⎤ 브릭 화면 7행에 "draw game"을 출력하고,
104       delay(3000);                          ⎦ 3초간 기다리기
105     }
106   }
```

**절차4**

❾ 왼쪽 버튼을 누른 시간이 승리인지 확인하는 check_left_win 함수를 만들고, check_win 함수에서 호출합니다.

```
108    void check_left_win()          ← check_left_win 함수를 선언하기
109    {
110
111    }
112
113    void check_win()
114    {
115      displayBigTextLine(3, "left = %d", left_time);
116      displayBigTextLine(5, "right = %d", right_time);
117      check_draw();
118      check_left_win();            ← check_left_win 함수를 호출하기
119    }
```

⑩ left_time값이 ntime값 이하이면서 right_time값이 ntime값보다 크다면 left_score 점수를 1점 올리고, left_add 함수를 호출하여 왼쪽 점수판의 점수를 1점 추가합니다. 그리고 오른쪽은 시간 초과이기에 right_score값이 0보다 크면 right_score값을 1점 줄이고, right_back 함수를 호출하여 오른쪽 점수판의 점수를 1점 줄입니다.

```
108    void check_left_win()
109    {
110      if(left_time <= ntime)        ← left_time값이 알려 준 시간 ntime값 이하이면 111~122행을 실행하기
111      {
112        if(right_time > ntime)      ← right_time값이 ntime값 보다 커서 시간 초과이면 113~121행을 실행하기
113        {
114          left_score++;             ← left_score값을 1 증가하기
115          left_add();               ← left_add 함수를 호출해 왼쪽 점수판에 1점 증가하기
116          if(right_score > 0)       ← right_score값이 0보다 크면 117~120행을 실행하기
117          {
118            right_score--;          ← right_score값을 1 감소하기
119            right_back();           ← right_back 함수를 호출하여 오른쪽 점수판에 1점 감소하기
120          }
121        }
122      }
123    }
```

⑪ right_time값이 시간 초과가 아니면서 left_time값이 right_time값보다 크다면 left의 승리이므로 left_score값을 1 증가하고, left_add 함수를 호출하여 점수판에 1점을 올립니다. 그리고 브릭의 7행에 "left win"을 출력합니다.

```
108    void check_left_win()
109    {
110      if(left_time <= ntime)
111      {
112        if(right_time > ntime)
113        {
114          left_score++;
115          left_add();
116          if(right_score > 0)
117          {
118            right_score--;
```

```
119          right_back();
120        }
121      }
122      else if (left_time > right_time)    ← left_time값이 right_time값보다 크다면 123~128행을
123      {                                       실행하기
124        left_score++;                      ← left_score값을 1 증가하기
125        left_add();                        ← left_add 함수를 호출하여 왼쪽 점수표를 1점 올리기
126        displayBigTextLine(7, "left win"); ⎫ 브릭 화면 7행에 "left win"을 출력하고
127        delay(3000);                       ⎭ 3초간 기다리기
128      }
129    }
130 }
```

**절차5**

⓬ 오른쪽 버튼을 누른 시간이 승리인지 확인하는 check_right_win 함수를 만들고, check_win 함수
에서 호출합니다.

**프로그램**

```
132 void check_right_win()            ← check_right_win 함수를 선언하기
133 {
134
135 }
136
137 void check_win()
138 {
139    displayBigTextLine(3, "left = %d", left_time);
140    displayBigTextLine(5, "right = %d", right_time);
141    check_draw();
142    check_left_win();
143    check_right_win();              ← check_right_win 함수를 호출하기
144 }
```

⓭ right_time값이 ntime값 이하이면서 left_time값이 ntime값보다 크다면 right_score 점수를 1점
올리고, right_add 함수를 호출하여 오른쪽 점수판의 점수를 1점 추가합니다. 그리고 왼쪽은 시간 초
과이므로 left_score값이 0보다 크면 left_score값을 1점 줄이고, left_back 함수를 호출하여 오른
쪽 점수판의 점수를 1점 줄입니다.

**프로그램**

```
132 void check_right_win()
133 {
134    if(right_time <= ntime)       ← right_time값이 알려 준 시간 ntime값 이하이면 135~146행을 실행하기
135    {
136      if(left_time > ntime)       ← left_time값이 ntime값보다 커서 시간 초과이면 137~145행을 실행하기
137      {
138        right_score++;            ← right_score값을 1 증가하기
139        right_add();              ← right_add 함수를 호출해 오른쪽 점수판에 1점 증가하기
140        if(left_score > 0)        ← left_score값이 0보다 크면 141~144행을 실행하기
141        {
142          left_score--;           ← left_score값을 1 감소하기
143          left_back();            ← left_back 함수를 호출하여 왼쪽 점수판에 1점 감소하기
144        }
145      }
146    }
147 }
```

⓮ left_time값이 시간 초과가 아니면서 right_time값이 left_time값보다 크다면 right의 승리이므로 right_score값을 1 증가하고, right_add 함수를 호출하여 오른쪽 점수판에 1점을 올립니다. 그리고 브릭의 7행에 "right win"을 출력합니다.

프로그램

```
132    void check_right_win()
133    {
134      if(right_time <= ntime)
135      {
136        if(left_time > ntime)
137        {
138          right_score++;
139          right_add();
140          if(left_score > 0)
141          {
142            left_score--;
143            left_back();
144          }
145        }
146        else if (right_time > left_time)  ← right_time값이 left_time값보다 크다면 147~152행을 실행
147        {                                    하기
148          right_score++;                   ← right_score값을 1 증가하기
149          right_add();                     ← right_add 함수를 호출하여 오른쪽 점수표를 1점 올리기
150          displayBigTextLine(7, "right win"); ⎫ 브릭 화면 7행에 "right win"을 출력하고
151          delay(3000);                        ⎭ 3초간 기다리기
152        }
153      }
154    }
```

**4단계** 게임 종료를 확인해 봅시다.

사용자1과 사용자2의 점수를 모두 확인하여 2점이 나왔을 경우 게임을 종료하고, 아니면 게임을 다시 합니다.

### 해결 절차

절차1 점수가 2점이 있는지 확인하기 위한 check_end 함수를 만들고, 메인 함수에서 check_win 함수 다음으로 check_end 함수를 호출합니다.

절차2 check_end 함수가 시작되면 left_score값이 2점이 되면 "left winner"를 출력합니다.

절차3 right_score값이 2점이 되면 "right winner"를 출력합니다.

절차4 둘의 점수가 2점이 아니면 계속 게임을 합니다.

절차1

❶ 게임 종료를 확인할 정수형 전역 변수 end를 선언하고 0으로 초기화합니다.

プログラム

```
 7    int ntime = 0;
 8    int left_time = 0;
 9    int right_time = 0;
10    int left_score = 0;
11    int right_score = 0;
12    int end = 0;                ← 정수형 전역 변수 end를 선언하고 0으로 초기화하기
```

❷ 점수가 2점이 있는지 확인하기 위한 check_end 함수를 만들고, main 함수에서 호출합니다.

프로그램

```
166    void check_end()           ← check_end 함수를 선언하기
167    {
168
169    }
170
171    task main()
172    {
173      clear_score();
174      game_start();
175      check_button();
176      check_win();
177      check_end();             ← check_end 함수를 호출하기
178    }
```

절차2

❸ check_end 함수가 실행되고 left_score값이 2 이상이면 main 함수에서 종료하기 위해 end값을 1
로 변경합니다. 그리고 브릭 화면 11행에 "left winner"를 출력하고 3초간 기다립니다.

프로그램

```
166    void check_end()
167    {
168      if(left_score >= 2)      ← left_score값이 2 이상이면 169~173행을 실행하기
169      {
170        end = 1;                        ← end값에 1을 저장하여 종료해야 함을 알리기
171        displayBigTextLine(11, "left winner");  ┐ 브릭 화면 11행에 "left winner"를 출력하고
172        delay(3000);                             ┘ 3초간 기다리기
173      }
174    }
```

절차3

❹ right_score값이 2 이상이면 main 함수에서 종료하기 위해 end값을 1로 변경하고, 브릭 화면 11행
에 "right winner"를 출력하고 3초간 기다립니다.

프로그램

```
166    void check_end()
167    {
168      if(left_score >= 2)
169      {
170        end = 1;
171        displayBigTextLine(11, "left winner");
172        delay(3000);
173      }
```

```
174        else if(right_score >= 2)        ← right_score값이 2 이상이면 175~179행을 실행하기
175        {
176            end = 1;                       ← end값에 1을 저장하여 종료해야 함을 알리기
177            displayBigTextLine(11, "right winner");  ⎫ 브릭 화면 11행에 'right winner'를 출력하고
178            delay(3000);                             ⎬ 3초간 기다리기
179        }                                            ⎭
180    }
```

**절차4**

❺ end값이 1이면 main 함수를 종료합니다.

프로그램

```
182    task main()
183    {
184        clear_score();
185        game_start();
186        check_button();
187        check_win();
188        check_end();
189        if(end == 1) return;      ← end값이 1이면 프로그램을 종료하기
190    }
```

❻ left_time과 right_time을 0으로 초기화하고 화면을 지웁니다. 그리고 게임을 계속할 수 있도록 while문을 이용하여 무한 반복합니다.

프로그램

```
182    task main()
183    {
184        clear_score();
185        while(1)                          ← 186~195행을 계속 반복하기
186        {
187            game_start();
188            check_button();
189            check_win();
190            check_end();
191            if(end == 1) return;
192            left_time = 0;                ← left_time을 0으로 초기화하기
193            right_time = 0;               ← right_time을 0으로 초기화하기
194            eraseDisplay();               ← 브릭의 화면을 전체 지우기
195        }
196    }
```

**실행하기** 원하는 대로 프로그램이 동작하는지 실행하여 확인해 봅시다.

프로그램 작성이 완료되면 프로그램을 실행하여 로봇이 제대로 동작하는지 확인합니다.

조립 난이도 중 | 프로그램 난이도 상

C·H·A·P·T·E·R

# 06

**프로젝트★6**

# 기억력 게임 로봇 만들기

기억력 게임을 하는 로봇을 조립하여 게임을 통해 누구의 기억력이 좋은지 측정해 봅시다.

**완성된 로봇**

앞모습
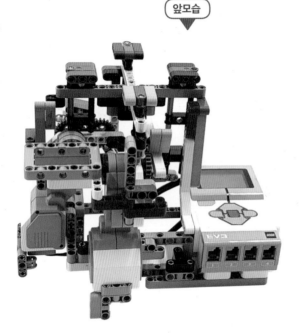

윗모습
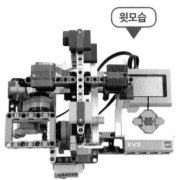

대각선 방향 모습

※ **소스 파일**: [PART_3]-[3_6_기억력 게임 로봇] 폴더에서 단계별로 완성한 파일을 참고하세요.

**해결할 문제**

작은 문제로 나누어서 해결합니다.

**1단계**
프로그램이 실행되면 소리 모드와 모션 모드 중 하나를 선택하기

**2단계**
소리 모드를 선택하면 기억해야 할 개수만큼 소리로 알려 주기

**3단계**
모션 모드를 선택하면 기억해야 할 개수만큼 모션으로 알려 주기

**4단계**
기억해야 하는 개수만큼 브릭의 버튼을 눌러 입력받기

**5단계**
• 기억해야 하는 개수만큼 순서대로 정확하게 버튼을 눌렀으면 1 증가하여 2단계 또는 3단계로 이동하여 새롭게 입력해야 하는 값을 알려 주고, 틀린 경우에는 생명력을 1 감소하고 2단계 또는 3단계로 이동하여 같은 개수만큼 새롭게 알려 주기
• 만약 생명력이 0이 되면 프로그램을 종료하기

# 1 >> 조립하기

조립도를 보고 기억력 게임 로봇을 만들어 봅시다.

❶ LDD 조립도 프로그램을 실행하여 아래와 같이 4개의 모듈을 만들어 놓습니다.

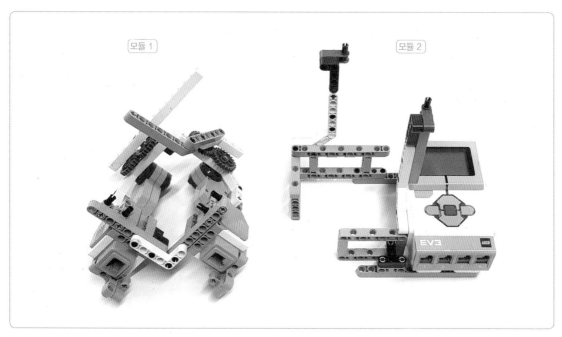

모듈 1    모듈 2

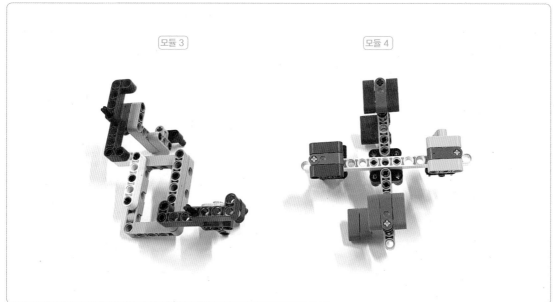

모듈 3    모듈 4

※ 모듈 1 : 5칸 2개, 모듈 3 : 4칸 2개, 모듈 4 : 6칸 1개, 7칸 3개, 9칸 1개, 10칸 1개를 사용합니다.

※ 제공한 [창작 조립도]-[PART_3] 폴더에서 '03_06_기억력 게임 로봇01.lxf' ~ '03_04_기억력 게임 로봇04.lxf' 조립도 파일을 하나씩 열어 모듈 1 ~ 모듈 4 까지 조립하여 나열하도록 합니다.

❷ 〔모듈1〕, 〔모듈2〕를 준비한 후, 〔모듈1〕을 세워 〔모듈2〕와 결합합니다.

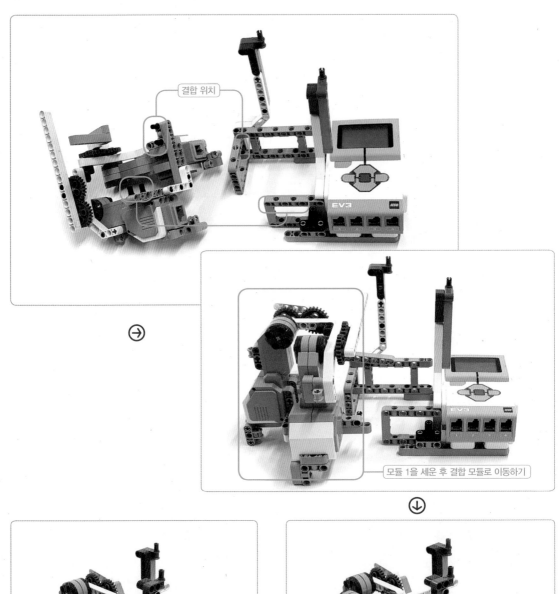

결합 위치

모듈 1을 세운 후 결합 모듈로 이동하기

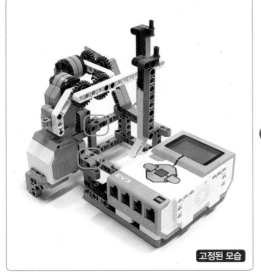

고정된 모습

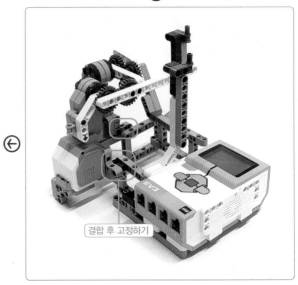

결합 후 고정하기

❸ 결합된 모듈과 모듈 3 을 준비합니다. 모듈 3 을 세운 후 결합된 모듈에 붙이는 방식으로 양쪽을 결합합니다.

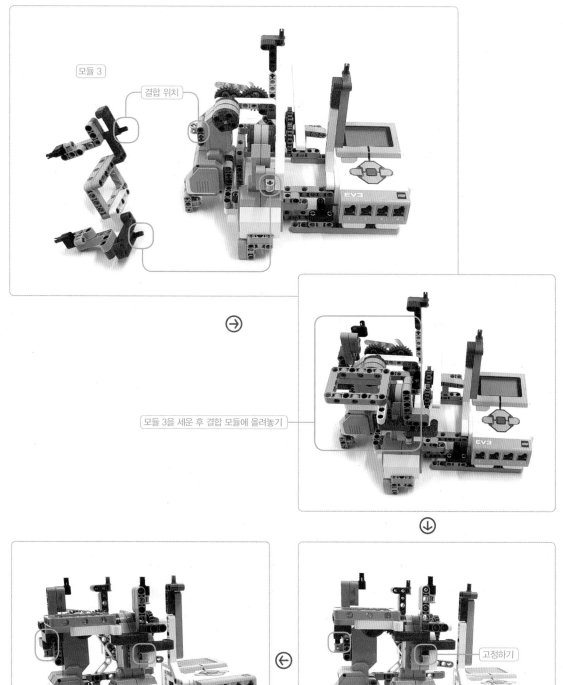

모듈 3

결합 위치

$\rightarrow$

모듈 3을 세운 후 결합 모듈에 올려놓기

$\downarrow$

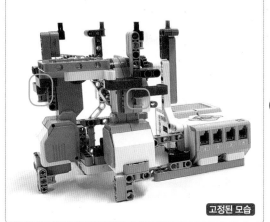

고정된 모습

$\leftarrow$

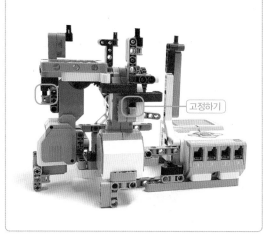

고정하기

❹ 결합된 모듈과 [모듈 4]를 준비합니다.

파란색이 이곳에 위치

모듈 4

❺ 파란색을 위쪽 방향으로 향하게 하여 [모듈 4]를, 결합된 모듈 위에 올린 후 결합하여 완성합니다.

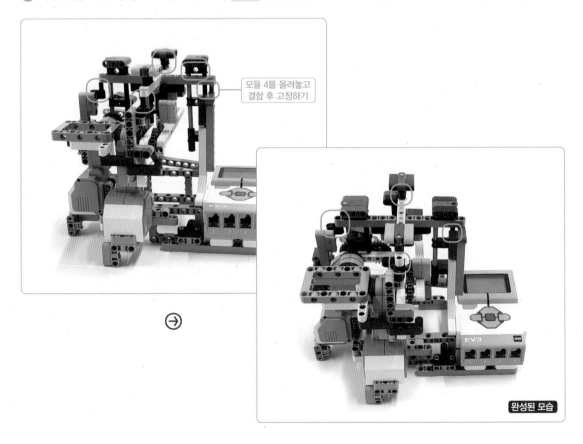

모듈 4를 올려놓고
결합 후 고정하기

완성된 모습

**>> 모터와 센서 연결하기**

브릭에 모터와 센서를 연결합니다.

## 서보 모터

- motorA: 라지 서보 모터 ← 위, 아래를 올리고 내리는 서보 모터
- motorB: 라지 서보 모터 ← 왼쪽, 오른쪽을 올리고 내리는 서보 모터
- motorC: –
- motorD: –

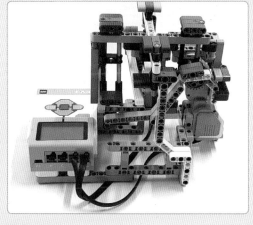

◐ 출력 포트

## 센서 및 버튼

- Sensor1: –
- Sensor2: –
- Sensor3: –
- Sensor4: –

 연결할 센서가 없어요.

◐ 입력 포트

입력 포트에는 아무것도 연결하지 않아요.

**3 >> 문제 분석 및 작은 문제로 나누기**

문제를 분석하여 아래와 같이 작은 문제로 나누어 봅니다.

| 1단계 | 2단계 | 3단계 | 4단계 | 5단계 |
|---|---|---|---|---|
| 모드(소리, 모션) 선택하기 | 소리로 입력 알려 주기 | 모션으로 입력 알려 주기 | 순서대로 입력받기 | 결과 확인하기 |

## 4 >> 작은 문제별 해결 전략 세우기

나눈 작은 문제들을 어떻게 해결해야 할지 아래와 같이 단계별로 해결 전략을 세웁니다.

**1단계**
모드(소리, 모션)
선택하기

- 프로그램이 실행되면 브릭의 왼쪽 버튼과 오른쪽 버튼을 이용하여 소리 모드와 모션 모드 중 원하는 모드를 입력받습니다.
- 왼쪽 버튼을 누르면 소리 모드, 오른쪽 버튼을 누르면 모션 모드로 게임이 진행됩니다.

**2단계**
소리로 입력
알려 주기

브릭의 왼쪽 버튼을 클릭하여 소리 모드로 시작하면 기억해야 할 소리의 개수를 3개부터 시작하여 "up", "down", "left", "right" 소리를 무작위로 출력하여 입력 순서를 알려 줍니다.

**3단계**
모션으로 입력
알려 주기

브릭의 오른쪽 버튼을 클릭하여 모션 모드로 시작하면 기억해야 할 모션의 개수를 3개부터 시작하여 위(파란색). 아래(노란색), 왼쪽(초록색), 오른쪽(빨간색)을 무작위로 올렸다 내려서 입력 순서를 알려 줍니다.

**4단계**
순서대로
입력받기

사용자로부터 기억한 순서대로 브릭의 버튼을 누르게 하고, 누른 값을 순서대로 저장합니다.

**5단계**
결과 확인하기

- 기억해야 하는 값과 입력받은 값을 순서대로 확인하여 모두 같으면 기억해야 하는 값을 1 증가하고 다시 [2단계] 또는 [3단계]로 이동하여 알려 줍니다.
- 만약 틀리면 '생명력' 값을 1 감소하고, '생명력' 값이 0이 아니면 다시 [2단계] 또는 [3단계]로 이동하여 알려 줍니다.

앞에서 설계한 [작은 문제별 해결 전략 세우기]대로 프로그래밍하여 문제를 해결합니다.

● 문제 해결을 위한 사전 준비 ●

**1. 소리로 말하기 위한 소리 파일 만들기**

기본으로 제공되는 소리 파일 이외의 파일을 사용하고자 한다면 녹음기 프로그램을 이용하여 음성 파일을 만들거
나 다른 곳에 음성 파일이 저장되어 있어야 합니다.

**1** 음성 파일을 녹음하기 위해 음성 녹음기를 실행하여
"위"라고 말해 녹음한 후 파일 이름을 "위"로 저장합
니다. 같은 방법으로 "아래", "오른쪽", "왼쪽"도 녹
음하여 저장합니다.

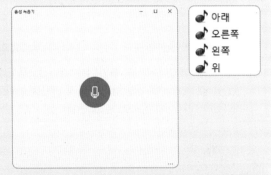

※ 노트북에는 마이크가 내장되어 있어 쉽게 녹음 파일을 만들
수 있으며, 휴대 전화로 음성을 녹음하여 사용할 수도 있습니
다. 휴대 전화로 녹음한 후 저장하면 파일 확장자는 m4a가
됩니다.

**2** 엔트리에서는 파일 확장자가 mp3 또는 wav
인 소리 파일만 사용할 수 있으므로, 녹음한
파일을 'daum 팟인코더'와 같은 소리 변환 프
로그램을 이용하여 변환하도록 합니다.

**3** 엔트리 프로그램에서 [소리] 탭으로 이동하여 [소리
추가] 버튼을 클릭합니다.

**4** [파일 업로드] 탭으로 이동하여 [파일 추가] 버튼을
클릭하고, 앞에서 생성한 mp3 파일들 중 원하는 소
리 파일을 선택한 후 [적용하기]를 클릭합니다.

**5** 파일을 불러오면 엔트리에서 소리 파일을 사용할 수 있습니다.

**2. 위, 아래, 왼쪽, 오른쪽 모터 올렸다 내리는 프로그램 만들기**

**1** 위 파란색 올렸다 내리기 확인하기: '위' 신호를 만들고, '위' 신호를 받았을 때 motorA를 정방향으로 돌려 파란색을 위로 올린 후 0.5초 기다렸다 다시 내리는 프로그램을 만듭니다.

※ 모터를 올리기 위해 30의 출력값으로 0.3초 기다리기와 내리기 위해 −10의 출력값으로 0.3초 기다리기는 하드웨어 제작에 따라 값을 변경할 수도 있습니다.

프로그램 완성_1 ▶

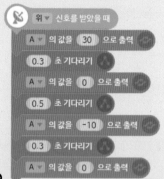

**2** 아래 노란색 올렸다 내리기 확인하기: '아래' 신호를 만들고, '아래' 신호를 받았을 때 motorA를 반대 방향으로 돌려 노란색을 위로 올리고 0.5초 기다렸다 다시 내리는 프로그램을 만듭니다.

프로그램 완성_2 ▶

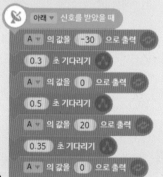

**3** 왼쪽 초록색 올렸다 내리기 확인하기: '왼쪽' 신호를 만들고, '왼쪽' 신호를 받았을 때 motorB를 반대 방향으로 돌려 초록색을 위로 올린 후 0.5초 기다렸다 다시 내리는 프로그램을 만듭니다.

프로그램 완성_3 ▶

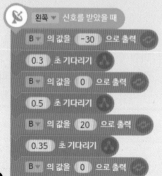

**4** 오른쪽 빨간색 올렸다 내리기 확인하기: '오른쪽' 신호를 만들고, '오른쪽' 신호를 받았을 때 motorB를 정방향으로 돌려 빨간색을 위로 올린 후 0.5초 기다렸다 다시 내리는 프로그램을 만듭니다.

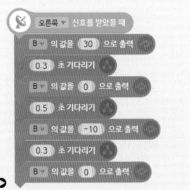

프로그램 완성_4 ▶

---

**1단계** 모드(소리, 모션)를 선택해 봅시다.

프로그램이 실행되면 브릭의 왼쪽 버튼과 오른쪽 버튼을 이용하여 소리 모드와 모션 모드 중 원하는 모드를 입력받습니다. 만약 왼쪽 버튼을 누르면 소리 모드로, 오른쪽 버튼을 누르면 모션 모드로 게임을 진행합니다.

**⚑ 해결 절차**

**절차1** '모드 선택하기' 신호를 만들고, 프로그램이 실행되면 '모드 선택하기' 신호를 보낸 후 기다립니다.

**절차2** '모드 선택하기' 신호를 받으면 브릭의 왼쪽 버튼과 오른쪽 버튼 중 어느 버튼이 눌리는지 확인합니다.

**절차1**

❶ 모드 선택값을 저장할 '현재 모드' 변수와 '모드 선택하기' 신호를 만듭니다.

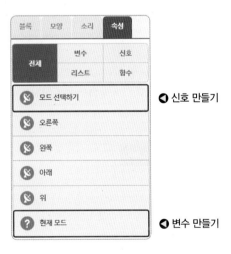

❷ [시작하기 버튼을 클릭했을 때] 블록과 ['모드 선택하기' 신호 보내고 기다리기] 블록을 추가합니다.

❸ '모드 선택하기' 신호를 받으면 브릭의 "왼쪽 버튼 : 소리 모드, 오른쪽 버튼 : 모션 모드"를 안내합니다.

❹ 브릭의 왼쪽 버튼이 눌렸는지 확인하고 브릭을 눌렀다 놓으면 '현재 모드' 값을 1로 변경하고, 반복하기를 중단합니다.

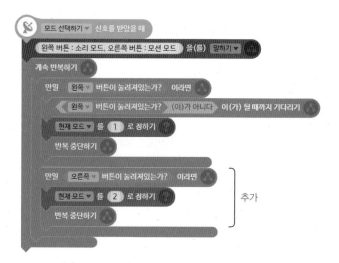

❺ 브릭의 오른쪽 버튼이 눌렸으면 '현재 모드' 값을 2로 변경하고 반복을 중단하는 명령어 블록을 추가합니다.

❻ 선택 완료를 알리는 소리인 "종소리"를 추가하고, 1초간 "종소리"를 출력합니다.

※ [소리 '종소리' 1초 재생하고 기다리기] 블록을 사용해야 소리를 출력한 후 다음으로 이동합니다.

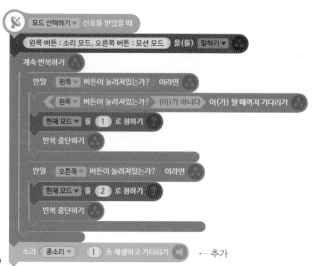

프로그램 완성_5 ▶

브릭의 왼쪽 버튼을 클릭하여 소리 모드로 시작하면 기억해야 할 소리의 개수를 3개부터 시작하여 "up", "down", "left", "right" 소리를 무작위로 출력하여 입력 순서를 알려 줍니다.

### 해결 절차

**절차1** '소리로 알려주기' 신호를 만들고, '현재 모드' 값이 1이면 ['소리로 알려주기' 신호 보내고 기다리기] 블록을 연결합니다.

**절차2** '소리로 알려주기' 신호를 받으면 현재 단계만큼의 "위", "아래", "왼쪽", "오른쪽" 소리를 랜덤하게 출력합니다.

**절차1**

**1** 현재 단계를 알려 주는 변수 '단계'를 만들고, 기억해야 할 소리의 개수를 3개부터 알려 주는 3단계부터 시작하기 위해 초깃값을 3으로 저장합니다. 그리고 '소리로 알려주기' 신호도 추가합니다.

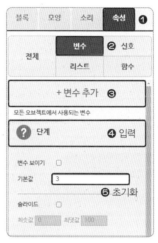

▲ 변수 만들기

▲ 신호 만들기

**2** ['모드 선택하기' 신호 보내고 기다리기] 블록 아래에 '현재 모드' 값이 1이면 ['소리로 알려주기' 신호 보내고 기다리기] 블록을 연결합니다.

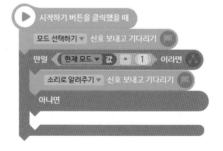

**절차2**

**3** 1부터 현재 단계까지 1씩 증가하면서 무작위로 생성된 값을 저장할 '증감값' 변수와 '데이터' 리스트를 만듭니다. 그리고 무작위로 생성되는 값을 기억하기 위한 '랜덤값' 변수도 추가합니다.

▲ 변수 만들기

▲ 리스트 만들기

❹ '소리로 알려주기' 신호가 시작되면 '증감값'은 1부터 시작하여 1씩 증가한 값이 '단계'보다 작거나 같을 동안 '랜덤값'을 1부터 4 사이의 수를 무작위(랜덤)로 입력받아 '데이터' 리스트에 저장합니다.

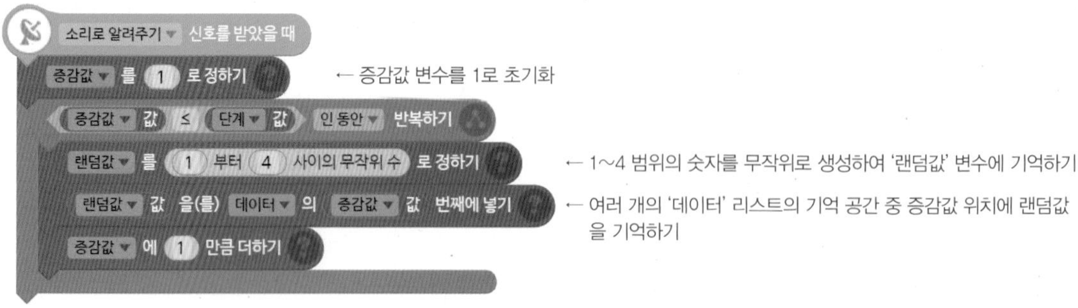

← 증감값 변수를 1로 초기화

← 1~4 범위의 숫자를 무작위로 생성하여 '랜덤값' 변수에 기억하기

← 여러 개의 '데이터' 리스트의 기억 공간 중 증감값 위치에 랜덤값을 기억하기

※ `(10) 을(를) 데이터 의 (1) 번째에 넣기` : 앞의 '10'은 넣을 값이고, 가운데 '데이터'는 넣고자 하는 리스트의 이름인 '데이터', 마지막 '1'은 여러 개의 리스트 기억 공간 중 넣을 위치를 의미합니다.

❺ 무작위 값이 1이면 "위", 2이면 "아래", 3이면 "왼쪽", 4이면 "오른쪽" 소리를 1.5초간 출력하여 알려 줍니다.

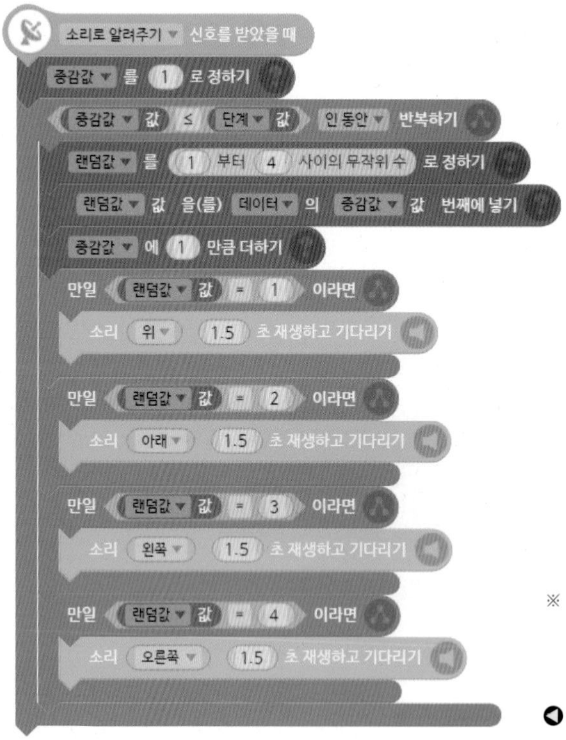

※ 프로그램을 실행하여 '데이터' 리스트에 1~4 범위의 수를 무작위로 생성하여 저장되고, 그 값에 해당하는 소리가 출력되는지 확인합니다.

◀ 프로그램 완성_6

### 3단계 모션으로 입력 순서를 알려 줘 봅시다.

브릭의 오른쪽 버튼을 클릭하여 모션 모드로 시작하면 기억해야 할 모션의 개수를 3개부터 시작하여 위(파란색), 아래(노란색), 왼쪽(초록색), 오른쪽(빨간색)을 무작위로 올렸다 내려서 입력 순서를 알려 줍니다.

## 해결 절차

**절차1** '모션으로 알려주기' 신호를 만들고, '현재 모드' 값이 1이 아니면(2이면) [모션으로 알려주기' 신호 보내고 기다리기] 블록을 연결합니다.

**절차2** '모션으로 알려주기' 신호가 시작되면 '단계' 값만큼 위(파란색). 아래(노란색), 왼쪽(초록색), 오른쪽(빨간색)을 무작위로 올렸다 내립니다.

**절차1**

❶ '모션으로 알려주기' 신호를 만들고 '현재 모드' 값이 1이 아니면 안에 [모션으로 알려주기' 신호 보내고 기다리기] 블록을 연결합니다.

**절차2**

❷ '모션으로 알려주기' 신호가 시작되면 '증감값'은 1부터 1씩 증가하면서 '단계' 값보다 작거나 같을 동안 '랜덤값'을 1부터 4 사이의 수를 무작위로 입력받아 '데이터' 리스트에 저장합니다.

[예] '소리로 알려주기'와 같은 부분으로 복사하여 사용하면 프로그램을 쉽게 작성할 수 있습니다.

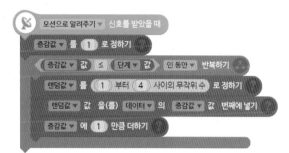

❸ 무작위 값이 1이면 '위', 2이면 '아래', 3이면 '왼쪽', 4이면 '오른쪽' 신호를 호출하여 해당 위치가 올라 갔다 내려오도록 합니다.

## 4단계 순서대로 입력을 받아 봅시다.

사용자로부터 기억한 순서대로 브릭의 버튼을 누르게 하고, 누른 값을 순서대로 저장합니다.

## 해결 절차

**절차1** 사용자 입력값을 저장할 '기억' 리스트와 '순서대로 입력받기' 신호를 만들고, 입력 순서 알려 주기 다음에 [순서대로 입력받기' 신호 보내고 기다리기] 블록을 연결합니다.

**절차2** '순서대로 입력받기' 신호가 시작되면 현재 '단계' 값만큼 브릭 버튼을 이용하여 사용자로부터 입력받아 '기억' 리스트 에 순서대로 저장합니다.

**절차1**

❶ 위쪽 ❷ 프로그램에 사용자로부터 입력받은 값을 순서대로 저장할 '기억' 리스트와 '순서대로 입력받기' 신호를 추가하고, 입력 순서 알려 주기 다음에 [순서대로 입력받기' 신호 보내고 기다리기] 블록을 연결합니다.

+ 리스트 추가

모든 오브젝트에서 사용되는 리스트

📋 기억

📋 데이터

특정 오브젝트에서만 사용되는 리스트 입니다.

🔺 리스트 추가하기

시작하기 버튼을 클릭했을 때
모드 선택하기 ▼ 신호 보내고 기다리기
만일 ( 현재 모드 ▼ 값 = 1 ) 이라면
    소리로 알려주기 ▼ 신호 보내고 기다리기
아니면
    모션으로 알려주기 ▼ 신호 보내고 기다리기
순서대로 입력받기 ▼ 신호 보내고 기다리기    ← 추가

**절차2**

❷ '순서대로 입력받기' 신호가 시작
되면 "종소리"를 1초간 울려 입력
시작을 알립니다.

순서대로 입력받기 ▼ 신호를 받았을 때
소리 ( 종소리 ▼ ) 1 초 재생하고 기다리기

❸ 사용자가 버튼을 누를 때마다 누
른 횟수를 기억할 '증감값' 변수를
1로 초기화하고, '증감값'이 '단계'
값보다 작거나 같을 동안 반복하
는 명령어 블록을 추가합니다.

순서대로 입력받기 ▼ 신호를 받았을 때
소리 ( 종소리 ▼ ) 1 초 재생하고 기다리기
증감값 ▼ 를 1 로 정하기
( 증감값 ▼ 값 ) ≤ ( 단계 ▼ 값 ) 인 동안 ▼ 반복하기

❹ 왼쪽 버튼을 누르는지 확인하고,
왼쪽 버튼을 누르면 눌렀다 땔 때
까지 기다린 후 숫자 1을 '기억'
리스트의 '증감값' 위치에 저장합
니다. 그리고 '기억' 리스트에서
다음 위치(주소)에 저장하기 위해
'증감값'을 1 증가합니다.

순서대로 입력받기 ▼ 신호를 받았을 때
소리 ( 종소리 ▼ ) 1 초 재생하고 기다리기
증감값 ▼ 를 1 로 정하기
( 증감값 ▼ 값 ) ≤ ( 단계 ▼ 값 ) 인 동안 ▼ 반복하기
    만일 위 ▼ 버튼이 눌려져있는가? 이라면
        ( 위 ▼ 버튼이 눌려져있는가? (이)가 아니다 ) 이(가) 될 때까지 기다리기
        1 을(를) 기억 ▼ 의 증감값 ▼ 값 번째에 넣기
    증감값 ▼ 에 1 만큼 더하기

❺ 같은 방법으로 브릭의 아래쪽 버
튼, 왼쪽 버튼, 오른쪽 버튼이 눌
릴 때도 각각 '기억' 리스트의 '증
감값' 번째 위치(주소)에 2, 3, 4
를 저장합니다.

순서대로 입력받기 ▼ 신호를 받았을 때
소리 ( 종소리 ▼ ) 1 초 재생하고 기다리기
증감값 ▼ 를 1 로 정하기
( 증감값 ▼ 값 ) ≤ ( 단계 ▼ 값 ) 인 동안 ▼ 반복하기
    만일 위 ▼ 버튼이 눌려져있는가? 이라면
        ( 위 ▼ 버튼이 눌려져있는가? (이)가 아니다 ) 이(가) 될 때까지 기다리기

1 을(를) 기억 ▼ 의 증감값 ▼ 값 번째에 넣기

증감값 ▼ 에 1 만큼 더하기

만일 아래 ▼ 버튼이 눌려져있는가? 이라면

아래 ▼ 버튼이 눌려져있는가? (이)가 아니다 이(가) 될 때까지 기다리기

2 을(를) 기억 ▼ 의 증감값 ▼ 값 번째에 넣기

증감값 ▼ 에 1 만큼 더하기

만일 왼쪽 ▼ 버튼이 눌려져있는가? 이라면

왼쪽 ▼ 버튼이 눌려져있는가? (이)가 아니다 이(가) 될 때까지 기다리기

3 을(를) 기억 ▼ 의 증감값 ▼ 값 번째에 넣기

증감값 ▼ 에 1 만큼 더하기

만일 오른쪽 ▼ 버튼이 눌려져있는가? 이라면

오른쪽 ▼ 버튼이 눌려져있는가? (이)가 아니다 이(가) 될 때까지 기다리기

4 을(를) 기억 ▼ 의 증감값 ▼ 값 번째에 넣기

증감값 ▼ 에 1 만큼 더하기

프로그램 완성_7 ▶

**5단계** 결과를 확인해 봅시다.

기억해야 할 값과 입력받은 값을 순서대로 확인하여 모두 같으면 기억해야 할 값을 1 증가하고 다시 [2 단계] 또는 [3단계]로 이동하여 알려 줍니다. 만약 틀리면 '생명력' 값을 1 감소하고, '생명력' 값이 0이 아니면 다시 [2단계] 또는 [3단계]로 이동하여 알려 줍니다.

**해결 절차**

**절차1** '생명력' 변수를 만들고 3으로 초기화합니다. '데이터' 리스트와 '기억' 리스트의 입력값을 비교할 '결과 확인하기' 신호를 만들고 ['순서대로 입력받기' 신호 보내고 기다리기] 블록 다음에 연결합니다.

**절차2** '결과 확인하기' 신호가 시작되면 '데이터' 리스트와 '기억' 리스트를 1 항목값부터 '단계' 항목값까지 순서대로 확인하여 모두 일치하면 '단계' 값을 1 증가하고, 하나라도 일치하지 않으면 '생명력' 변수의 값을 1 감소합니다.

**절차3** '결과 확인하기' 신호가 끝나면 '생명력' 변수의 값이 0이면 "게임 오버"라고 알려 준 후 프로그램을 종료하고, 0이 아니면 계속 게임을 할 수 있도록 반복합니다.

**절차1**

❶ 두 리스트가 모두 맞는지 확인하기 위한 '모두 정답' 변수와 '생명력' 변수를 만들고 3으로 초기화합니다. 그리고 '결과 확인하기' 신호를 만들고 ['순서대로 입력받기' 신호 보내고 기다리기] 블록 다음에 ['결과 확인하기' 신호 보내고 기다리기] 블록을 연결합니다.

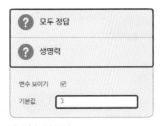

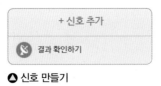

▲ 신호 만들기

▲ 변수 만들기

**절차2**

❷ '결과 확인하기' 신호가 시작되면 '데이터' 리스트와 '기억' 리스트의 1 항목부터 '단계' 항목까지 하나씩 확인하여 하나라도 같지 않은 것이 있는지 확인합니다. 이를 위해 '모두 정답' 변수를 1로 초기화한 후 만약 하나라도 같지 않은 것이 있으면 '모두 정답' 값을 0으로 변경하여 문제가 있음을 기억하게 합니다.

❸ 정답이면 "박수갈채" 소리를, 오답이면 "남자 비명" 소리를 출력하기 위해 소리에 "박수갈채"와 "남자 비명" 소리를 추가합니다.

소리 추가하기 ▶

❹ '모두 정답' 값이 1이면 틀린 것이 없으므로 "박수갈채" 소리를 2초간 출력하고 '단계' 값을 1 증가합니다. '모두 정답' 값이 0이면 틀린 것이 있으므로 "남자 비명" 소리를 2초간 출력하고 '생명력' 값을 1 감소합니다.

만일 〈 모두 정답 ▼ 값 = 1 〉 이라면
소리 〈 박수갈채 ▼ 〉 2 초 재생하고 기다리기
단계 ▼ 에 1 만큼 더하기
아니면
소리 〈 남자 비명 ▼ 〉 2 초 재생하고 기다리기
생명력 ▼ 에 -1 만큼 더하기

◀ 프로그램 완성_8 ▶

절차3

**⑤** 294쪽 **①** 프로그램에 '결과 확인하기' 신호가 끝나고 '생명력' 값이 0이라면 "게임 오버~"라고 말하고 프로그램을 종료합니다.

▶ 시작하기 버튼을 클릭했을 때
모드 선택하기 ▼ 신호 보내고 기다리기
만일 〈 현재 모드 ▼ 값 = 1 〉 이라면
소리로 알려주기 ▼ 신호 보내고 기다리기
아니면
모션으로 알려주기 ▼ 신호 보내고 기다리기

순서대로 입력받기 ▼ 신호 보내고 기다리기
결과 확인하기 ▼ 신호 보내고 기다리기
만일 〈 생명력 ▼ 값 = 0 〉 이라면
게임 오버~ 을(를) 말하기 ▼
모든 ▼ 코드 멈추기

**⑥** '생명력' 값이 0이 아니면 게임을 계속할 수 있도록 [계속 반복하기] 블록을 추가합니다.

▶ 시작하기 버튼을 클릭했을 때
모드 선택하기 ▼ 신호 보내고 기다리기
계속 반복하기
만일 〈 현재 모드 ▼ 값 = 1 〉 이라면
소리로 알려주기 ▼ 신호 보내고 기다리기
아니면
모션으로 알려주기 ▼ 신호 보내고 기다리기

순서대로 입력받기 ▼ 신호 보내고 기다리기
결과 확인하기 ▼ 신호 보내고 기다리기
만일 〈 생명력 ▼ 값 = 0 〉 이라면
게임 오버~ 을(를) 말하기 ▼
모든 ▼ 코드 멈추기

프로그램 완성_9 ▶

**실행하기** 원하는 대로 프로그램이 동작하는지 실행하여 확인해 봅시다.

엔트리 화면에 있는 [ ▶ 시작하기 ] 버튼을 클릭하여 로봇이 제대로 동작하는지 확인합니다.

앞에서 설계한 [작은 문제별 해결 전략 세우기]대로 프로그래밍하여 문제를 해결합니다.

● 문제 해결을 위한 사전 준비 ●

### 1. 위치 말하기

**1** EV3 브릭에 저장되어 있는 소리 파일을 확인해 봅니다. EV3를 연결한 상태에서 [Robot]-[LEGO Brick]-[File Management Utility] 메뉴를 차례대로 클릭합니다.

**2** [/..]-[/resources]-[/Sounds]로 이동하면 사용할 수 있는 소리 파일을 확인할 수 있습니다.

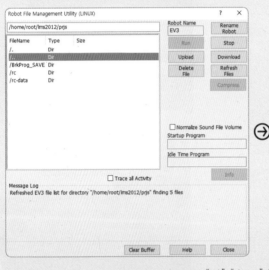
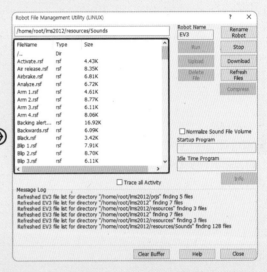

※ "up", "down", "left", "right" 소리 파일이 제공되고 있음을 확인할 수 있습니다.

**3** 우측처럼 프로그램을 작성하여 "Up", "Down", "Left", "Right" 소리가 순서대로 나오는지 프로그램을 실행하여 확인합니다.

※ 파일 이름의 대소문자 및 띄어쓰기까지 정확하게 입력한 후 프로그램을 실행하여 이상이 없는지만 확인하고 이 프로그램은 사용하지 않습니다.

프로그램

```
1    task main()
2    {
3      playSoundFile("Up.rsf");
4      delay(1000);
5      playSoundFile("Down.rsf");
6      delay(1000);
7      playSoundFile("Left.rsf");
8      delay(1000);
9      playSoundFile("Right.rsf");
10     delay(1000);
11   }
```

## 2. 모터와 센서의 이름 정하기

**1** [Robot]–[Motors and Sensors Setup] 메뉴를 클릭한 후 motorA는 위쪽과 아래쪽 움직임을 표현하는 모터
이므로 'motor up down'을 줄여서 'mud', motorB는 왼쪽과 오른쪽 움직임을 표현하는 모터이므로 'motor left
right'를 줄여서 'mlr'로 지정합니다.

**2** [확인] 버튼을 클릭하면 아래와 같이 프로그램 소스가 자동으로 생성됩니다.

**프로그램**

```
1  #pragma config(Motor,  motorA,          mud,              tmotorEV3_Large, PIDControl, encoder)
2  #pragma config(Motor,  motorB,          mlr,              tmotorEV3_Large, PIDControl, encoder)
3  //*!!Code automatically generated by 'ROBOTC' configuration wizard            !!*//
4
5  task main()
6  {
7  }
```

## 3. 모터 올라오고 내려오는 값 확인하기

**1** 위 파란색을 올렸다 내리기 확인하기: up 함수를 만들고 mud 모터를 정방향으로 돌려 파란색을 위로 올린 후
0.5초간 기다렸다 다시 내리는 프로그램을 만듭니다.

**프로그램**

```
5   void up()              ← up 함수를 선언하기
6   {
7     motor[mud] = 20;      ┐ mud 모터의 출력값을 20으로 0.23초간 돌려 위쪽 파란색을 올리기
8     delay(230);          ┘
9     motor[mud] = 0;       ┐ 파란색을 올린 상태로 0.5초간 기다리기
10    delay(500);          ┘
11    motor[mud] = -20;     ┐ mud 모터의 출력값을 -20으로 0.2초간 돌려 위쪽 파란색을 내리기
12    delay(200);          ┘
13    motor[mud] = 0;       ← mud 모터를 정지하기
14  }
15
16  task main()
17  {
18    up();                ← up 함수를 호출하여 파란색 모터가 올라갔다 내려오는지 확인하기
19  }
```

※ 위로 올리는 0.23초와 아래 중간 위치로 내리는 0.2초는 상황에 따라 값을 조정할 필요가 있을 수도 있습니다.

**2** 아래 노란색 올렸다 내리기 확인하기: down 함수를 만들고 mud 모터를 반대 방향으로 돌려 노란색을 위로 올
린 후 0.5초간 기다렸다 다시 내리는 프로그램을 만듭니다.

```
16    void down()              ← down 함수를 선언하기
17    {
18      motor[mud] = -20;  ⎤ mud 모터의 출력값을 -20으로 0.3초간 돌려 아래쪽 노란색을 올리기
19      delay(300);        ⎦
20      motor[mud] = 0;    ⎤ 노란색을 올린 상태로 0.5초간 기다리기
21      delay(500);        ⎦
22      motor[mud] = 20;   ⎤ mud 모터의 출력값을 20으로 0.28초간 돌려 아래쪽 노란색을 내리기
23      delay(280);        ⎦
24      motor[mud] = 0;      ← mud 모터를 정지하기
25    }
26
27    task main()
28    {
29      up();
30      down();                ← down 함수를 호출하여 노란색 모터가 올라갔다 내려오는지 확인하기
31    }
```

**3** 왼쪽 초록색 올렸다 내리기 확인하기: left 함수를 만들고 mlr 모터를 반대 방향으로 돌려 초록색을 위로 올린 후 0.5초간 기다렸다 다시 내리는 프로그램을 만듭니다.

```
27    void left()              ← left 함수를 선언하기
28    {
29      motor[mlr] = -20;  ⎤ mlr 모터의 출력값을 -20으로 0.35초간 돌려 왼쪽 초록색을 올리기
30      delay(350);        ⎦
31      motor[mlr] = 0;    ⎤ 초록색을 올린 상태로 0.5초간 기다리기
32      delay(500);        ⎦
33      motor[mlr] = 20;   ⎤ mlr 모터의 출력값을 20으로 0.3초간 돌려 왼쪽 초록색을 내리기
34      delay(300);        ⎦
35      motor[mlr] = 0;      ← mlr 모터를 정지하기
36    }
37
38    task main()
39    {
40      up();
41      down();
42      left();                ← left 함수를 호출하여 초록색 모터가 올라갔다 내려오는지 확인하기
43    }
```

**4** 오른쪽 빨간색 올렸다 내리기 확인하기: right 함수를 만들고 mlr 모터를 정방향으로 돌려 빨간색을 위로 올린 후 0.5초간 기다렸다 다시 내리는 프로그램을 만듭니다.

```
38    void right()             ← right 함수를 선언하기
39    {
40      motor[mlr] = 20;   ⎤ mlr 모터의 출력값을 20으로 0.23초간 돌려 오른쪽 빨간색을 올리기
41      delay(230);        ⎦
42      motor[mlr] = 0;    ⎤ 빨간색을 올린 상태로 0.5초간 기다리기
43      delay(500);        ⎦
44      motor[mlr] = -20;  ⎤ mlr 모터의 출력값을 -20으로 0.18초간 돌려 오른쪽 빨간색을 내리기
45      delay(180);        ⎦
46      motor[mlr] = 0;      ← mlr 모터를 정지하기
47    }
```

```
48
49      task main()
50      {
51        up();
52        down();
53        left();
54        right();
55      }
```

※ 이후 main 함수에서 호출한 up, down, left, right 함수는 테스트 후 삭제하고 시작합니다.

**1단계** 모드(소리, 모션)를 선택해 봅시다.

프로그램이 실행되면 브릭의 왼쪽 버튼과 오른쪽 버튼을 이용하여 소리 모드와 모션 모드 중 원하는 모드를 입력받습니다. 만약 왼쪽 버튼을 누르면 소리 모드로, 오른쪽 버튼을 누르면 모션 모드로 게임을 진행합니다.

🚩 해결 절차

**절차1** 프로그램이 실행되면 모드 선택 함수 select_mode를 호출합니다.

**절차2** select_mode 함수가 호출되면 브릭의 왼쪽 버튼과 오른쪽 버튼 중 어느 버튼이 눌리는지 확인합니다.

**절차1**

❶ 프로그램이 실행되면 모드 선택값을 저장할 nMode를 전역 변수로 선언하고, 0으로 초기화합니다. 또한 select_mode 함수를 만들고, main 함수에서 select_mode 함수를 호출합니다.

**프로그램**
```
5       int nMode = 0;          ← 모드 선택값을 저장할 nMode를 정수형 전역 변수로 선언하고 0으로 초기화하기

51      void select_mode()      ← select_mode 함수를 선언하기
52      {
53
54      }
55
56      task main()
57      {
58        select_mode();        ← select_mode 함수를 호출하기
59      }
60
```

**절차2**

❷ select_mode 함수가 호출되면 입력받는 시작을 알리는 "Ready" 소리를 출력하고, 브릭의 왼쪽 버튼과 오른쪽 버튼이 눌리는지 확인합니다. 만약 왼쪽 버튼이 눌리면 nMode를 1로, 오른쪽 버튼이 눌리면 2로 정한 후 select_mode 함수를 종료합니다.

```
51    void select_mode()
52    {
53      playSoundFile("Ready.rsf");          ⎫ "Ready" 소리를 1초간 출력하기
54      delay(1000);                         ⎭
55
56      nMode = 0;                           ← nMode값을 0으로 초기화하기
57      while(1)                             ← 58~73행을 계속 반복하기
58      {
59        displayBigTextLine(1, "Select");      ← 브릭 화면 1행에 "Select"를 출력하기
60        displayBigTextLine(3, "1 : Sound");   ← 브릭 화면 3행에 "1 : Sound"를 출력하기
61        displayBigTextLine(5, "2 : Motion");  ← 브릭 화면 5행에 "2 : Motion"을 출력하기
62
63        if(getButtonPress(buttonLeft) == 1)   ← 브릭의 왼쪽 버튼이 눌리는지 확인하기
64        {
65          nMode = 1;                          ⎫ 브릭의 왼쪽 버튼이 눌리면 nMode값을 1로
66          return;                             ⎭ 정하고, select_mode 함수를 끝내기
67        }
68        else if(getButtonPress(buttonRight) == 1)  ← 브릭의 오른쪽 버튼이 눌리는지 확인하기
69        {
70          nMode = 2;                          ⎫ 브릭의 오른쪽 버튼이 눌리면 nMode값을 2로
71          return;                             ⎭ 정하고, select_mode 함수를 끝내기
72        }
73      }
74    }
```

**2단계** 소리로 입력 순서를 알려 줘 봅시다.

　　브릭의 왼쪽 버튼을 클릭하여 소리 모드로 시작하면 기억해야 할 소리의 개수를 3개부터 시작하여 "up", "down", "left", "right" 소리를 무작위로 출력하여 입력 순서를 알려 줍니다.

### 해결 절차

**절차1** input_sound 함수를 선언하고 main 함수에서 nMode값이 1이면 input_sound 함수를 호출합니다.

**절차2** input_sound 함수가 호출되면 현재 nLevel값만큼의 "up", "down", "left", "right" 소리를 무작위로 출력합니다.

**절차1**

❶ 현재 레벨을 알려 주는 nLevel을 정수형 전역 변수로 선언하고, 기억해야 할 소리의 개수를 3개부터 알려 주기 위해 3으로 초기화합니다. 그리고 100개까지 기억할 수 있도록 nData를 정수형 배열로 100개 선언합니다.

프로그램

```
5    int nMode = 0;
6    int nLevel = 3;      ← 정수형 전역 변수를 nLevel로 선언하고, 3으로 초기화하기
7    int nData[100];      ← 정수형 전역 배열을 nData로 100개 선언하기
```

❷ input_sound 함수를 만들고, main 함수에서 모드 선택 함수인 select_mode 함수 호출 다음에 조건
문으로 nMode값을 체크하여 1이면 input_sound 함수를 호출합니다.

```
프로그램
78    void input_sound()                        ← input_sound 함수를 선언하기
79    {
80
81    }
82
83    task main()
84    {
85      select_mode();
86      if( nMode == 1)input_sound();    ← nMode값이 1(소리로 알려 주기)이면 input_sound 함수를
87    }                                              호출하기
```

❸ input_sound 함수가 호출되면 "Ready" 소리를 1초간 출력하여 시작을 알려 줍니다.

```
프로그램
78    void input_sound()
79    {
80      playSoundFile("Ready.rsf");   ⎫
81      delay(1000);                   ⎬ "Ready" 소리를 1초간 출력하기
82    }
```

❹ nLevel 개수만큼 random 함수를 이용하여 무작위로 0~3 사이의 수를 생성하고, 순서대로 nData
배열에 저장합니다.

```
프로그램
78    void input_sound()
79    {
80      playSoundFile("Ready.rsf");
81      delay(1000);
82
83      int i = 0, nn;        ← nLevel값까지 1씩 증가하는 i 변수를 0으로 선언하고, 랜덤값을 저장할 nn 변수를 선언하기
84      while(i < nLevel)    ← i값이 0부터 nLevel값보다 작은 동안 85~90행을 반복하기
85      {
86        nn = random(3);    ← irandom(3) 함수를 이용하여 0부터 3 사이의 수를 무작위로 생성하여 nn 변수에 저장하기
87        nData[i] = nn;     ← nData 배열의 i번째에 nn값을 저장하기
88
89        i++;               ← i값을 1 증가하기
90      }
91    }
```

❺ 무작위 값이 1이면 "Up", 2이면 "Down", 3이면 "Left", 0이면 "Right" 소리를 출력하여 알려 줍니
다. 88행에 nn값이 1이면 "Up" 소리를 1초간 출력하고, nn값이 2이면 "Down" 소리를 1초간 출력
합니다. 그리고 nn값이 3이면 "Left" 소리를 출력하고, nn값이 4이면 "Right" 소리를 출력합니다.

```
78    void input_sound()
79    {
80      playSoundFile("Ready.rsf");
81      delay(1000);
82
83      int i = 0, nn;
84      while(i < nLevel)
85      {
86        nn = random(3);
87        nData[i] = nn;
88
89        if(nn == 1)
90        {
91          playSoundFile("Up.rsf");          ⎫ nn값이 1이면 "Up" 소리를 1초간 출력하기
92          delay(1000);                      ⎬
93        }                                    ⎭
94        else if (nn == 2)
95        {
96          playSoundFile("Down.rsf");        ⎫ nn값이 2이면 "Down" 소리를 1초간 출력하기
97          delay(1000);                      ⎬
98        }                                    ⎭
99        else if (nn == 3)
100       {
101         playSoundFile("Left.rsf");        ⎫ nn값이 3이면 "Left" 소리를 1초간 출력하기
102         delay(1000);                      ⎬
103       }                                    ⎭
104       else
105       {
106         playSoundFile("Right.rsf");       ⎫ nn값이 4이면 "Right" 소리를 1초간 출력하기
107         delay(1000);                      ⎬
108       }                                    ⎭
109       i++;
110     }
111   }
```

**3단계** 모션으로 입력 순서를 알려 줘 봅시다.

브릭의 오른쪽 버튼을 클릭하여 모션 모드로 시작하면 기억해야 할 모션의 개수를 3개부터 시작하여 '위(파란색)', '아래(노란색)', '왼쪽(초록색)', '오른쪽(빨간색)'을 무작위로 올렸다 내려서 입력 순서를 알려 줍니다.

🔖 해결 절차

**절차1** input_motion 함수를 선언하고, main 함수에서 nMode값이 1이 아니면(nMode값이 2이면) input_motion 함수를 호출합니다.

**절차2** input_motion 함수가 호출되면 현재 nLevel값만큼 위(파란색), 아래(노란색), 왼쪽(초록색), 오른쪽(빨간색)을 무작위로 올렸다 내립니다.

❶ input_motion 함수를 만들고, main 함수에서 nMode값이 1이 아니면 input_motion을 호출합니다.

**프로그램**

```
113    void input_motion()          ← input_motion 함수를 선언하기
114    {
115
116    }
117
118    task main()
119    {
120      select_mode();
121      if( nMode == 1) input_sound();
122      else input_motion();    ← nMode값이 2(모션으로 알려 주기)이면 input_motion 함수를 호출하기
123    }
```

❷ input_motion 함수가 호출되면 "Ready" 소리를 1초간 출력하여 시작을 알려 줍니다.

**프로그램**

```
113    void input_motion()
114    {
115      playSoundFile("Ready.rsf");  ⎤ "Ready" 소리를 1초간 출력하기
116      delay(1000);                 ⎦
117    }
```

❸ nLevel 개수만큼 random 함수를 이용하여 무작위로 0~3 사이의 수를 생성하고, 순서대로 nData 배열에 저장합니다.

❹ 무작위 값이 1이면 up 함수, 2이면 down 함수, 3이면 left 함수, 0이면 right 함수를 호출합니다.

**프로그램**

```
113    void input_motion()
114    {
115      playSoundFile("Ready.rsf");
116      delay(1000);
117
118      int i = 0, nn;    ← nLevel값까지 1씩 증가하는 i 변수를 0으로 선언하고, 랜덤값을 저장할 nn 변수를 선언하기
119      while(i < nLevel)             ← i값이 0부터 nLevel값보다 작은 동안 120~130행을 반복하기
120      {
121        nn = random(3);  ← random(3) 함수를 이용하여 0부터 3 사이의 수를 무작위로 생성하여 nn 변수에 저장하기
122        nData[i] = nn;              ← nData 배열의 i번째에 nn값을 저장하기
123        if( nn == 1) up();          ← nn값이 1이면 up 함수를 호출하여 파란색을 올렸다 내리기
124        else if (nn == 2) down();   ← nn값이 2이면 down 함수를 호출하여 노란색을 올렸다 내리기
125        else if (nn == 3) left();   ← nn값이 3이면 left 함수를 호출하여 초록색을 올렸다 내리기
126        else right();               ← nn값이 0이면 right 함수를 호출하여 빨간색을 올렸다 내리기
127
128        delay(300);                 ← 다음 번째로 넘어가기 전에 0.3초간 기다리기
129        i++;                        ← i값을 1 증가하기
130      }
131    }
```

사용자로부터 기억한 순서대로 브릭의 버튼을 누르게 하고, 누른 값을 순서대로 저장합니다.

### 🏷 해결 절차

절차1 사용자 입력값을 저장할 nRes 배열과 go 함수를 선언하고, main 함수에서 입력 순서 알려 주기 다음에 go 함수를 호출합니다.

절차2 go 함수가 호출되면 현재 nLevel값만큼 브릭 버튼을 이용하여 사용자로부터 입력받아 nRes 배열에 순서대로 저장합니다.

---

절차1

❶ 사용자로부터 입력받은 값을 순서대로 저장할 nRes를 정수형 전역 배열로 100개 선언합니다.

프로그램

```
5    int nMode = 0;
6    int nLevel = 3;
7    int nData[100];
8    int nRes[100];      ← nRes 이름의 정수형 전역 배열 100개 선언하기
```

❷ go 함수를 만들고, main 함수에서 모션으로 입력받기 아래에 go 함수를 호출합니다.

프로그램

```
134    void go()                        ← go 함수를 선언하기
135    {
136
137    }
138
139    task main()
140    {
141      select_mode();
142      if( nMode == 1)input_sound();
143      else input_motion();
144      go();                          ← go 함수를 호출하기
145    }
```

절차2

❸ go 함수가 호출되면 "Go" 소리를 1초간 출력하여 시작을 알려 줍니다. nLevel 개수만큼 위쪽 버튼이 눌리면 nRes 배열의 i번째 위치에 1을 저장하고, nRes 다음 주소에 저장할 수 있도록 i값을 1 증가합니다.

프로그램

```
134    void go()
135    {
136      playSoundFile("Go.rsf");  ⎫  "Go" 소리를 1초간 출력하기
137      delay(1000);              ⎭
138
139      int i = 0;                    ← 정수형 변수 i를 선언하고 0으로 초기화
140      while(i < nLevel)             ← i값을 0부터 nLevel보다 작은 동안 1씩 증가하면서 141~148행을 반복하기
141      {
142        if(getButtonPress(buttonUp) == 1)   ← 브릭의 위쪽 버튼이 눌리는지를 확인하기
```

```
143            {                                          브릭의 위쪽 버튼을 눌렀다 놓을 때까지
144                while(getButtonPress(buttonUp) == 1) {}   ← 기다리기
145                nRes[i] = 1;          ← 브릭의 위쪽을 눌렀기에 nRes 배열 i번째 주소에 1을 저장하기
146                i++;                  ← nRes 배열에서 다음 번째 주소에 저장하기 위해 i값을 1 증가하기
147            }
148        }
149    }
```

❹ 같은 방법으로 브릭의 아래쪽 버튼, 왼쪽 버튼, 오른쪽 버튼이 눌릴 때도 각각 nRes의 i번째 주소에 2, 3, 0을 저장합니다.

**프로그램**

```
134    void go()
135    {
136        playSoundFile("Go.rsf");
137        delay(1000);
138
139        int i = 0;
140        while(i < nLevel)
141        {
142            if(getButtonPress(buttonUp) == 1)
143            {
144                while(getButtonPress(buttonUp) == 1){}
145                nRes[i] = 1;
146                i++;
147            }
148            else if(getButtonPress(buttonDown) == 1)
149            {
150                while(getButtonPress(buttonDown) == 1){}
151                nRes[i] = 2;
152                i++;
153            }
154            else if(getButtonPress(buttonLeft) == 1)
155            {
156                while(getButtonPress(buttonLeft) == 1){}
157                nRes[i] = 3;
158                i++;
159            }
160            else if(getButtonPress(buttonRight) == 1)
161            {
162                while(getButtonPress(buttonRight) == 1){}
163                nRes[i] = 0;
164                i++;
165            }
166        }
167    }
```

148: 브릭의 아래쪽 버튼이 눌릴 경우 149~153행을 실행하기
150: 브릭의 아래쪽 버튼을 눌렀다 놓을 때까지 기다리기
151: nRes 배열에서 i번째 주소에 2를 저장하기
152: i값을 1 증가하기
154: 브릭의 왼쪽 버튼이 눌리는지를 확인하기
156: 브릭의 왼쪽 버튼을 눌렀다 놓을 때까지 기다리기
157: nRes 배열에서 i번째 주소에 3을 저장하기
158: i값을 1 증가하기
160: 브릭의 오른쪽 버튼이 눌리는지를 확인하기
162: 브릭의 오른쪽 버튼을 눌렀다 놓을 때까지 기다리기
163: nRes 배열에서 i번째 주소에 0을 저장하기
164: i값을 1 증가하기

기억해야 할 값과 입력받은 값을 순서대로 확인하여 모두 같으면 기억해야 할 값을 1 증가하여 다시 [2단계] 또는 [3단계]로 이동하여 알려 줍니다. 만약 틀리면 '생명력' 값을 1 감소하고, '생명력' 값이 0이 아니면 다시 [2단계] 또는 [3단계]로 이동하여 알려 줍니다.

### 해결 절차

**절차1** '생명력' 값을 기억할 전역 변수를 nHeart로 만들고 3으로 초기화합니다. 생성된 값과 사용자 입력값을 비교할 res 함수를 만들고, main 함수에서 go 함수 다음에 res 함수를 호출합니다.

**절차2** res 함수가 호출되면 nData 배열과 nRes 배열을 0번지부터 nLevel−1번지까지 순서대로 확인하여 모두 일치하면 nLevel값을 1 증가하고, 하나라도 일치하지 않으면 nHeart값을 1 감소합니다.

**절차3** res 함수가 끝나면 nHeart값을 체크하여 0이면 게임을 종료합니다. 만약 0이 아니면 계속 게임을 할 수 있도록 반복하며, 브릭 화면에 현재 레벨과 '생명력' 값을 출력합니다.

**절차1**

❶ '생명력' 값을 기억할 전역 변수를 nHeart로 선언하고, 3으로 초기화합니다.

**프로그램**

```
5   int nMode = 0;
6   int nLevel = 3;
7   int nData[100];
8   int nRes[100];
9   int nHeart = 3;   ← nHeart를 정수형 전역 변수로 선언하고, 초깃값을 3으로 지정하기
```

❷ res 함수를 만들고, main 함수에서 go 함수 다음에 res 함수를 호출합니다.

**프로그램**

```
170   void res()        ← res 함수를 선언하기
171   {
172
173   }
174
175   task main()
176   {
177     select_mode();
178     if( nMode == 1)input_sound();
179     else input_motion();
180     go();
181     res();            ← res 함수를 호출하기
182   }
```

**절차2**

❸ res 함수가 호출되면 nData 배열과 nRes 배열을 0번지부터 nLevel−1번지까지 하나씩 비교하여 두 값이 하나라도 같지 않은 것이 있는지 확인합니다. 이를 위해 nNextLevel 변수를 만들고, 1로 초기화합니다. 만약 하나라도 같지 않은 것이 있으면 nNextLevel값을 0으로 변경하여 문제가 있음을 기

억하게 합니다.

```
170    void res()
171    {
172      int nNextLevel = 1;
173      for(int i=0; i<nLevel; i++)
174      {
175        if (nData[i] != nRes[i]) nNextLevel = 0;
176      }
177    }
```

※ 배열에는 값이 0번지부터 저장되므로 3개의 값을 저장하려면 0번지, 1번지, 2번지까지 사용합니다. 즉 nLevel값이 3이면 3개
  를 확인하면 되고, 0번지부터 2번지까지를 확인합니다.

172: 두 배열의 값이 틀리면 0으로 변경할 nNextLevel 변수를 만들고 1로 초기화하기
173: i값이 0부터 nLevel값보다 작을 때까지 1씩 증가하면서 175행을 반복하기, 즉 nLevel값만큼 반복하기
175: nData 배열과 nRes 배열을 0번지부터 nLevel−1번지까지 하나씩 확인하여 값이 같지 않으면 nNextLevel값을 0으로 지정하기

❹ nNextLevel값이 1이면 틀린 것이 없으므로 "Yes" 소리를 출력하고 nLevel값을 1 증가합니다.
  nNextLevel값이 0이면 틀린 것이 있으므로 "Sorry" 소리를 출력하고 nHeart값을 1 감소합니다.

```
170    void res()
171    {
172      int nNextLevel = 1;
173      for(int i=0; i<nLevel; i++)
174      {
175        if (nData[i] != nRes[i]) nNextLevel = 0;
176      }
177
178      if(nNextLevel == 1)                  ← nNextLevel값이 1이면 179~183행을 실행하기
179      {
180        playSoundFile("Yes.rsf");      ⎫
181        delay(1000);                   ⎬ "Yes" 소리를 1초간 출력하기
182        nLevel++;                          ← nLevel값을 1 증가하기
183      }
184      else                                 ← nNextLevel값이 0이면 185~189행을 실행하기
185      {
186        playSoundFile("Sorry.rsf");    ⎫
187        delay(1000);                   ⎬ "Sorry" 소리를 1초간 출력하기
188        nHeart--;                          ← nHeart값을 1 감소하기
189      }
190    }
```

❺ main 함수에서 res 함수가 끝나고 nHeart값이 0이면 "Game over" 소리를 출력하고, 현재 Level을
  5초간 출력한 후 프로그램을 종료합니다.

```
192    task main()
193    {
```

```
194      select_mode();
195      if( nMode == 1)input_sound();
196      else input_motion();
197      go();
198      res();
199      if( nHeart == 0)                    ← nHeart값이 0인지 확인하기
200      {
201        playSoundFile("Game over.rsf");    ⎤ "Game over" 소리를 1초간 출력하기
202        delay(1000);                        ⎦
203        displayBigTextLine(5, "Level %d End", nLevel);  ⎤ 브릭 화면 5행에 "Level nLevel
204        delay(5000);                                      ⎦ (현재 레벨) End"를 5초간 출력
205        return;                           ← 프로그램을 종료하기       하기
206      }
207    }
```

❻ nHeart값이 0이 아니면 게임을 계속할 수 있도록 반복한 다음 브릭의 1행에 현재 레벨을, 브릭의 3행에 생명력을 출력합니다.

프로그램

```
192    task main()
193    {
194      select_mode();
195
196      while(1)    ← 소리나 모션으로 입력받기부터 전체를 무한 반복하기(197~213행 반복)
197      {
198        displayBigTextLine(1,"Level: %d", nLevel);   ← 브릭 화면 1행에 nLevel값을 출력하기
199        displayBigTextLine(3, "Heart: %d", nHeart);  ← 브릭 화면 3행에 nHeart값을 출력하기
200
201        if( nMode == 1)input_sound();
202        else input_motion();
203        go();
204        res();
205        if( nHeart == 0)
206        {
207          playSoundFile("Game over.rsf");
208          delay(1000);
209          displayBigTextLine(5, "Level %d End", nLevel);
210          delay(5000);
211          return;
212        }
213      }
214    }
```

실행하기 원하는 대로 프로그램이 동작하는지 실행하여 확인해 봅시다.

프로그램 작성이 완료되면 프로그램을 실행하여 로봇이 제대로 동작하는지 확인합니다.

C·H·A·P·T·E·R

# 07

프로젝트 ★7

# 깃발 들기 로봇 만들기

로봇이 빨강 깃발과 파랑 깃발을 가지고 있다가 출력되는 소리에 맞는 동작을 하도록 버튼을 누르는 깃발 들기 로봇을 만들어 봅시다.

완성된 로봇

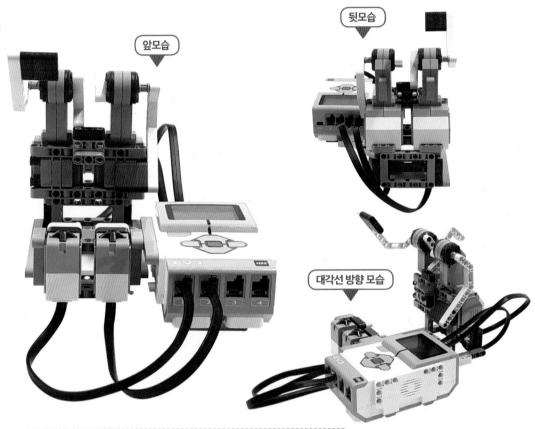

앞모습

뒷모습

대각선 방향 모습

※ **소스 파일**: [PART_3]-[3_7_깃발 들기 로봇] 폴더에서 단계별로 완성한 파일을 참고하세요.

해결할 문제

작은 문제로 나누어서 해결합니다.

**1단계**
빨강 깃발과 파랑 깃발을 가운데 위치로 이동시키기

**2단계**
동작해야 하는 버튼을 소리로 알려주기

**3단계**
소리에 해당하는 버튼을 누르기

**4단계**
알려준 소리와 누른 버튼이 맞는지 확인하기

**5단계**
게임을 계속할지의 여부를 확인하기

조립도를 보고 깃발 들기 로봇을 만들어 봅시다.

❶ LDD 조립도 프로그램을 실행하여 모듈 1 과 모듈 2 를 만들어 놓습니다.

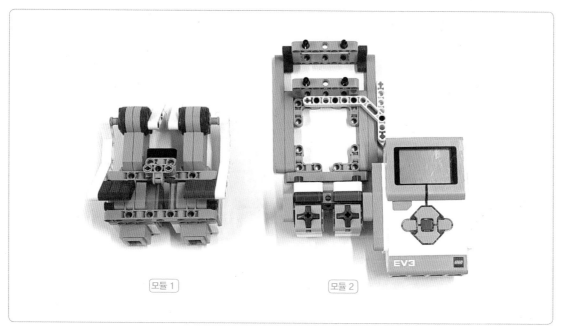

모듈 1

모듈 2

※ 모듈 1 : 5칸 1개를 사용합니다.

※ 제공한 [창작 조립도]–[PART_3] 폴더에서 '03_07_깃발 들기 로봇01.lxf' ~ '03_04_깃발 들기 로봇02.lxf' 조립도 파일을 하나씩 열어 모듈 1 ~ 모듈 4 까지 조립하여 나열하도록 합니다.

❷ 모듈 1 의 아랫부분을 모듈 2 에 올려 결합하여 완성합니다.

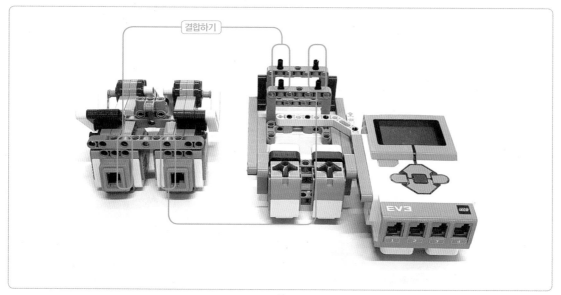

결합하기

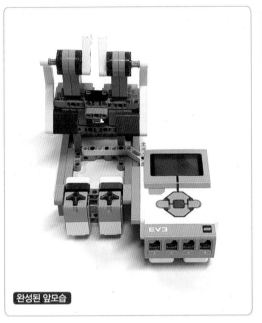

완성된 앞모습

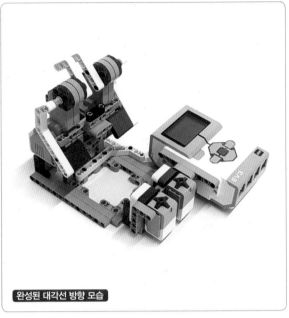

완성된 대각선 방향 모습

**모터와 센서 연결하기**

브릭에 모터와 센서를 연결합니다.

### 서보 모터

- motorA: 라지 서보 모터 ← 빨강 깃발을 올리고 내리는 서
  보 모터
- motorB: 라지 서보 모터 ← 파랑 깃발을 올리고 내리는 서
  보 모터
- motorC: −
- motorD: −

🔺 출력 포트

### 센서 및 버튼

- Sensor1: 터치 센서 ← 빨강 깃발을 올리고 내리는 터치
  센서
- Sensor2: 터치 센서 ← 파랑 깃발을 올리고 내리는 터치
  센서
- Sensor3: −
- Sensor4: −

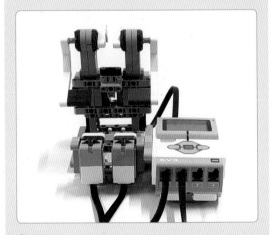

🔺 입력 포트

## 3 >> 문제 분석 및 작은 문제로 나누기

깃발 들기 게임을 만들기 위해 문제를 분석하여 아래와 같이 작은 문제로 나누어 봅니다.

| **1단계**<br>깃발 초기화 | ▶ | **2단계**<br>소리로 알려 주기 | ▶ | **3단계**<br>버튼 누르기 | ▶ | **4단계**<br>결과 확인하기 | ▶ | **5단계**<br>게임 계속하기 |
|---|---|---|---|---|---|---|---|---|

## 4 >> 작은 문제별 해결 전략 세우기

나눈 작은 문제들을 어떻게 해결해야 할지 아래와 같이 단계별로 해결 전략을 세웁니다.

**1단계**
깃발 초기화

프로그램이 실행되면 빨강 깃발과 파랑 깃발을 가운데 위치로 이동시킵니다.

▼

**2단계**
소리로 알려 주기

빨강 깃발과 파랑 깃발을 "올려", "내려", "올리지 마", "내리지 마"와 같이 총 8개의 소리 중 무작위로 한 개를 선택하여 출력합니다.

▼

**3단계**
버튼 누르기

타이머와 터치 센서, 브릭의 위아래 버튼을 이용하여 버튼을 누르지 않거나 누른 버튼을 기억한 후 누른 버튼의 모터를 올리거나 내려 표현합니다.

▼

**4단계**
결과 확인하기

무작위로 선택하여 알려 준 소리 파일과 버튼을 누른 결과가 일치하는지를 비교하여 일치하면 점수를 1점 올리고, 일치하지 않으면 '생명력(초깃값 3)' 값을 1 감소합니다.

▼

**5단계**
게임 계속하기

'생명력' 값이 0이 되면 게임을 종료하고 아니면 게임을 계속합니다.

"빨강 깃발 올려", "빨강 깃발 내려", "파랑 깃발 올려", "파랑 깃발 내려", "빨강 깃발 올리지 마", "빨강 깃발 내리지 마", "파랑 깃발 올리지 마", "파랑 깃발 내리지 마"와 같이 총 8개의 소리 파일이 필요합니다. 엔트리에서는 mp3 파일을 사용하고, EV3 브릭에는 rsf 파일을 만들어 사용해야 합니다. 8개의 소리를 녹음하여 mp3 파일로 만들고, 다시 rsf 파일로 만드는 방법에 대하여 알아봅니다.

## 1. mp3 파일 만들기

**1** 음성 파일을 녹음하기 위해 마이크가 내장되어 있는 음성 녹음기 프로그램이나 휴대 전화에서 음성을 녹음하여 파일을 저장합니다.

△ 녹음하기

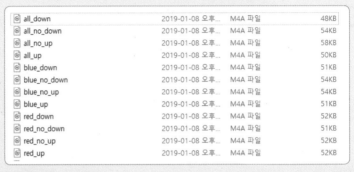

△ 녹음된 소리 파일들

**2** 엔트리에서는 소리 파일을 mp3를 사용하고 ROBOTC에서는 rsf 파일을 사용하므로, 먼저 녹음한 파일을 'daum 팟인코더'와 같은 소리 변환 프로그램을 이용하여 mp3 파일로 변환합니다.

◁ MP3 파일로 변환된 소리 파일들

## 2. mp3 파일을 rsf 파일로 변경하기

**1** ROBOTC에서 사용하기 위해 mp3 파일을 rsf 파일로 만들어 EV3 브릭에 다운로드합니다.

**2** EV3 software를 다운로드하여 설치하기 위해 웹상에서 'https://www.lego.com/ko-kr/mindstorms/about-ev3' 주소를 입력하여 연결합니다.

**3** 오른쪽 상단의 [다운로드]를 클릭하고 아래쪽 EV3 소프트웨어 다운로드 (PC/MAC) 화면에서 운영 체제에 맞는 버튼을 클릭합니다.

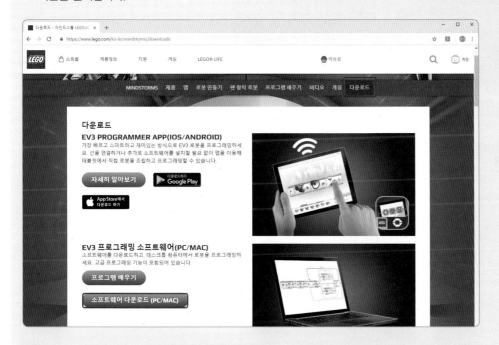

**4** 자신이 사용하는 컴퓨터에 설치된 운영 체제에 맞는 프로그램을 다운로드하여 설치합니다.

※ 직접 다운로드할 경우 사이트 주소: https://www.lego.com/ko-kr/mindstorms/downloads/download-software

**5** 이번에는 EV3의 software를 다운로드하여 설치한 후 프로그램을 실행합니다.

**6** 상단 메뉴에서 [파일]−[새 프로젝트]를 클릭하고, 다시 [도구]−[사운드 편집기] 메뉴를 클릭합니다.

**7** 사운드 편집기에서 소리를 직접 녹음하거나 mp3 파일을 불러와 rsf 파일로 변경하여 사용합니다. 여기에서는 앞에서 만든 mp3 파일을 하나씩 불러오도록 합니다.

**8** [저장] 버튼을 누른 후 파일명을 입력하고 [확인] 버튼을 누릅니다. [예] blue_up

 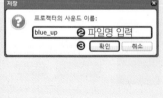

**9** 나머지 소리 파일들도 같은 방법으로 모두 저장합니다.

**10** 왼쪽 상단의 프로젝트 속성( 🔧 )을 누르고, 아래 중간의 [사운드] 탭을 클릭합니다.

**11** 소리 파일을 하나씩 선택하고 [내보내기] 버튼을 클릭하여 적당한 위치에 저장합니다.

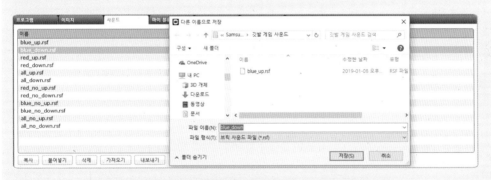

**12** 다음과 같이 8개의 rsf 파일이 만들어집니다.

| | | | |
|---|---|---|---|
| blue_down.rsf | 2019-01-08 오후… | RSF 파일 | 10KB |
| blue_no_down.rsf | 2019-01-08 오후… | RSF 파일 | 11KB |
| blue_no_up.rsf | 2019-01-08 오후… | RSF 파일 | 11KB |
| blue_up.rsf | 2019-01-08 오후… | RSF 파일 | 10KB |
| red_down.rsf | 2019-01-08 오후… | RSF 파일 | 10KB |
| red_no_down.rsf | 2019-01-08 오후… | RSF 파일 | 10KB |
| red_no_up.rsf | 2019-01-08 오후… | RSF 파일 | 10KB |
| red_up.rsf | 2019-01-08 오후… | RSF 파일 | 10KB |

**3.** ROBOTC에서 rsf 파일을 다운로드하여 사용하기

**1** ROBOTC를 실행하고 [Robot]−[LEGO Brick]−[File Management Utility] 메뉴를 클릭합니다.

**2** [/rc−data] 폴더를 더블 클릭하고 [Download] 버튼을 클릭한 후 앞에서 만든 rsf 파일을 EV3 브릭에 다운로드한 후 [Close] 버튼을 누릅니다.

**3** 아래와 같이 프로그램을 작성하고 저장한 rsf 소리 파일을 출력해 보도록 합니다.

프로그램

```
2    task main()
3    {
4      playSoundFile("/home/root/lms2012/prjs/rc-data/red_up.rsf");
5      delay(1500);
6      playSoundFile("/home/root/lms2012/prjs/rc-data/red_no_up.rsf");
7      delay(1500);
8      playSoundFile("/home/root/lms2012/prjs/rc-data/blue_down.rsf");
9      delay(1500);
10   }
```

앞에서 설계한 [작은 문제별 해결 전략 세우기]대로 프로그래밍하여 문제를 해결합니다.

• 문제 해결을 위한 사전 준비 •

1. 소리 파일 등록하기

"빨강 올려", "빨강 내려", "파랑 올려", "파랑 내려", "빨강 올리지 마", "빨강 내리지 마", "파랑 올리지 마", "파랑 내리지 마"와 같이 총 8개의 mp3 소리 파일을 등록하여 사용하고자 합니다.
[소리]−[소리 추가]−[파일 업로드] 메뉴를 차례대로 클릭하고 앞에서 준비한 8개의 mp3 파일을 추가합니다.

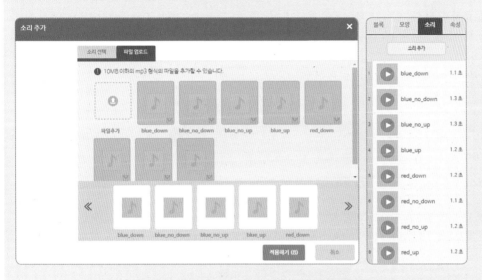

2. 빨강 깃발과 파랑 깃발 올리기와 내리기를 신호로 만들기

**1** '빨강 깃발 올리기' 신호를 만들고 '빨강 깃발 올리기' 신호를 받으면 motorA를 −30의 출력값으로 0.2초간 회전하여 올린 후 0.5초 기다렸다가 다시 motorA를 30의 출력값으로 0.25초간 내려 중앙에 오게 합니다.

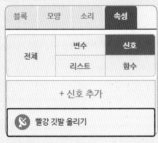

▲ 신호 만들기

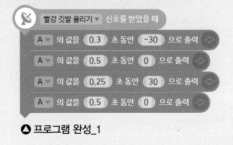

▲ 프로그램 완성_1

**2** '빨강 깃발 내리기' 신호를 만들고 '빨강 깃발 내리기' 신호를 받으면 motorA를 30의 출력값으로 0.2초간 회전하여 내린 후 0.5초 기다렸다가 다시 motorA를 −30의 출력값으로 0.2초간 올려 중앙에 오게 합니다.

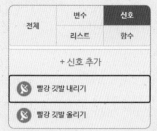

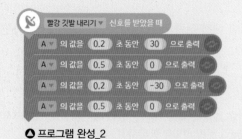

🔺 신호 추가하기　　　　🔺 프로그램 완성_2

**3** '파랑 깃발 올리기' 신호를 만들고 '파랑 깃발 올리기' 신호를 받으면 motorB를 −30의 출력값으로 0.2초간 회전하여 올린 후 0.5초 기다렸다가 다시 motorB를 30의 출력값으로 0.25초간 내려 중앙에 오게 합니다.

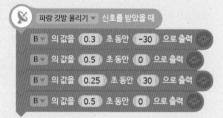

🔺 신호 추가하기　　　　🔺 프로그램 완성_3

**4** '파랑 깃발 내리기' 신호를 만들고 '파랑 깃발 내리기' 신호를 받으면 motorB를 30의 출력값으로 0.2초간 회전하여 내린 후 0.5초 기다렸다가 다시 motorB를 −30의 출력값으로 0.25초간 올려 중앙에 오게 합니다.

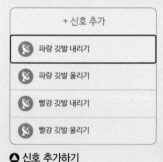

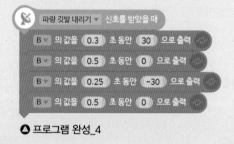

🔺 신호 추가하기　　　　🔺 프로그램 완성_4

**1단계** 깃발을 초기화해 봅시다.

프로그램이 실행되면 빨강 깃발과 파랑 깃발을 가운데 위치로 이동시킵니다.

 해결 절차

**절차1** '깃발 초기화하기' 신호를 만들고, [시작하기 버튼을 클릭했을 때] 블록 아래에 ['깃발 초기화하기' 신호 보내고 기다리기] 블록을 연결합니다.

**절차2** '깃발 초기화하기' 신호가 시작되면 motorA와 motorB를 이용하여 아래로 내렸다가 중앙으로 이동시킵니다.

**절차1**

❶ [속성]−[신호]−[신호 추가] 메뉴를 클릭하여 '깃발 초기화하기' 신호를 만들고, [시작하기 버튼을 클릭했을 때] 블록 아래에 ['깃발 초기화하기' 신호 보내고 기다리기] 블록을 연결합니다.

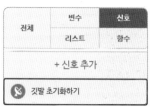

◀ 신호 만들기

**절차2**

❷ '깃발 초기화하기' 신호가 시작되면 motorA와 motorB의 출력값을 10으로 정하여 1.5초간 아래로 내렸다가 motorA와 motorB의 출력값을 −30으로 0.25초간 회전하여 중앙으로 오게 합니다.

프로그램 완성_5 ▶

---

**2단계** 깃발을 어떻게 움직일지 소리로 알려 줘 봅시다.

빨강 깃발과 파랑 깃발을 각각 "올려", "내려", "올리지 마", "내리지 마"와 같이 총 8개의 소리 중 무작위로 한 개의 소리를 선택하여 출력합니다.

🚩 **해결 절차**

**절차1** '사운드 출력하기' 신호와 '사운드' 변수를 만들고 ['깃발 초기화하기' 신호 보내고 기다리기] 블록 아래에 ['사운드 출력하기' 신호 보내고 기다리기] 블록을 연결합니다.

**절차2** '사운드 출력하기' 신호가 시작되면 사운드값을 1부터 8 사이의 수를 무작위로 생성하여 정하고, '사운드' 값에 해당하는 소리를 출력합니다. 그리고 '사운드' 값이 4보다 큰 경우에는 버튼을 누르지 말아야 하므로 '사운드' 값을 0으로 지정합니다.

**절차1**

❶ [속성]−[신호]−[신호 추가] 메뉴를 클릭하여 '사운드 출력하기' 신호를 만들고, [속성]−[변수]−[변수 추가]를 클릭하여 '사운드' 변수를 만듭니다.

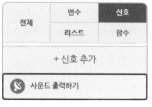

◆ 신호 만들기

◆ 변수 만들기

❷ ['깃발 초기화하기' 신호 보내고 기다리기] 블록 아래에 ['사운드 출력하기' 신호 보내고 기다리기] 블록을 연결합니다.

❸ '사운드 출력하기' 신호가 시작되면 '사운드' 값을 1부터 8 사이의 수 중 하나를 무작위로 지정하고 '사운드' 값이 1이면 "빨강 올려", 2이면 "빨강 내려", 3이면 "파랑 올려", 4이면 "파랑 내려", 5이면 "빨강 올리지 마", 6이면 "빨강 내리지 마", 7이면 "파랑 올리지 마", 8이면 "파랑 내리지 마" 소리를 출력합니다. 그리고 '사운드' 값이 4보다 크면 버튼을 누르지 말아야 하므로 '사운드' 값을 0으로 지정하는 블록을 추가합니다.

프로그램 완성_6 ▶

**3단계** 버튼 누르기를 해 봅시다.

타이머와 터치 센서, 브릭의 위아래 버튼을 이용하여 버튼을 누르지 않거나 누른 버튼을 기억하고, 누른 버튼의 모터를 올리거나 내려서 표현합니다.

🚩 **해결 절차**

**절차1** '버튼 누르기' 신호와 '입력값' 변수를 만들고, ['사운드 출력하기' 신호 보내고 기다리기] 블록 아래에 ['버튼 누르기' 신호 보내고 기다리기] 블록을 연결합니다.

절차2 '버튼 누르기' 신호가 시작되면 초시계를 시작하고, 버튼을 누르면 누른 값을 '입력값'에 저장하고 신호를 끝냅니다. 만약 버튼을 누르지 않고 3초가 넘으면 '입력값'을 0으로 정하고 신호를 끝냅니다.

**절차1**

❶ [속성]−[신호]−[신호 추가] 메뉴를 클릭하여 '버튼 누르기' 신호를 만들고, [속성]−[변수]−[변수 추가]를 클릭하여 '입력값' 변수를 만듭니다.

▲ 신호 만들기

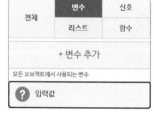

▲ 변수 만들기

❷ 322쪽 ❷ 프로그램에서 ['사운드 출력하기' 신호 보내고 기다리기] 블록 아래에 ['버튼 누르기' 신호 보내고 기다리기] 블록을 추가합니다.

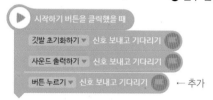

**절차2**

❸ '버튼 누르기' 신호를 받으면 초시계를 시작하고 초기화합니다. 그리고 초시계가 3초를 넘으면 초시계를 정지하고 '입력값'을 0으로 지정한 후 '버튼 누르기' 신호를 종료합니다.

※ '초시계' 값이 2초보다 크면'으로 변경하면 난도를 높일 수 있습니다.

❹ 1번 터치 센서와 브릭의 위쪽 버튼이 눌리면 초시계를 정지하고 '입력값'을 1로 지정한 후 '버튼 누르기' 신호를 종료합니다.

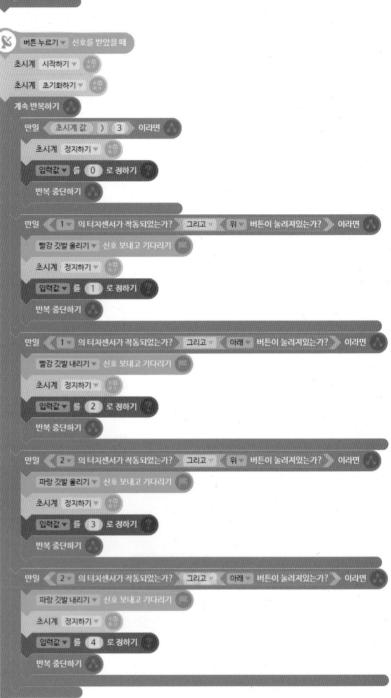

❺ 1번 터치 센서와 브릭의 아래쪽 버튼이 눌리면 초시계를 정지한 후 '입력값'을 2로 정하고 '버튼 누르기' 신호를 종료합니다. 2번 터치 센서와 브릭의 위쪽 버튼을 누르면 초시계를 정지한 후 '입력값'을 3으로 정하고 '버튼 누르기' 신호를 종료합니다. 그리고 2번 터치 센서와 브릭의 아래쪽 버튼을 누르면 초시계를 정지하고 '입력값'을 4로 정하는 블록을 추가합니다.

프로그램 완성_7 ▶

**4단계** 결과를 확인해 봅시다.

무작위로 선택되어 알려 준 소리와 버튼을 누른 결과가 일치하는지를 확인하여 일치하면 '점수' 값을 1점 올리고, 일치하지 않으면 '생명력(초기 3)' 값을 1 감소합니다.

🚩⊕ **해결 절차**

**절차1** '결과 확인하기' 신호와 '점수' 변수, '생명력' 변수(초깃값 3)를 만들고, ['버튼 누르기' 신호 보내고 기다리기] 블록 아래에 ['결과 확인하기' 신호 보내고 기다리기] 블록을 연결합니다.

**절차2** '결과 확인하기' 신호가 시작되면 '사운드' 값과 '입력값'을 비교하여 값이 같으면 '점수'에 1을 더하고, 다르면 '생명력' 값을 1 감소합니다.

**절차1**

❶ 323쪽 ❷ 프로그램에서 '결과 확인하기' 신호와 '점수' 변수, '생명력' 변수를 만듭니다. 그리고 '생명력' 변수에는 초깃값을 3으로 정합니다.

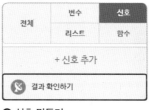

🔺 신호 만들기

🔺 변수 만들기

❷ ['버튼 누르기' 신호 보내고 기다리기] 블록 다음에 ['결과 확인하기' 신호 보내고 기다리기] 블록을 추가합니다.

**절차2**

❸ '결과 확인하기' 신호를 받으면 '사운드' 변수와 '입력값' 변수의 값이 같으면 일치한 경우이므로, '점수' 값에 1을 더하고 일치하지 않을 경우에는 '생명력' 값을 1 감소합니다.

🔺 프로그램 완성_8

**5단계** 게임을 계속해 봅시다.

'생명력' 값이 0이 되면 게임을 종료하고 아니면 게임을 계속합니다.

**해결 절차**

> 절차1 '생명력' 값이 0이면 게임을 종료합니다.
>
> 절차2 '생명력' 값이 0이 될 때까지 게임을 계속 반복합니다.

**절차1**

① 325쪽 ② 프로그램에 '생명력' 값이 0인지 비교하여 0이면 모든 프로그램을 종료하는 블록을 추가합니다.

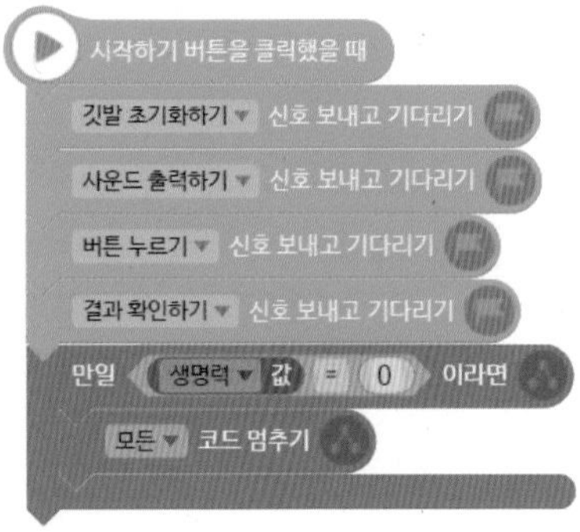

**절차2**

② [계속 반복하기] 블록을 '사운드 출력하기' 신호부터 '생명력' 값이 0인지 확인하는 블록을 감싸 게임을 계속 반복할 수 있도록 합니다.

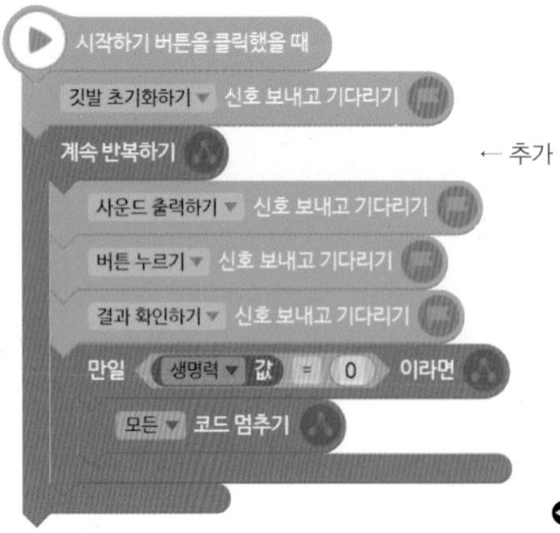

◀ 프로그램 완성_9

**실행하기** 원하는 대로 프로그램이 동작하는지 실행하여 확인해 봅시다.

엔트리 화면에 있는 [▶ 시작하기] 버튼을 클릭하여 로봇이 제대로 동작하는지 확인합니다.

앞에서 설계한 [작은 문제별 해결 전략 세우기]대로 프로그래밍하여 문제를 해결합니다.

**● 프로그래밍을 위한 사전 준비 ●**

### 1. 모터와 센서의 이름 정하기

**1** [Robot]–[Motors and Sensors Setup] 메뉴를 클릭하고, [Motors] 탭에서 motorA는 빨강 깃발을 움직이는 모터이므로 motor red를 줄여 이름을 'mr', motorB는 파랑 깃발을 움직이는 모터이므로 motor blue를 줄여 'mb'로 지정합니다.

**2** [Sensor] 탭으로 이동 후 S1은 빨간색 터치 센서이므로 'br', S2는 파란색 터치 센서이므로 'bb'로 지정합니다.

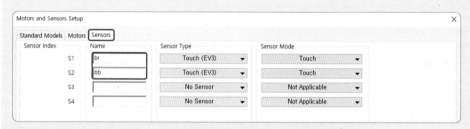

**3** [확인] 버튼을 클릭하면 아래와 같이 프로그램 소스가 자동으로 생성됩니다.

**프로그램**

```
1   #pragma config(Sensor, S1,      br,              sensorEV3_Touch)
2   #pragma config(Sensor, S2,      bb,              sensorEV3_Touch)
3   #pragma config(Motor,  motorA,       mr,         tmotorEV3_Large, PIDControl, encoder)
4   #pragma config(Motor,  motorB,       mb,         tmotorEV3_Large, PIDControl, encoder)
5   //*!!Code automatically generated by 'ROBOTC' configuration wizard            !!*//
```

### 2. 깃발 사운드 출력 멀티 태스크 함수 만들기

**1** "빨강 깃발 올려" 소리를 출력하는 'red_up' 멀티 태스크 함수를 만들고, "red_up.rsf" 소리를 1.5초간 출력하는 명령을 추가합니다.

**프로그램**

```
7    task red_up()   ← red_up 멀티 태스크 함수를 선언하기
8    {
9      playSoundFile("/home/root/lms2012/prjs/rc-data/red_up.rsf");
10     delay(1500);
11   }
```

9~10: "red_up" 소리를 1.5초간 출력하기

**2** "빨강 깃발 내려" 소리를 출력하는 'red_down' 멀티 태스크 함수를 만들고, 'red_down.rsf' 소리를 1.5초간 출력하는 명령을 추가합니다.

```
프로그램
13    task red_down()     ←red_down 멀티 태스크 함수를 선언하기
14    {
15      playSoundFile("/home/root/lms2012/prjs/rc-data/red_down.rsf");
16      delay(1500);
17    }
```

15~16: "red_down" 사운드를 1.5초간 출력하기

**3** "파랑 깃발 올려" 소리를 출력하는 'blue_up' 멀티 태스크 함수를 만들고, "blue_up.rsf" 소리를 1.5초간 출력하는 명령을 추가합니다.

```
프로그램
19    task blue_up()     ←blue_up 멀티 태스크 함수를 선언하기
20    {
21      playSoundFile("/home/root/lms2012/prjs/rc-data/blue_up.rsf");
22      delay(1500);
23    }
```

21~22: "blue_up" 사운드를 1.5초간 출력하기

**4** "파랑 깃발 내려" 소리를 출력하는 'blue_down' 멀티 태스크 함수를 만들고, "blue_down.rsf" 소리를 1.5초간 출력하는 명령을 추가합니다.

```
프로그램
25    task blue_down()   ←blue_down 멀티 태스크 함수 선언하기
26    {
27      playSoundFile("/home/root/lms2012/prjs/rc-data/blue_down.rsf");
28      delay(1500);
29    }
```

27~28: "blue_down" 소리를 1.5초간 출력하기

**5** 같은 방법으로 "빨강 깃발 올리지 마", "빨강 깃발 내리지 마", "파랑 깃발 올리지 마", "파랑 깃발 내리지 마"를 출력하는 멀티 태스크 함수와 명령을 추가합니다.

```
프로그램
31    task red_no_up()
32    {
33      playSoundFile("/home/root/lms2012/prjs/rc-data/red_no_up.rsf");
34      delay(1500);
35    }
36
37    task red_no_down()
38    {
39      playSoundFile("/home/root/lms2012/prjs/rc-data/red_no_down.rsf");
```

```
40        delay(1500);
41    }
42
43    task blue_no_up()
44    {
45        playSoundFile("/home/root/lms2012/prjs/rc-data/blue_no_up.rsf");
46        delay(1500);
47    }
48
49    task blue_no_down()
50    {
51        playSoundFile("/home/root/lms2012/prjs/rc-data/blue_no_down.rsf");
52        delay(1500);
53    }
```

31: red_no_up 멀티 태스크 함수를 선언하기
33~34: "red_no_up" 소리를 1.5초간 출력하기
37: red_no_down 멀티 태스크 함수를 선언하기
39~40: "red_no_down" 소리를 1.5초간 출력하기
43: blue_no_up 멀티 태스크 함수를 선언하기
45~46: "blue_no_up" 소리를 1.5초간 출력하기
49: blue_no_down 멀티 태스크 함수를 선언하기
51~52: "blue_no_down" 소리를 1.5초간 출력하기

## 3. 깃발 올리고 내리기

**1** 빨강 깃발을 올렸다 내리는 flag_red_up 함수를 만들고, mr 모터의 출력값을 −30으로 0.2초간 돌려 빨강 깃발을 올린 후 0.5초 기다렸다 mr 모터의 출력값을 30으로 0.2초간 돌려 다시 중앙으로 내리고 0.5초 기다리는 명령을 추가합니다.

프로그램

```
55    void flag_red_up()    ← flag_red_up 함수를 선언하기
56    {
57        motor[mr] = -30;    ⎫ mr 모터의 출력값을 −30으로 0.2초간 돌려 빨강 깃발을 올리기
58        delay(200);         ⎭
59        motor[mr] = 0;      ⎫ mr 모터를 0.5초 정지하기
60        delay(500);         ⎭
61        motor[mr] = 30;     ⎫ mr 모터의 출력값을 30으로 0.2초간 돌려 빨강 깃발을 중앙으로 내리기
62        delay(200);         ⎭
63        motor[mr] = 0;      ⎫ mr 모터를 0.5초 정지하기
64        delay(500);         ⎭
65    }
```

**2** 빨강 깃발을 내렸다 올리는 flag_red_down 함수를 만들고 mr 모터를 이용하여 아래로 내렸다 올리는 명령을 추가합니다.

프로그램

```
67    void flag_red_down()    ← flag_red_down 함수를 선언하기
68    {
69        motor[mr] = 30;     ⎫ mr 모터의 출력값을 30으로 0.2초간 돌려 빨강 깃발을 내리기
70        delay(200);         ⎭
71        motor[mr] = 0;      ⎫ mr 모터를 0.5초 정지하기
72        delay(500);         ⎭
```

```
73      motor[mr] = -30;      ⎫ mr 모터의 출력값을 30으로 0.2초간 돌려 빨강 깃발을 중앙으로 올리기
74      delay(200);           ⎭
75      motor[mr] = 0;        ⎫ mr 모터를 0.5초 정지하기
76      delay(500);           ⎭
77  }
```

**3** 파랑 깃발을 올렸다 내리는 flag_blue_up 함수를 만들고 mb 모터를 이용하여 아래로 내렸다 올리는 명령을 추가합니다.

프로그램

```
79  void flag_blue_up()  ← flag_blue_up 함수를 선언하기
80  {
81      motor[mb] = -30;      ⎫ mb 모터의 출력값을 -30으로 0.2초간 돌려 파랑 깃발을 올리기
82      delay(200);           ⎭
83      motor[mb] = 0;        ⎫ mb 모터를 0.5초 정지하기
84      delay(500);           ⎭
85      motor[mb] = 30;       ⎫ mb 모터의 출력값을 30으로 0.2초간 돌려 파랑 깃발을 중앙으로 내리기
86      delay(200);           ⎭
87      motor[mb] = 0;        ⎫ mb 모터를 0.5초 정지하기
88      delay(500);           ⎭
89  }
```

**4** 파랑 깃발을 내렸다 올리는 flag_blue_down 함수를 만들고 mb 모터를 이용하여 아래로 내렸다 올리는 명령을 추가합니다.

프로그램

```
91  void flag_blue_down()      ← flag_blue_down 함수를 선언하기
92  {
93      motor[mb] = 30;       ⎫ mb 모터의 출력값을 30으로 0.2초간 돌려 파랑 깃발을 내리기
94      delay(200);           ⎭
95      motor[mb] = 0;        ⎫ mb 모터를 0.5초 정지하기
96      delay(500);           ⎭
97      motor[mb] = -30;      ⎫ mb 모터의 출력값을 -30으로 0.2초간 돌려 파랑 깃발을 중앙으로 올리기
98      delay(200);           ⎭
99      motor[mb] = 0;        ⎫ mb 모터를 0.5초 정지하기
100     delay(500);           ⎭
101 }
```

**1단계** 깃발을 초기화해 봅시다.

프로그램이 실행되면 빨강 깃발과 파랑 깃발을 가운데 위치로 이동시킵니다.

**해결 절차**

**절차1** setup 함수를 만들고, main 함수에서 setup 함수를 호출합니다.

**절차2** setup 함수가 호출되면 mr 모터와 mb 모터를 아래로 내렸다 중앙으로 이동시킵니다.

**절차1**

**❶** setup 함수를 만들고, main 함수에서 setup 함수를 호출하는 명령을 추가합니다.

```
103     void setup()          ← setup 함수를 선언하기
104     {
105     }
106
107     task main()
108     {
109        setup();           ← setup 함수를 호출하기
110     }
```

**절차2**

② setup 함수가 호출되면 mr 모터와 mb 모터의 출력값을 10으로 1.5초간 회전하여 깃발들을 아래로 내리고 0.25초 정지한 후, 다시 mr 모터와 mb 모터의 출력값을 −30으로 0.25초간 회전하여 중앙에 온 후 정지합니다.

```
103     void setup()
104     {
105        motor[mr] = 10;        ⎫
106        motor[mb] = 10;        ⎬ mr과 ml 모터의 출력값을 10으로 1.5초간 회전하여 두 개의 깃발을 아래로 내리기
107        delay(1500);           ⎭
108        motor[mr] = 0;         ⎫
109        motor[mb] = 0;         ⎬ mr과 ml 모터를 0.25초 정지하기
110        delay(250);            ⎭
111        motor[mr] = -30;       ⎫
112        motor[mb] = -30;       ⎬ mr과 ml 모터의 출력값을 −30으로 0.25초간 회전하여 두 개의 깃발을 가운데로 오게
113        delay(250);            ⎭ 하기
114        motor[mr] = 0;         ⎫
115        motor[mb] = 0;         ⎬ mr과 ml 모터를 0.5초 정지하기
116        delay(500);            ⎭
117     }
```

**2단계** 깃발을 어떻게 움직일지 소리로 알려 줘 봅시다.

빨강 깃발과 파랑 깃발을 각각 "올려", "내려", "올리지 마", "내리지 마"와 같이 총 8개의 소리 중 무작위로 한 개의 소리를 선택하여 출력합니다.

**해결 절차**

**절차1** nsound 변수와 sound 함수를 만들고, main 함수에서 setup 함수 다음으로 sound 함수를 호출합니다.

**절차2** sound 함수가 호출되면 nsound값을 1부터 8 사이의 수 중 하나를 무작위로 생성하여 정하고, nsound값에 해당하는 소리를 출력 멀티 태스크 함수로 호출합니다. 그리고 nsound값이 4보다 큰 경우는 버튼을 누르지 않아야 하므로 nsound값을 0으로 변경합니다.

**절차1**

① 정수형 전역 변수 nsound를 만들고 0으로 초기화합니다.

**프로그램**

```
7   int nsound = 0;  ← 정수형 전역 변수 nsound를 선언하고 0으로 초기화하기
```

❷ sound 함수를 만들고, main 함수에서 sound 함수를 호출하는 명령을 추가합니다.

**프로그램**

```
121   void sound()    ← sound 함수를 선언하기
122   {
123   }
124
125   task main()
126   {
127     setup();
128     sound();       ← sound 함수를 호출하기
129   }
```

**절차2**

❸ sound 함수가 호출되면 random 함수를 이용하여 0부터 7 사이의 수를 무작위로 생성한 후, 1을 더해 1부터 8 사이의 수로 만들어 nsound 변수에 저장합니다.

**프로그램**

```
121   void sound()
122   {
123     nsound = random(7) + 1;  ← 0~7 사이의 수를 무작위로 생성한 후 1을 더한 값, 즉 1~8 사이의 수를
124   }                              만들어 nsound 변수에 저장하기
```

❹ 다음과 같이 nsound값에 따라 관련 멀티 태스크 함수를 호출하여 해당 소리를 출력합니다.

nsound값 1이면 'red_up', 2이면 'red_down', 3이면 'blue_up', 4이면 'blue_down', 5이면 'red_no_up', 6이면 'red_no_down', 7이면 'blue_no_up', 8이면 'blue_no_down' 멀티 태스크 함수를 시작하여 해당되는 소리를 출력합니다.

**프로그램**

```
121   void sound()
122   {
123     nsound = random(7) + 1;
124
125     if (nsound == 1) startTask(red_up);
126     else if (nsound == 2) startTask(red_down);
127     else if (nsound == 3) startTask(blue_up);
128     else if (nsound == 4) startTask(blue_down);
129     else if (nsound == 5) startTask(red_no_up);
130     else if (nsound == 6) startTask(red_no_down);
131     else if (nsound == 7) startTask(blue_no_up);
132     else if (nsound == 8) startTask(blue_no_down);
133   }
```

125: nsound값이 1이면 red_up 멀티 태스크 함수를 시작하기

126: nsound값이 20이면 red_down 멀티 태스크 함수를 시작하기
127: nsound값이 30이면 blue_up 멀티 태스크를 함수 시작하기
128: nsound값이 40이면 blue_down 멀티 태스크 함수를 시작하기
129: nsound값이 50이면 red_no_up 멀티 태스크 함수를 시작하기
130: nsound값이 60이면 red_no_down 멀티 태스크 함수를 시작하기
131: nsound값이 70이면 blue_no_up 멀티 태스크 함수를 시작하기
132: nsound값이 80이면 blue_no_down 멀티 태스크 함수를 시작하기

❺ nsound값이 4보다 크면 모두 버튼을 누르지 않은 것이므로 nsound값을 0으로 변경합니다.

프로그램

```
121    void sound()
122    {
123        nsound = random(7) + 1;
124
125        if (nsound == 1) startTask(red_up);
126        else if (nsound == 2) startTask(red_down);
127        else if (nsound == 3) startTask(blue_up);
128        else if (nsound == 4) startTask(blue_down);
129        else if (nsound == 5) startTask(red_no_up);
130        else if (nsound == 6) startTask(red_no_down);
131        else if (nsound == 7) startTask(blue_no_up);
132        else if (nsound == 8) startTask(blue_no_down);
133
134        if(nsound > 4)  nsound = 0;   ← nsound값이 4보다 크면 nsound값을 0으로 변경하기
135    }
```

**3단계** 버튼 누르기를 해 봅시다.

타이머와 터치 센서, 브릭의 위아래 버튼을 이용하여 버튼을 누르지 않거나 누른 버튼을 기억하고, 누른 버튼의 모터를 올리거나 내려서 표현합니다.

🚩 해결 절차

절차1 btn_check 함수와 전역 변수를 nselect로 만들고, main 함수에서 sound 함수를 호출한 다음에 btn_check 함수를 호출합니다.

절차2 btn_check 함수가 호출되면 타이머를 시작한 후 버튼을 누르면 누른 값을 nselect 변수에 저장한 후 함수를 종료합니다. 버튼을 누르지 않고 2초가 넘으면 nselect 변수의 값을 0으로 정한 후 함수를 종료합니다.

절차1

❶ 정수형 전역 변수 nselect
를 만들고 0으로 초기화
합니다.

프로그램

```
7    int nsound = 0;
8    int nselect = 0; ← 정수형 전역 변수 nselect를 선언하고 0으로 초기화하기
```

❷ btn_check( ) 함수를 만들
고 main 함수에서 btn_
check( ) 함수를 호출하는
명령을 추가합니다.

프로그램

```
138   void btn_check()    ← btn_check 함수를 선언하기
139   {
140
141   }
142
143   task main()
144   {
145     setup();
146     sound();
147     btn_check();    ← btn_check 함수를 호출하기
148   }
```

**절차2**

❸ btn_check 함수가 호출되면 T1 타이머를 초기화하여 시작하고, T1 타이머값이 2초(2000)가 넘으면
nselect의 값을 0으로 정하고 함수를 종료합니다.

프로그램

```
138   void btn_check()
139   {
140     clearTimer(T1);              ← T1 타이머를 초기화하고 시작하기
141     while(1)                     ← 142~148행을 계속 반복하기
142     {
143       if( time1[T1] > 2000)      ← T1 타이머 값이 2초가 넘는지 확인하기
144       {
145         nselect = 0;             ← nselect 변수에 0을 저장하기
146         return;                  ← btn_check 함수를 종료하기
147       }
148     }
149   }
```

※ 초시계 값을 3초로 변경하면 난이도를 쉽게 할 수 있습니다. [예] if (time1[T1] > 3000)

❹ br 터치 센서와 브릭의 위쪽 버튼이 눌리면 nselect값에 1을 저장하고, flag_red_up 함수를 호출하
여 빨강 깃발을 올렸다 내리고 btn_check 함수를 종료합니다.

프로그램

```
138   void btn_check()
139   {
140     clearTimer(T1);
141     while(1)
142     {
143       if( time1[T1] > 2000)
144       {
145         nselect = 0;
146         return;
147       }
148       if( SensorValue[br] == 1 && getButtonPress(buttonUp) == 1 )
149       {
150         nselect = 1;             ← nselect 변수에 1을 저장하기
151         flag_red_up();           ← flag_red_up 함수를 호출하여 빨강 깃발을 올렸다 내리기
152         return;                  ← btn_check 함수를 종료하기
```

```
153              }
154          }
155      }
```

148: br 버튼과 브릭의 위쪽 버튼이 같이 눌리는지 확인하기

❺ br 터치 센서와 브릭의 아래쪽 버튼이 눌리면 nselcet 변수에 2를 저장하고, flag_red_down 함수를
호출한 후 함수를 종료합니다. bb 터치 센서와 브릭의 위쪽 버튼을 누르면 nselect 변수에 3을 저장한
후 flag_blue_up 함수를 호출하고 함수를 종료합니다. 또한, bb 터치 센서와 브릭의 아래쪽 버튼을
누르면 nselect 변수에 4를 저장한 후 flag_blue_down 함수를 호출하고 함수를 종료하는 명령을 추
가합니다.

**프로그램**

```
138  void btn_check()
139  {
140      clearTimer(T1);
141      while(1)
142      {
143          if( time1[T1] > 2000)
144          {
145              nselect = 0;
146              return;
147          }
148          if( SensorValue[br] == 1 && getButtonPress(buttonUp) == 1 )
149          {
150              nselect = 1;
151              flag_red_up();
152              return;
153          }
154          if( SensorValue[br] == 1 && getButtonPress(buttonDown) == 1 )
155          {
156              nselect = 2;              ← nselect 변수에 2를 저장하기
157              flag_red_down();          ← flag_red_down 함수를 호출하여 빨강 깃발을 내렸다 올리기
158              return;                   ← btn_check 함수를 종료하기
159          }
160          if( SensorValue[bb] == 1 && getButtonPress(buttonUp) == 1 )
161          {
162              nselect = 3;              ← nselect 변수에 3을 저장하기
163              flag_blue_up();           ← flag_blue_up 함수를 호출하여 파랑 깃발을 올렸다 내리기
164              return;                   ← btn_check 함수를 종료하기
165          }
166          if( SensorValue[bb] == 1 && getButtonPress(buttonDown) == 1 )
167          {
168              nselect = 4;              ← nselect 변수에 4를 저장하기
169              flag_blue_down();         ← flag_blue_down 함수를 호출하여 파랑 깃발을 내렸다 올리기
170              return;                   ← btn_check 함수를 종료하기
171          }
172      }
173  }
```

154: br 버튼과 브릭의 아래쪽 버튼이 같이 눌리는지 확인하기
160: bb 버튼과 브릭의 위쪽 버튼이 같이 눌리는지 확인하기
166: bb 버튼과 브릭의 아래쪽 버튼이 같이 눌리는지 확인하기

무작위로 선택하여 알려 준 소리와 버튼을 누른 결과가 일치하는지를 확인하여 일치하면 '점수' 값을 1점 올리고, 일치하지 않으면 '생명력(초기 3)' 값을 1 감소합니다.

🚩 **해결 절차**

> **절차1** res 함수를 만들고 score와 nlife는 전역 변수로 선언한 후 main 함수의 btn_check 함수 다음에 res 함수를 호출합니다.
>
> **절차2** res 함수가 호출되면 nsound값과 nselect값이 같은지 확인하여 같으면 score값을 1 증가하고, 틀리면 nlife값을 1 감소합니다.

**절차1**

❶ 정수형 전역 변수 score를 만든 후 초깃값을 0으로 지정합니다. 그리고 정수형 전역 변수 nlife를 만들고 초깃값을 3으로 지정합니다.

프로그램

```
 7    int nsound = 0;
 8    int nselect = 0;
 9    int score = 0;    ← 정수형 전역 변수 score를 선언하고 0으로 초기화하기
10    int nlife = 3;    ← 정수형 전역 변수 nlife를 선언하고 3으로 초기화하기
```

❷ res 함수를 만들고, main 함수에서 res 함수를 호출합니다.

프로그램

```
177    void res()         ← res 함수를 선언하기
178    {
179
180    }
181
182    task main()
183    {
184       setup();
185       sound();
186       btn_check();
187       res();          ← res 함수를 호출하기
188    }
```

**절차2**

❸ res 함수가 호출된 후 nsound값과 nselect값을 비교하여 같으면 score값을 1 증가하고, 서로 같지 않으면 nlife값을 1 감소합니다. 그리고 "No.rsf" 소리를 1초간 출력합니다.

프로그램

```
177    void res()
178    {
179       if (nsound == nselect)    ← nsound값과 nselect값이 서로 같은지 비교하기
180       {
181          score++;               ← nsound값과 nselect값이 같으면 score값을 1 증가하기
```

```
182          }
183       else                                    ← nsoudn값과 nselect값이 서로 같지 않으면 185~187행을 실행하기
184       {
185          nlife--;                              ← nlife값을 1 감소하기
186          playSoundFile("No.rsf");        ⎤  'No.rsf' 소리를 1초간 출력하기
187          delay(1000);                    ⎦
188       }
189   }
```

**5단계** 게임을 계속해 봅시다.

'생명력' 값이 0이 되면 게임을 종료하고 아니면 게임을 계속합니다.

 해결 절차

**절차1** nlife값이 0이면 게임을 종료합니다.

**절차2** nlife값이 0이 될 때까지 게임을 계속 반복합니다.

**절차1**

❶ nlife값이 0인지 비교하여 0이면 "Game over" 소리를 5초간 출력하고, 프로그램을 종료합니다.

**프로그램**

```
191   task main()
192   {
193      setup();
194      sound();
195      btn_check();
196      res();
197      if(nlife == 0)                             ← nlife값이 0인지 확인하기
198      {
199         playSoundFile("Game over.rsf");   ⎤  "Game over" 소리를 5초간 출력하기
200         delay(5000);                       ⎦
201         return;                                  ← 프로그램을 종료하기
202      }
203   }
```

**절차2**

❷ while(1)문을 추가하여 무한 반복하다가 nlife값이 0이 되면 프로그램을 종료합니다.

**프로그램**

```
191   task main()
192   {
193      setup();
194      while(1)            ← 195~205행을 계속 반복하기
195      {
196         sound();
197         btn_check();
198         res();
199         if(nlife == 0)
```

```
200        {
201          playSoundFile("Game over.rsf");
202          delay(5000);
203          return;
204        }
205      }
206    }
```

**실행하기** 원하는 대로 프로그램이 동작하는지 실행하여 확인해 봅시다.

프로그램 작성이 완료되면 프로그램을 실행하여 로봇이 제대로 동작하는지 확인합니다.

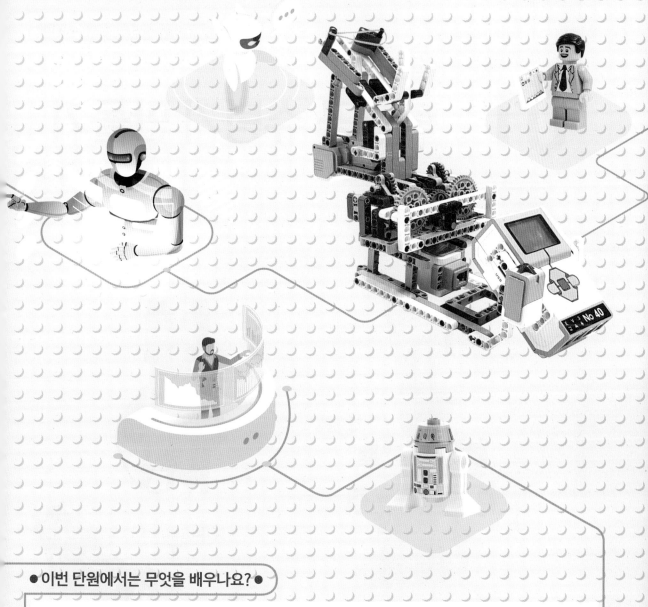

### ●이번 단원에서는 무엇을 배우나요? ●

창의력과 문제 해결력을 향상시키는 단원입니다. EV3 기본 코어 세트(45544)에 확장 세트(45560)를 추가하여
더 발전된 2개의 하드웨어를 만들고, 이 하드웨어를 움직이게 하는 프로그래밍 방법에 대하여 알아봅니다.

### ● 준비 도구 ●

| EV3 45544 세트 |

| 엔트리 오프라인 프로그램 |

| ROBOTC 프로그램 |

| LDD 프로그램 |

● 엔트리와 ROBOTC 소스 파일 및 조립도, 동영상 파일 제공: 삼양미디어 홈페이지(http://www.samyangm.com)의 [고객센터]―[자료실]에 올
린 파일을 내려받아서 사용하세요.

C·H·A·P·T·E·R

# 01

프로젝트★1

# 탁구공 슈팅기 만들기

탁구공을 올려놓고 전후좌우를 움직여 조절한 후 버튼을 눌러 탁구공을 쏘는 탁구공 슈팅기를 만들어 봅시다.

완성된 로봇

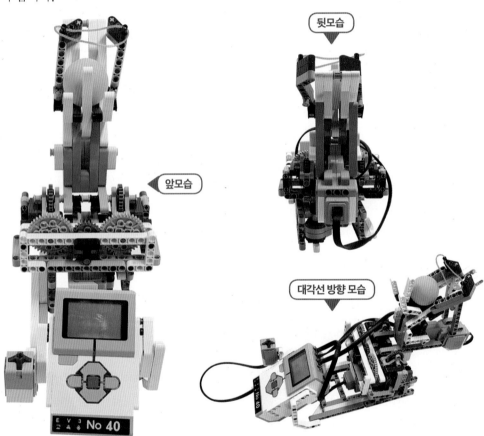

뒷모습

앞모습

대각선 방향 모습

※ **소스 파일**: [PART_4]–[4_1_탁구공 슈팅기]에서 단계별로 완성한 파일을 참고하세요.

해결할 문제

작은 문제로 나누어서 해결합니다.

**1단계**
프로그램이 실행되면 브릭의 좌우 버튼을 이용하여 슈팅기를 좌우로 움직이기

**2단계**
브릭의 상하 버튼을 이용하여 슈팅기를 위아래로 움직이기

**3단계**
슛 버튼을 누르면 슈팅을 하고, 다시 슛을 할 수 있도록 처음 위치로 돌아오기

조립도를 보고 탁구공 슈팅기를 만들어 봅시다.

❶ LDD 조립도 프로그램을 실행하여 아래와 같이 4개의 모듈을 만들어 놓습니다.

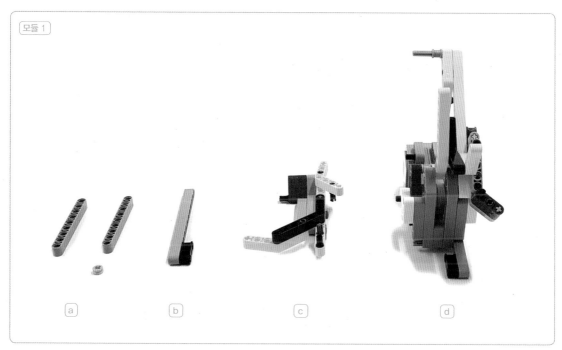

모듈 3

모듈 4

※ 모듈1 : 3칸 2개, 5칸 3개, 모듈2 : 3칸 2개, 12칸 1개, 모듈3 : 3칸 1개, 모듈4 : 6칸 1개를 사용합니다.

※ 제공한 [창작 조립도]-[PART_4] 폴더에서 '04_01_탁구공 슈팅기01.lxf' ~ '04_01_탁구공 슈팅기04.lxf' 조립도 파일을 하나씩 열어
모듈1 ~ 모듈4 까지 조립하여 나열하도록 합니다.

❷ 모듈1 에서 c , d 2개의 모듈을 가져와 서로 결합한 후 방향을 바꿉니다.

결합하기

d

c

→

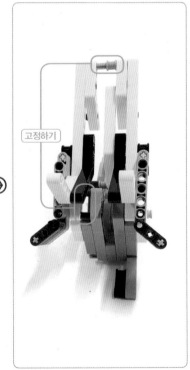

고정하기

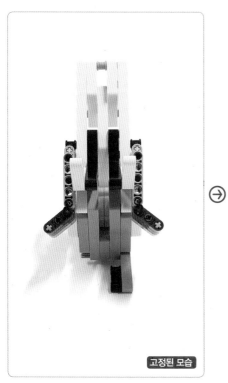

고정된 모습

방향 바꾸기

❸ 모듈1 에서 c 를 가져와 나란히 놓은 후 왼쪽부터 결합합니다.

결합하기

결합된 모습

❹ 모듈 1 에서 ⓐ 블록들을 가져온 후 왼쪽부터 노란 블록과 9칸 1자 블록을 결합합니다.

결합하기

결합하기

왼쪽 결합된 모습

❺ 오른쪽도 왼쪽처럼 9칸 1자 블록을 결합합니다.

오른쪽 결합된 모습

❻ 모듈 2 에서 ⓒ와 ⓔ 모듈을 가져와 결합합니다.

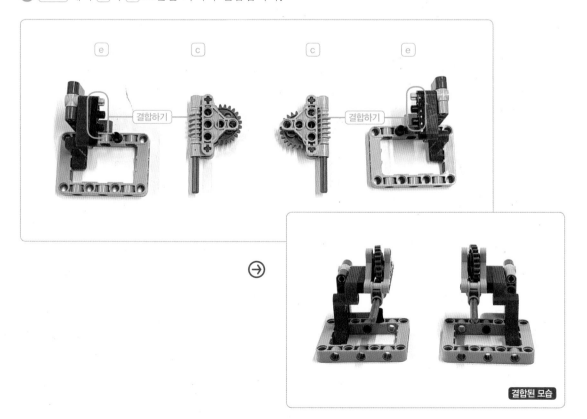

결합된 모습

**7** 모듈2에서 f 모듈을 가져와 결합합니다.

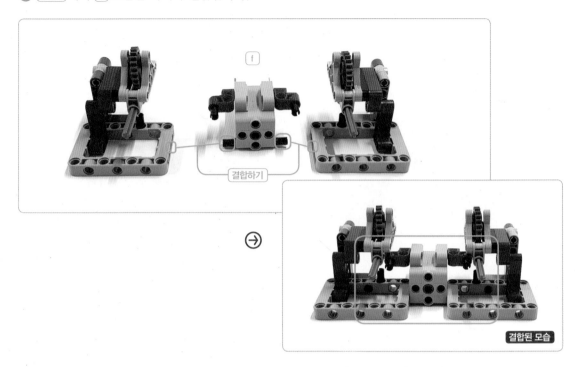

**8** 모듈2에서 b, 즉 9자 블록과 15자 블록을 가져와 **7**에서 결합한 모듈에 결합합니다.

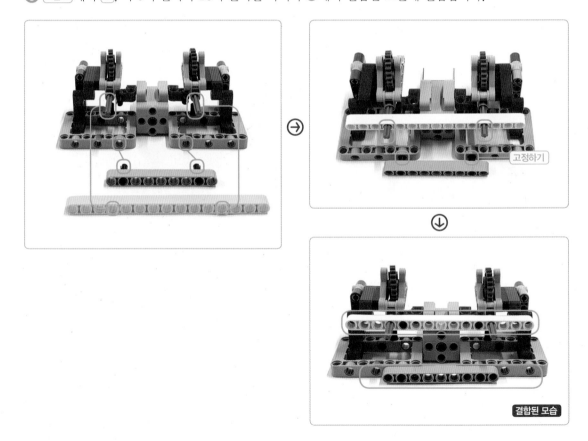

**⑨** 모듈2 에서 b , 즉 바퀴 블록을 가져와 결합합니다.

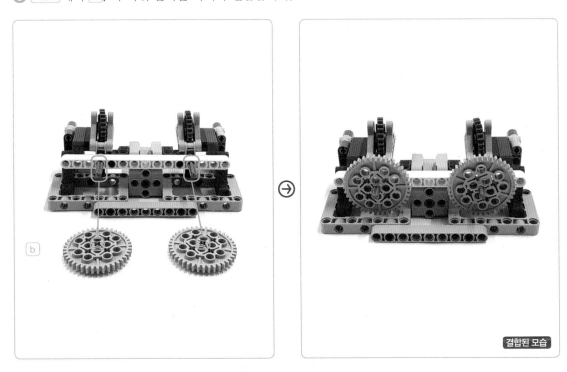

결합된 모습

**⑩** 결합한 모듈1 과 모듈2 를 가져와 하나씩 연결하여 결합합니다.

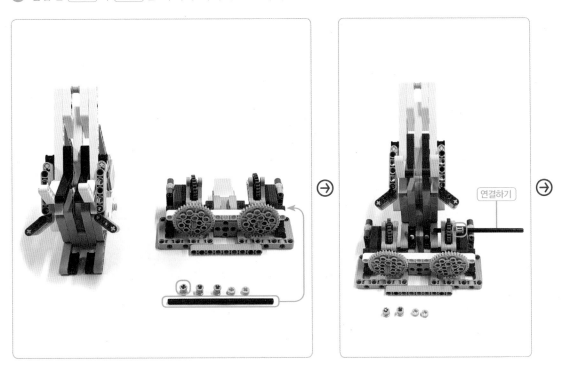

연결하기

⓫ 모듈 3 을 가져와 ❿에서 결합한 모듈에 결합합니다.

 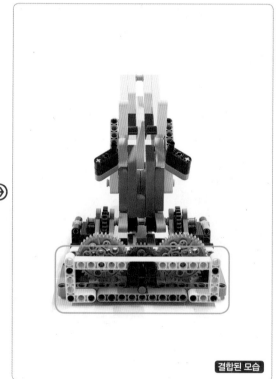

모듈 3

결합된 모습

⑫ 모듈4 를 가져와 결합된 모듈과 나열한 후 모두 뒤집어 놓도록 합니다.

모듈 4

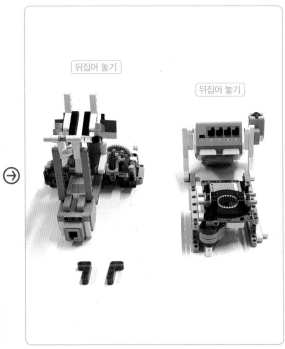

뒤집어 놓기

뒤집어 놓기

⑬ 먼저 결합된 모듈과 모듈4 의 일부인 4×2 'ㄱ'자 블록을 가져와 하단에 살짝 끼워 넣습니다.

4×2 'ㄱ'자 블록

⑭ 결합된 모듈과 나머지 [모듈 4]를 준비합니다.

모듈 4

⑮ 결합된 모듈을 [모듈 4]에 올린 후 고정하여 결합합니다.

고정하기

고정된 모습

⑯ 완성된 모습은 다음과 같습니다.

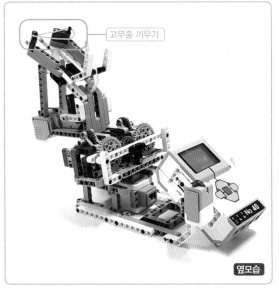

고무줄 끼우기

옆모습

뒷모습

## 2 >> 모터와 센서 연결

브릭에 모터와 센서를 연결합니다.

### 서보 모터

- motorA: 라지 서보 모터 ← 좌우를 돌리는 서보 모터
- motorB: 라지 서보 모터 ← 슈팅 서보 모터(가장 긴 선으로 연결)
- motorC: 미디엄 서보 모터 ← 위아래를 돌리는 서보 모터
- motorD: −

◔ 출력 포트

### 센서 및 버튼

- Sensor1: 버튼 ← 슈팅을 위해 슈팅 서보 모터를 조작하는 버튼
- Sensor2: −
- Sensor3: −
- Sensor4: −

◔ 입력 포트

## 3 >> 문제 분석 및 작은 문제로 나누기

탁구공 슈팅기를 만들기 위해 문제를 아래와 같이 작은 문제로 나누어 봅니다.

| **1단계** 좌우로 움직이기 | **2단계** 상하로 움직이기 | **3단계** 숫 버튼을 누르면 탁구공 쏘기 |
| --- | --- | --- |

## 4 >> 작은 문제별 해결 전략 세우기

나눈 작은 문제들을 어떻게 해결해야 할지 아래와 같이 단계별로 해결 전략을 세웁니다.

**1단계**
좌우로 움직이기

브릭의 왼쪽 버튼을 누르면 좌우로 움직이는 모터를 이용하여 슈팅기가 왼쪽으로 움직이고, 브릭의 오른쪽 버튼을 누르면 슈팅기가 오른쪽으로 움직입니다.

**2단계**
상하로 움직이기

브릭의 위쪽 버튼을 누르면 상하로 움직이는 모터를 이용하여 슈팅기가 위쪽으로 움직이고, 브릭의 아래쪽 버튼을 누르면 슈팅기가 아래쪽으로 움직입니다.

**3단계**
숫 버튼을 누르면
탁구공 쏘기

숫 버튼을 누르면 숫 모터를 이용하여 탁구공을 쏘고, 다시 숫을 위해 처음 위치로 돌아옵니다.

# 엔트리로 프로그래밍하기

앞에서 설계한 [작은 문제별 해결 전략 세우기]대로 프로그래밍하여 문제를 해결합니다.

**1단계** 좌우로 움직여 봅시다.

브릭의 왼쪽 버튼을 누르면 좌우로 움직이는 모터를 이용하여 슈팅기가 왼쪽으로 움직이고, 브릭의 오른쪽 버튼을 누르면 슈팅기가 오른쪽으로 움직이도록 합니다.

### 🚩 해결 절차

**절차1** 브릭의 왼쪽 버튼이 눌리는 동안 motorA를 이용하여 왼쪽으로 회전합니다.

**절차2** 브릭의 오른쪽 버튼이 눌리는 동안 motorA를 이용하여 오른쪽으로 회전합니다.

**절차1**

❶ [시작하기 버튼을 클릭했을 때] 블록 아래에 [계속 반복하기]와 [만일~ 아니면~] 블록을 연결하고, 브릭의 왼쪽 버튼이 눌리면 motorA의 출력값을 50으로 정해 왼쪽으로 회전합니다.

```
시작하기 버튼을 클릭했을 때
계속 반복하기
  만일  왼쪽▼ 버튼이 눌려져있는가?  이라면
    A▼ 의 값을 (50) 으로 출력
  아니면
```

**절차2**

❷ '아니면' 아래에 오른쪽 버튼이 눌리는 동안 motorA의 출력값을 -50으로 정해 오른쪽으로 회전합니다. 만약 왼쪽 또는 오른쪽 버튼을 누르지 않으면 motorA의 출력값은 0으로 정해 정지합니다.

```
시작하기 버튼을 클릭했을 때
계속 반복하기
  만일  왼쪽▼ 버튼이 눌려져있는가?  이라면
    A▼ 의 값을 (50) 으로 출력
  아니면
    만일  오른쪽▼ 버튼이 눌려져있는가?  이라면     ⎤
      A▼ 의 값을 (-50) 으로 출력                    │
    아니면                                          │ 추가
      A▼ 의 값을 (0) 으로 출력                       ⎦
```

◀ 프로그램 완성_1

**2단계** 상하로 움직여 봅시다.

브릭의 위쪽 버튼을 누르면 상하로 움직이는 모터를 이용하여 슈팅기가 위쪽으로 움직이고, 브릭의 아래쪽 버튼을 누르면 슈팅기가 아래쪽으로 움직이도록 합니다.

**해결 절차**

**절차1** 브릭의 위쪽 버튼이 눌리는 동안 motorC를 이용하여 위쪽으로 회전합니다.

**절차2** 브릭의 아래쪽 버튼이 눌리는 동안 motorC를 이용하여 아래쪽으로 회전합니다.

**절차1**

❶ 새롭게 [시작하기 버튼을 클릭했을 때] 블록을 시작으로, 브릭의 위쪽 버튼이 눌리면 motorC의 출력값을 −100으로 정해 위쪽으로 회전합니다.

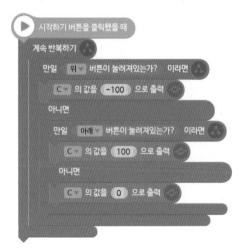

**절차2**

❷ '아니면' 다음에 브릭의 아래쪽 버튼이 눌리는 동안 motorC의 출력값을 100으로 정해 아래쪽으로 회전합니다. 위쪽 또는 아래쪽 버튼을 누르지 않으면 motorC의 출력값을 0으로 정해 정지합니다.

◀ 프로그램 완성_2

**3단계** 슛 버튼을 누르면 탁구공을 쏘도록 해 봅시다.

슛 버튼을 누르면 슛 모터를 이용하여 탁구공을 쏘고, 다시 슛을 위해 처음 위치로 돌아옵니다.

절차1 ) 프로그램이 실행되면 탁구공을 쏘는 모터를 뒤쪽으로 이동시킵니다.

절차2 ) 1번에 연결된 슛 버튼이 눌리면 탁구공을 쏘는 모터를 돌려 탁구공을 쏘고 다시 뒤쪽으로 이동시킵니다.

### 절차1

❶ 새롭게 [시작하기 버튼을 클릭했을 때] 블록을 시작으로, 슛을 쏘는 motorB의 출력값을 −50으로 1 초간 회전하여 뒤쪽으로 이동시킨 후 motorB를 정지합니다.

```
▶ 시작하기 버튼을 클릭했을 때
  B▼ 의 값을  -50  으로 출력
   1  초 기다리기
  B▼ 의 값을  0  으로 출력
```

### 절차2

❷ 1번에 연결된 터치 센서가 눌리면 motorB를 100으로 1초간 출력하고, motorB를 −50으로 1초간 출력하여 다시 뒤쪽으로 이동시킵니다. 그리고 motorB를 정지합니다.

```
▶ 시작하기 버튼을 클릭했을 때
  B▼ 의 값을  -50  으로 출력
   1  초 기다리기
  B▼ 의 값을  0  으로 출력
  계속 반복하기
    만일  1▼ 의 터치센서가 작동되었는가?  이라면
      B▼ 의 값을  100  으로 출력
       1  초 기다리기
      B▼ 의 값을  -50  으로 출력
       1  초 기다리기
      B▼ 의 값을  0  으로 출력
```

◀ 프로그램 완성_3

[실행하기] 원하는 대로 프로그램이 동작하는지 실행하여 확인해 봅시다.

엔트리 화면에 있는 ▶ 시작하기 버튼을 클릭하여 로봇이 제대로 동작하는지 확인합니다.

# ROBOTC로 프로그래밍하기

앞에서 설계한 [작은 문제별 해결 전략 세우기]대로 프로그래밍하여 문제를 해결합니다.

● 프로그래밍을 위한 사전 준비 ●

## 1. 모터와 센서의 이름 정하기

**1** [Robot]-[Motors and Sensors Setup] 메뉴를 클릭한 후 [Mortors] 탭에서 다음과 같이 설정합니다.

**2** motorA는 슈팅 로봇을 좌우로 움직이는 모터로 이름은 'mlr', motorB는 슛을 하는 모터로 이름은 'ms'로 지정하여 사용합니다. 그리고 motorC는 슈팅 로봇을 상하로 움직이는 모터로 이름은 'mud'로 지정합니다.

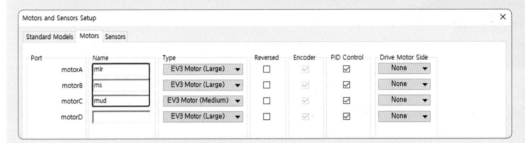

**3** [Sensors] 탭으로 이동한 후, S1은 슛을 하는 터치 버튼을 연결하였으므로 이름은 'bs'로 지정합니다.

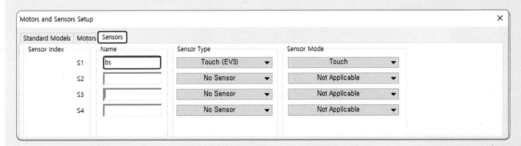

**4** [확인] 버튼을 클릭하면 아래와 같이 프로그램 소스가 자동으로 생성됩니다.

프로그램

```
1  #pragma config(Sensor, S1,      bs,            sensorEV3_Touch)
2  #pragma config(Motor,  motorA,         mlr,         tmotorEV3_Large, PIDControl, encoder)
3  #pragma config(Motor,  motorB,         ms,          tmotorEV3_Large, PIDControl, encoder)
4  #pragma config(Motor,  motorC,         mud,         tmotorEV3_Medium, PIDControl, encoder)
5  //*!!Code automatically generated by 'ROBOTC' configuration wizard              !!*//
```

**1단계** 좌우로 움직여 봅시다.

브릭의 왼쪽 버튼을 누르면 좌우로 움직이는 모터를 이용하여 슈팅기가 왼쪽으로 움직이고, 브릭의 오른쪽 버튼을 누르면 슈팅기가 오른쪽으로 움직이도록 합니다.

### 해결 절차

**절차1** movelr 멀티 태스크 함수를 만들고, main 함수에서 movelr 함수를 호출합니다.

**절차2** movelr 멀티 태스크 함수가 호출되면 브릭의 왼쪽 버튼이 눌리는 동안 mlr 모터를 왼쪽으로 회전합니다.

**절차3** 브릭의 오른쪽 버튼이 눌리는 동안 mlr 모터를 오른쪽으로 회전합니다.

---

**절차1**

❶ movelr 멀티 태스크 함수를 만들고, main 함수에서 startTask를 이용하여 movelr 멀티 태스크 함수를 호출합니다.

**프로그램**
```
 7    task movelr()              ← movelr 멀티 태스크 함수를 선언하기
 8    {
 9
10    }
11
12    task main()
13    {
14      startTask(movelr);       ← movelr 멀티 태스크 함수를 호출하기
15    }
```

---

**절차2**

❷ movelr 멀티 태스크 함수가 호출되면 브릭의 왼쪽 버튼이 눌리는지를 확인하여 버튼이 눌리면 mlr 모터의 출력값을 50으로 정해 슈팅 로봇을 왼쪽으로 회전합니다.

**프로그램**
```
 7    task movelr()
 8    {
 9      while(1)                                    ← 10~15행을 무한 반복하기
10      {
11        if(getButtonPress(buttonLeft) == 1)       ← 브릭의 왼쪽 버튼이 눌리면 12~14행 실행하기
12        {
13          motor[mlr] = 50;                        ← mlr 모터의 출력값을 50으로 정하여 왼쪽으로
14        }                                            회전하기
15      }
16    }
```

---

**절차3**

❸ 브릭의 오른쪽 버튼이 눌리면 mlr 모터의 출력값을 −50으로 정해 슈팅 로봇을 오른쪽으로 회전하고 왼쪽 버튼과 오른쪽 버튼이 모두 눌리지 않으면 mlr 모터를 정지합니다.

**프로그램**
```
 7    task movelr()
 8    {
 9      while(1)
10      {
11        if(getButtonPress(buttonLeft) == 1)
12        {
13          motor[mlr] = 50;
14        }
15        else if(getButtonPress(buttonRight) == 1)  ← 브릭의 오른쪽 버튼이 눌리면 16~18행
16        {                                             실행하기
```

```
17          motor[mlr] = -50;        ← mlr 모터의 출력값을 –50으로 정해 오른쪽으로 회전하기
18        }
19      else
20      {
21        motor[mlr] = 0;             브릭의 왼쪽 버튼이나 오른쪽 버튼이 눌리지 않으면 mlr 모터를 정지하기
22      }
23    }
24  }
```

❹ main 함수에서 멀티 태스크 함수가 정상적으로 작동하는지를 확인하기 위해 29행에 무한 반복 명령을 추가합니다.

프로그램

```
 7  task movelr()
 8  {
 9    while(1)
10    {
11      if(getButtonPress(buttonLeft) == 1)
12      {
13        motor[mlr] = 50;
14      }
15      else if(getButtonPress(buttonRight) == 1)
16      {
17        motor[mlr] = -50;
18      }
19      else
20      {
21        motor[mlr] = 0;
22      }
23    }
24  }
25
26  task main()
27  {
28    startTask(movelr);
29    while(1){}                    ← 29행을 무한 반복하기
30  }
```

### 2단계 상하로 움직여 봅시다.

브릭의 위쪽 버튼을 누르면 상하로 움직이는 모터를 이용하여 슈팅기가 위쪽으로 움직이고, 브릭의 아래쪽 버튼을 누르면 슈팅기가 아래쪽으로 움직이도록 합니다.

🔖 해결 절차

절차1 moveud 멀티 태스크 함수를 만들고, main 함수에서 moveud 함수를 호출합니다.

절차2 moveud 멀티 태스크 함수가 시작되면 브릭의 위쪽 버튼이 눌리는 동안 mud 모터를 위쪽으로 회전합니다.

절차3 브릭의 아래쪽 버튼이 눌리는 동안 mud 모터를 아래쪽으로 회전합니다.

절차1

❶ moveud 멀티 태스크 함수를 만들고, main 함수에서 startTask를 이용하여 moveud 멀티 태스크

함수를 호출합니다.

**프로그램**

```
26    task moveud()              ← moveud 멀티 태스크 함수를 선언하기
27    {
28
29    }
30
31    task main()
32    {
33      startTask(movelr);
34      startTask(moveud);      ← moveud 멀티 태스크 함수를 호출하기
35      while(1){}
36    }
```

**절차2**

❷ moveud 멀티 태스크 함수가 호출되면 브릭의 위쪽 버튼이 눌리는지를 확인하여 버튼이 눌리면 mud 모터의 출력값을 −100으로 정해 슈팅 로봇을 위쪽으로 회전합니다.

**프로그램**

```
26    task moveud()
27    {
28      while(1)                                      ← 29~34행을 무한 반복하기
29      {
30        if(getButtonPress(buttonUp) == 1)  ← 브릭의 위쪽 버튼이 눌리면 31~33행 실행하기
31        {
32          motor[mud] = -100;                        ← mud 모터의 출력값을 −100으로 정해 위쪽으로 회전하기
33        }
34      }
35    }
```

**절차3**

❸ 브릭의 아래쪽 버튼이 눌리면 mud 모터의 출력값을 100으로 정해 슈팅 로봇을 아래쪽으로 회전하고 아니면 mud 모터를 정지합니다.

**프로그램**

```
26    task moveud()
27    {
28      while(1)
29      {
30        if(getButtonPress(buttonUp) == 1)
31        {
32          motor[mud] = -100;
33        }
34        else if(getButtonPress(buttonDown) == 1)  ← 브릭의 아래쪽 버튼이 눌리면 35~37행
35        {                                             실행하기
36          motor[mud] = 100;                       ← mud 모터의 출력값을 100으로 정해 아래쪽으로 회전하기
37        }
38        else
39        {
40          motor[mud] = 0;                         위쪽 버튼이나 아래쪽 버튼이 눌리지 않으면 mud 모터를 정지하기
41        }
42      }
43    }
```

숏 버튼을 누르면 슛 모터를 이용하여 탁구공을 쏘고, 다음 슛을 위해 처음 위치로 돌아옵니다.

📑 **해결 절차**

**절차1** 프로그램이 실행되면 탁구공을 쏘는 모터를 뒤쪽으로 이동시킵니다.

**절차2** bs 터치 센서를 누르면 탁구공을 쏘는 모터를 돌려 탁구공을 쏘고 다시 뒤쪽으로 이동시킵니다.

**절차1**

❶ 프로그램이 실행되면 main 함수에서 멀티 태스크 함수를 호출하여 ms 모터를 −50의 출력값으로 1초 회전하여 뒤쪽으로 이동한 후 정지합니다.

**프로그램**

```
45    task main()
46    {
47      startTask(movelr);
48      startTask(moveud);
49      motor[ms] = -50;      ⎫ ms 모터의 출력값을 −50으로 1초간 회전하여 슈팅 모터를 뒤쪽으로 이동시키기
50      delay(1000);          ⎭
51      motor[ms] = 0;        ← ms 모터를 정지하기
52
53      while(1){}
54    }
```

**절차2**

❷ 무한 반복했던 while문 안에 bs 터치 센서가 눌리면 ms 모터를 100의 출력값으로 1초간 회전하여 슈팅 모터를 움직인 후, ms 모터를 다시 뒤로 이동하기 위해 −50의 출력값으로 1초간 회전한 후 정지합니다.

**프로그램**

```
45    task main()
46    {
47      startTask(movelr);
48      startTask(moveud);
49      motor[ms] = -50;
50      delay(1000);
51      motor[ms] = 0;
52
53      while(1)                          ← 54~63행을 무한 반복하기
54      {
55        if(SensorValue[bs] == 1)        ← bs 버튼이 눌리면 56~62행을 실행하기
56        {
57          motor[ms] = 100;              ⎫ ms 모터의 출력값을 100으로 정해 1초간 돌려 슈팅하기
58          delay(1000);                  ⎭
59          motor[ms] = -50;              ⎫ ms 모터의 출력값을 −50으로 정해 1초간 돌려 다시 뒤쪽으로 이동하기
60          delay(1000);                  ⎭
61          motor[ms] = 0;                ← ms 모터를 정지하기
62        }
63      }
64    }
```

프로그램 작성이 완료되면 프로그램을 실행하여 로봇이 제대로 동작하는지 확인합니다.

C·H·A·P·T·E·R

# 02

프로젝트 ★ 2

# 저금통 만들기

동전을 올려놓으면 동전이 자동으로 저금통 안으로 골인되게 하고, 비밀번호를 입력하여 열고 닫는 저금통을 만들어 봅시다.

완성된 로봇

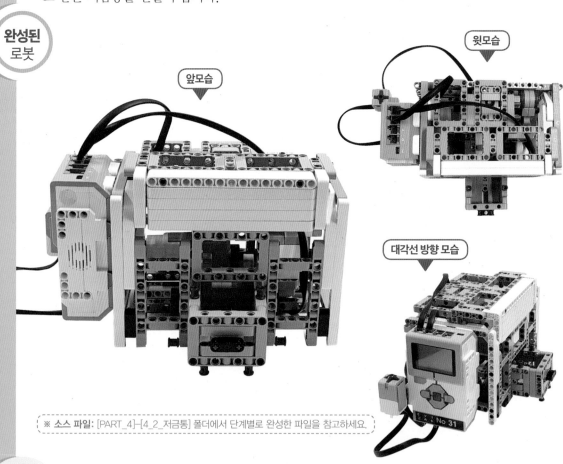

앞모습

윗모습

대각선 방향 모습

※ **소스 파일:** [PART_4]-[4_2_저금통] 폴더에서 단계별로 완성한 파일을 참고하세요.

해결할 문제

작은 문제로 나누어서 해결합니다.

**1단계**
프로그램이 실행되면 브릭의 상하좌우 버튼을 이용하여 비밀번호를 입력받기

**2단계**
동전을 올려놓으면 동전이 자동으로 저금통 안으로 떨어져 저금이 되도록 하기

**3단계**
터치 버튼을 누르면 브릭의 상하좌우 버튼을 이용하여 비밀번호를 입력하고, 비밀번호가 일치하면 저금통이 열리기

**4단계**
터치 버튼을 다시 누르면 저금통이 잠그기

조립도를 보고 저금통을 만들어 봅시다.

❶ LDD 조립도를 실행하여 아래와 같이 4개의 모듈을 만들어 놓습니다.

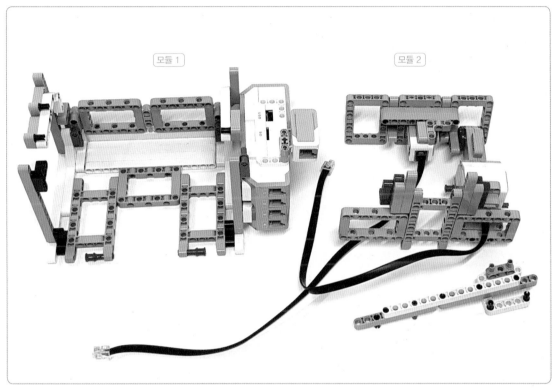

※ 제공한 [창작 조립도]-[PART_4] 폴더에서 '04_02_저금통01.lxf' ~ '04_02_저금통04.lxf' 조립도 파일을 하나씩 열어 모듈1 ~ 모듈4 까지 조립하여 나열하도록 합니다.

※ 추후 작업의 편리성을 위해 선을 서보 모터와 센서에 연결해 놓고 조립을 진행합니다.

❷ 먼저 모듈2 를 가져와 다음과 같이 조립해 놓습니다.

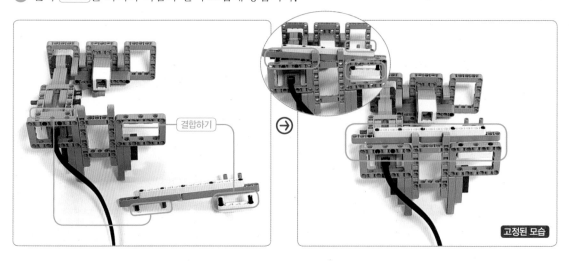

결합하기

고정된 모습

❸ 모듈2 와 모듈3 을 가져와 각각 뒤집어 놓습니다.

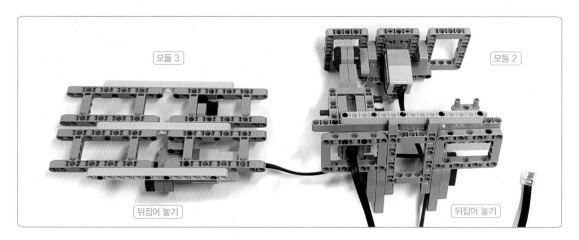

모듈 3

모듈 2

뒤집어 놓기

뒤집어 놓기

❹ 모듈3 을 모듈2 위로 올려 결합한 후 결합된 모듈을 다시 뒤집은 다음 좌측 아래쪽의 나사를 밀어 고정합니다.

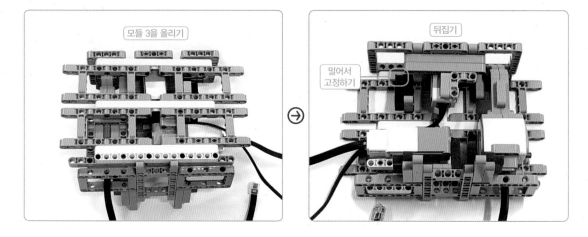

모듈 3을 올리기

뒤집기

밀어서 고정하기

❺ 이번에는 `모듈1`과 ❹에서 결합한 모듈을 준비합니다.

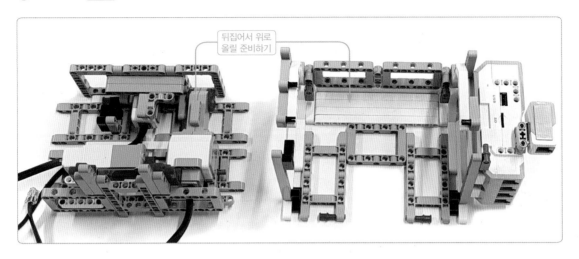

❻ 먼저 결합된 모듈을 뒤집어서 `모듈1` 위에 올려놓은 후 아랫부분을 고려하여 왼쪽과 오른쪽을 각각 결합합니다.

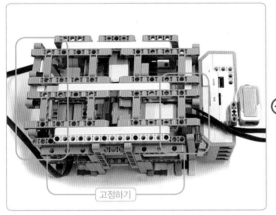
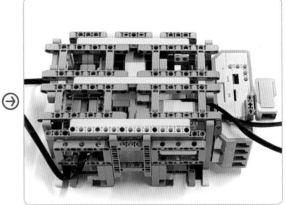

❼ 결합한 모듈의 방향을 다음과 같이 조정한 후 동전통인 `모듈4`를 가져와 끼워 넣습니다.

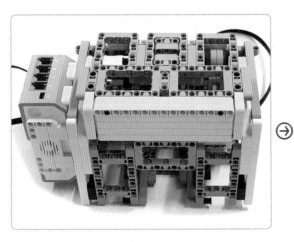
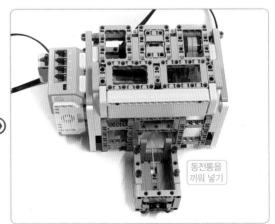

⑧ 완성된 모습은 다음과 같습니다.

## 2 >> 모터와 센서 연결하기

브릭에 모터와 센서를 연결합니다.

### 서보 모터

- motorA: 라지 서보 모터   ← 동전을 저장하는 서보 모터
- motorB: 미디엄 서보 모터   ← 동전통 잠금용 서보 모터
- motorC: –
- motorD: –

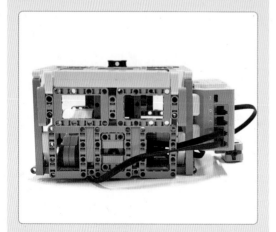

◢ 출력 포트

### 센서 및 버튼

- Sensor1: 컬러 센서   ← 동전을 감지하는 컬러 센서
- Sensor2: 터치 센서   ← 비밀번호를 입력할 때 사용하는 버튼
- Sensor3: –
- Sensor4: –

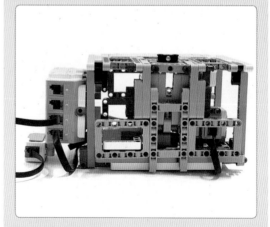

◢ 입력 포트

## 3 >> 문제 분석 및 작은 문제로 나누기

저금통을 만들기 위해 문제를 분석하여 아래와 같이 작은 문제로 나누어 봅니다.

| **1단계** 비밀번호를 입력받아 저장하기 | **2단계** 동전을 올려놓으면 저금하기 | **3단계** 비밀번호를 입력하여 저금통 열기 | **4단계** 저금통 잠그기 |
|---|---|---|---|

## 4 >> 작은 문제별 해결 전략 세우기

나눈 작은 문제들을 어떻게 해결해야 할지 아래와 같이 단계별로 해결 전략을 세웁니다.

**1단계**
비밀번호를 입력받아 저장하기

프로그램이 실행되면 브릭의 상하좌우 버튼을 이용하여 4개의 비밀번호를 입력받아 저장한 후 저금통을 잠급니다.

**2단계**
동전을 올려놓으면 저금하기

동전을 올려놓으면 컬러 센서로 동전을 인식한 후 동전을 저장하는 모터를 회전하여 동전통으로 떨어트립니다.

**3단계**
비밀번호를 입력하여 저금통 열기

터치 버튼을 누르면 브릭의 상하좌우 버튼을 이용하여 4개의 비밀번호를 입력받고, 비밀번호가 일치하면 저금통을 뺄 수 있도록 잠금 모터를 열어 줍니다.

**4단계**
저금통 잠그기

현재 잠금 모터가 열린 상태에서 터치 센서를 다시 누르면 잠금 모터를 이용하여 저금통을 잠급니다.

앞에서 설계한 [작은 문제별 해결 전략 세우기]대로 프로그래밍하여 문제를 해결합니다.

● 프로그래밍을 위한 사전 준비 ●

**1. 동전 올림 확인하기**

1번 컬러 센서의 반사값 모드로 동전을 올렸을 때와 올리지 않았을 때의 반사값을 확인하고, 동전을 올린 경계값을 정합니다.

| 프로그램 소스 | 동전이 없을 때 컬러 센서의 반사값 | 동전을 올려 놓았을 때 컬러 센서의 반사값 |
|---|---|---|

동전이 있다고 판단할 컬러 센서값 정하기 [예] 30

**[1단계]** 비밀번호를 입력받아 저장해 봅시다.

프로그램이 실행되면 브릭의 상하좌우 버튼을 이용하여 4개의 비밀번호를 입력받아 저장하고, 저금통을 잠급니다.

🔖 **해결 절차**

[절차1] '비밀번호 저장하기' 신호, '비밀번호' 리스트, '카운트' 변수를 만들고 [시작하기 버튼을 클릭했을 때] 아래에 ['비밀번호 저장하기' 신호 보내고 기다리기] 블록을 연결합니다.

[절차2] '비밀번호 저장하기' 신호가 시작되고, 브릭의 상하좌우 버튼을 누르면 비밀번호 4개가 순서대로 저장됩니다.

**[절차1]**

❶ [속성]–[신호]를 클릭하여 '비밀번호 저장하기' 신호를 만듭니다. 이어서 [변수]를 클릭하여 '카운트' 변수를 만듭니다. 그리고 [리스트]를 클릭하여 '비밀번호' 리스트를 만듭니다.

신호 만들기 ●
변수 만들기 ●
리스트 만들기 ●

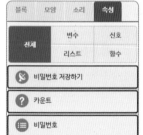

❷ 새롭게 [시작하기 버튼을 클릭했을 때] 아래에 ['비밀번호 저장하기' 신호 보내고 기다리기] 블록을 연결합니다. 그리고 ['비밀번호 저장하기' 신호를 받았을 때] 블록을 추가합니다.

**절차2**

❸ '비밀번호 저장하기' 신호를 받으면 "비밀번호를 입력하세요."라고 안내하고, '카운트' 값은 1부터 시작히여 4 이하인 동안 반복합니다.

❹ 브릭의 위쪽 버튼을 누르면 버튼을 눌렀다 놓을 때까지 기다린 후 '1'을 '비밀번호' 리스트의 '카운트' 번째에 저장하고 '카운트' 값을 1 증가합니다.

❺ 브릭의 아래쪽, 왼쪽, 오른쪽 버튼을 눌렀다 놓으면 '비밀번호' 리스트 '카운트' 번째에 2, 3, 4를 저장하고 '카운트' 값을 1 증가하는 명령어 블록을 추가합니다. 그리고 안내 메시지를 종료합니다.

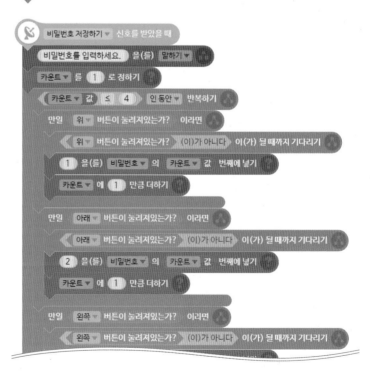

```
(3) 을(를) 비밀번호 ▼ 의 카운트 ▼ 값 번째에 넣기
카운트 ▼ 에 1 만큼 더하기

만일  오른쪽 ▼  버튼이 눌러져있는가?  이라면
  < 오른쪽 ▼  버튼이 눌러져있는가?  (이)가 아니다  이(가) 될 때까지 기다리기
(4) 을(를) 비밀번호 ▼ 의 카운트 ▼ 값 번째에 넣기
카운트 ▼ 에 1 만큼 더하기

말하기 지우기
```

프로그램 완성_2 ▶

**2단계** 동전을 올려놓으면 저금이 되도록 해 봅시다.

동전을 올려놓으면 컬러 센서로 동전을 인식하고, 동전을 저장하는 모터를 회전하여 동전통으로 떨어트립니다.

🚩 **해결 절차**

> **절차1** 프로그램이 실행되면 동전을 저장하는 모터를 이용하여 닫은 상태에서 시작합니다.
>
> **절차2** 1번 컬러 센서값에 동전이 감지되면 동전을 저장하는 모터를 내려 동전을 떨어트리고, 다시 닫은 상태로 모터를 회전합니다.

**절차1**

❶ 새롭게 [시작하기 버튼을 클릭했을 때] 블록을 가져오고, 동전을 저장하는 모터인 motorA를 20의 출력값으로 1초간 회전하고 정지하여 닫은 상태에서 시작합니다.

```
▶ 시작하기 버튼을 클릭했을 때
A ▼ 의 값을  20  으로 출력
1 초 기다리기
A ▼ 의 값을  0  으로 출력
```

**절차2**

❷ 1번 컬러 센서값에 동전이 감지되면 동전을 저장하는 모터를 내려 동전을 떨어트리고, 다시 닫은 상태로 모터를 회전합니다.

❸ 1번의 컬러 센서값이 30 이상이면 동전이 감지된 것이므로 1초 기다린 후, motorA를 −10으로 1초간 출력하여 동전을 떨어트립니다. 그리고 다시 motorA를 20의 출력값으로 1초간 회전하여 닫고, motorA를 정지합니다.

```
▶ 시작하기 버튼을 클릭했을 때
A ▼ 의 값을  20  으로 출력
1 초 기다리기
A ▼ 의 값을  0  으로 출력
계속 반복하기
  만일 < 1 ▼ 의 값  ≥  30 > 이라면
    1 초 기다리기
    A ▼ 의 값을  -10  으로 출력
```

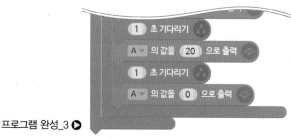

 프로그램 완성_3 ▶

---

**3단계** 비밀번호를 입력하여 저금통을 열어 봅시다.

터치 버튼을 누르면 브릭의 상하좌우 버튼을 이용하여 4개의 비밀번호를 입력받고, 비밀번호가 맞으면 저금통을 뺄 수 있도록 잠금 모터를 열어 줍니다.

🚩 **해결 절차**

**절차1** 비밀번호 입력 버튼이 눌리는지 계속 확인합니다.

**절차2** 버튼이 눌리면 브릭의 상하좌우 버튼을 이용하여 비밀번호 4개를 입력받습니다.

**절차3** 입력받은 비밀번호와 처음 입력한 비밀번호를 비교하여 서로 일치하면 잠금 장치를 열어 줍니다.

**절차1**

❶ 입력받을 비밀번호를 저장할 '입력' 리스트와 '비밀번호 입력받기' 신호를 만듭니다.

리스트 만들기 ▶

❷ 371쪽 ❷의 왼쪽 프로그램에서 ['비밀번호 저장하기' 신호 보내고 기다리기] 아래에 ['비밀번호 입력받기' 신호 보내고 기다리기] 블록을 추가합니다.

❸ 이번에는 '비밀번호 입력받기' 신호를 받으면 2번에 연결된 터치 버튼이 눌리는지 계속 확인하기 위한 반복문과 조건문을 추가합니다.

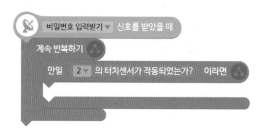

❹ '카운트' 값이 4 이하인 동
안 계속 브릭의 상하좌우
버튼을 입력받아 입력 리
스트에 순서대로 저장합
니다. 이때 브릭의 위쪽
버튼은 1, 아래쪽 버튼은
2, 왼쪽 버튼은 3, 오른쪽
버튼은 4를 각각 '입력' 리
스트에 저장하고, 버튼을
누를 때마다 '카운트' 값을
1씩 증가합니다.

❺ 373쪽 ❷의 왼쪽 프로그램에 입력받은 비밀번호와 처음 입력한 비밀번호를 비교하여 서로 일치하면
잠금 장치를 열어 주기 위해 '비밀번호 확인하기' 신호를 만들고 ['비밀번호 입력받기' 신호 보내고 기
다리기] 블록 아래에 ['비밀번호 확인하기' 신호 보내고 기다리기] 블록을 추가합니다.

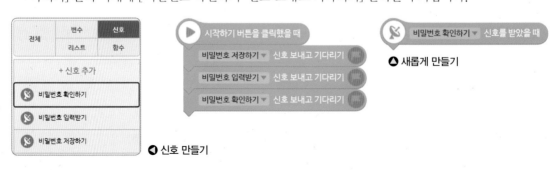

❻ ❺의 우측 프로그램에서 '틀림' 변수를 만들고 0으로 초기화한 후, '비밀번호' 리스트와 '입력' 리스트의 4개 항목을 비교하여 하나라도 틀리면 '틀림' 값을 1로 변경합니다.

🔺 변수 만들기

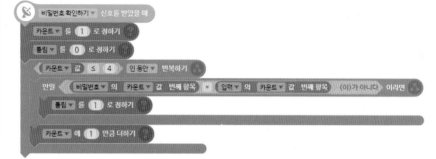

❼ 비밀번호가 맞으면 '박수갈채' 소리를 출력하고, 틀렸을 경우 '사이렌 소리'를 출력하기 위해 [소리] 탭에서 '박수갈채'와 '사이렌 소리'를 추가합니다.

소리 추가하기 ◗

❽ '틀림' 값이 0이면(값이 모두 같으면) "박수갈채" 소리를 3초간 출력하고, motorB를 10의 출력값으로 1초간 회전한 후 정지하여 잠금 장치를 풀어 줍니다. 그리고 '틀림' 값이 1이면 "사이렌 소리"를 3초간 출력합니다.

❾ 374쪽 ❺ 프로그램에서 값이 틀리면 계속 다시 확인하기
위해 '계속 반복하기' 블록을 추가합니다.

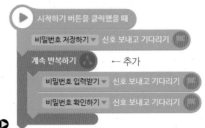

시작하기 버튼을 클릭했을 때
비밀번호 저장하기 ▼ 신호 보내고 기다리기
계속 반복하기     ← 추가
비밀번호 입력받기 ▼ 신호 보내고 기다리기
비밀번호 확인하기 ▼ 신호 보내고 기다리기

프로그램 완성_4 ◉

**4단계** 저금통을 잠가 봅시다.

현재 잠금 모터가 열린 상태에서 터치 센서를 다시 누르면 잠금 모터를 이용하여 저금통을 잠급니다.

🚩 **해결 절차**

**절차1** '열림' 변수를 만들고 0으로 초기화한 후, 비밀번호가 맞을 경우 잠금 장치가 열리면 '열림' 값을 1로 변경합니다.

**절차2** 터치 센서를 누를 때 '열림' 값이 1이면 잠금 장치를 닫고, '열림' 값이 0이면 비밀번호를 입력받습니다.

**절차1**
❶ 현재의 잠금 상태를 확인하는 '열림' 변수를 만듭니다.

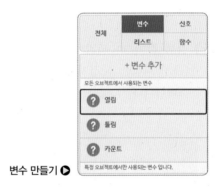

| 전체 | 변수 | 신호 |
|---|---|---|
|  | 리스트 | 함수 |

+ 변수 추가

모든 오브젝트에서 사용되는 변수

? 열림

? 틀림

? 카운트

특정 오브젝트에서만 사용되는 변수 입니다.

변수 만들기 ◉

❷ 375쪽 ❽의 프로그램에서 ['비밀번호 확인하기' 신호를 받았을 때]에서 비밀번호가 맞으면 잠금 장치
를 열고, '열림' 값을 1로 변경하여 열린 상태를 기억합니다.

비밀번호 확인하기 ▼ 신호를 받았을 때
카운트 ▼ 를 1 로 정하기
틀림 ▼ 를 0 로 정하기
카운트 ▼ 값 ≤ 4 인 동안 ▼ 반복하기
만일 〈 비밀번호 ▼ 의 카운트 ▼ 값 번째 항목 = 입력 ▼ 의 카운트 ▼ 값 번째 항목 (이)가 아니다 〉 이라면
틀림 ▼ 를 1 로 정하기
카운트 ▼ 에 1 만큼 더하기
만일 〈 틀림 ▼ 값 = 0 〉 이라면
B ▼ 의 값을 10 으로 출력

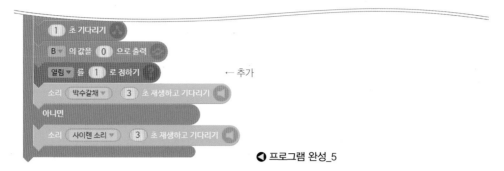

← 추가

**◀ 프로그램 완성_5**

절차2

❸ 374쪽의 ❹ 프로그램에서 ['비밀번호 입력받기' 신호를 받았을 때] 블록을 수정하여 터치 센서를 누를 때 '열림' 값이 1이면 motorB의 출력값을 −10으로 1초간 회전하여 동전통을 잠그고 '열림' 값을 0으로 변경합니다. 그리고 터치 센서를 누르면 비밀번호를 입력받았던 부분을 터치 센서로 누르고, '열림' 값이 0이면 비밀번호를 입력받도록 프로그램을 수정합니다.

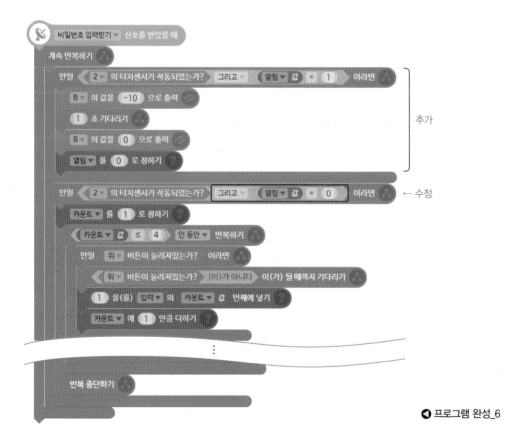

**◀ 프로그램 완성_6**

**실행하기** 원하는 대로 프로그램이 동작하는지 실행하여 확인해 봅시다.

엔트리 화면에 있는 ▶ 시작하기 버튼을 클릭하여 로봇이 제대로 동작하는지 확인합니다.

앞에서 설계한 [작은 문제별 해결 전략 세우기]대로 프로그래밍하여 문제를 해결합니다.

**● 프로그래밍을 위한 사전 준비 ●**

### 1. 모터와 센서의 이름 정하기

**1** [Robot]-[Motors and Sensors Setup] 메뉴를 클릭한 후 [Motors] 탭에서 motorA는 동전을 감지하면 동전을 떨어트리는 모터로 이름은 'mopen', motorB는 저금통을 잠그고 여는 모터로 이름은 'mhold'로 지정하여 사용합니다.

**2** [Sensors] 탭에서 S1은 컬러 센서를 이용하여 동전을 감지하기 위해 사용하므로 color coin을 줄여 'cc', S2는 비밀번호를 입력하는 버튼으로 이름은 'bs'로 지정하여 사용합니다.

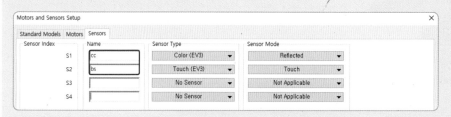

**3** [확인] 버튼을 클릭하면 아래와 같이 프로그램 소스가 자동으로 생성됩니다.

**프로그램**

```
1  #pragma config(Sensor, S1,      cc,              sensorEV3_Color)
2  #pragma config(Sensor, S2,      bs,              sensorEV3_Touch)
3  #pragma config(Motor,  motorA,          mopen,       tmotorEV3_Large,  PIDControl, encoder)
4  #pragma config(Motor,  motorB,          mhold,       tmotorEV3_Medium, PIDControl, encoder)
5  //*!!Code automatically generated by 'ROBOTC' configuration wizard              !!*//
```

### 2. 컬러 센서값 확인하기

브릭의 세 번째 탭으로 이동하여 [Port View]를 클릭하고 동전이 있을 때와 없을 때의 컬러 센서값을 확인하여 동전을 감지하는 기준값을 정합니다.  [예] 기준값 30

동전이 없을 때 컬러 센서의 반사값

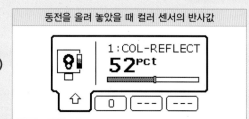

동전을 올려 놓았을 때 컬러 센서의 반사값

프로그램이 실행되면 브릭의 상하좌우 버튼을 이용하여 4개의 비밀번호를 입력받아 저장하고, 저금통을 잠급니다.

### 해결 절차

**절차1** input_password 함수를 만들고, main 함수에서 input_password 함수를 호출합니다.

**절차2** input_password 함수가 호출되어 브릭의 상하좌우 버튼을 누르면 비밀번호 4개가 순서대로 저장됩니다.

**절차1**

❶ 비밀번호를 저장할 정수형 전역 배열 data[4]와 input_password 함수를 만들고, main 함수에서 input_password 함수를 호출합니다.

**프로그램**

```
 6    int data[4];              ← 정수형 전역 배열 data를 4개 선언하기
 7
 8    void input_password()     ← input_password 함수를 선언하기
 9    {
10
11    }
12
13    task main()
14    {
15       input_password();      ← input_password 함수를 호출하기
16    }
```

**절차2**

❷ count 변수를 만들고, 이후 브릭의 상하좌우 버튼을 누르면 count값을 1씩 증가하면서, count값이 4보다 크면 반복 범위를 벗어나도록 합니다.

**프로그램**

```
 8    void input_password()
 9    {
10       int count = 0;          ← 정수형 변수를 count로 만들고 0으로 초기화하기
11       while(count < 4)        ← count값이 4보다 작은 동안 12~13행을 반복하기
12       {
13       }
14    }
```

❸ 브릭의 위쪽 버튼을 누르면 data 배열에 1을 저장하고, count값을 1 증가합니다.

**프로그램**

```
 8    void input_password()
 9    {
10       int count = 0;
11       while(count < 4)
12       {
13          if(getButtonPress(buttonUp) == 1)  ← 브릭의 위쪽 버튼이 눌리면 14~18행을 실행하기
14          {
```

```
15      while(getButtonPress(buttonUp) == 1) { }  ← 브릭의 위쪽 버튼을 눌렀다 놓을 때까지 기다리기
16      data[count] = 1;        ← data 배열의 count 위치(처음은 0)에 1(위쪽)을 저장하기
17      count++;                ← count값을 1 증가하기
18    }
19   }
20  }
```

❹ 브릭의 아래쪽 버튼을 누르면 data 배열에 2, 왼쪽 버튼을 누르면 3, 오른쪽 버튼을 누르면 4를 저장하고 count값을 1 증가합니다.

프로그램

```
 8   void input_password()
 9   {
10     int count = 0;
11     while(count < 4)
12     {
13       if(getButtonPress(buttonUp) == 1)
14       {
15         while(getButtonPress(buttonUp) == 1){}
16         data[count] = 1;
17         count++;
18       }
19       else if(getButtonPress(buttonDown) == 1)     ┐ 브릭의 아래쪽 버튼을 눌렀다 놓는지를
20       {                                             ┘ 확인하기
21         while(getButtonPress(buttonDown) == 1){
22         data[count] = 2;        ← data 배열의 count 위치에 2(아래쪽)를 저장하기
23         count++;                ← count값을 1 증가하기
24       }
25       else if(getButtonPress(buttonLeft) == 1)     ┐ 브릭의 왼쪽 버튼을 눌렀다 놓는지를
26       {                                             ┘ 확인하기
27         while(getButtonPress(buttonLeft) == 1){
28         data[count] = 3;        ← data 배열의 count 위치에 3(왼쪽)을 저장하기
29         count++;                ← count값을 1 증가하기
30       }
31       else if(getButtonPress(buttonRight) == 1)    ┐ 브릭의 오른쪽 버튼을 눌렀다 놓는지를
32       {                                             ┘ 확인하기
33         while(getButtonPress(buttonRight) == 1)
34         data[count] = 4;        ← data 배열의 count 위치에 4(오른쪽)를 저장하기
35         count++;                ← count값을 1 증가하기
36       }
37     }
38   }
```

❺ 브릭의 버튼 4개가 눌리면 "Ready" 소리를 출력하고, 동전통을 넣는 모터인 mopen을 위로 올린 후 mhold 모터를 이용하여 저금통을 잠급니다.

프로그램

```
 8   void input_password()
 9   {
10     int count = 0;
11     while(count < 4)
12     {
13       if(getButtonPress(buttonUp) == 1)
14       {
```

```
15        while(getButtonPress(buttonUp) == 1){}
16        data[count] = 1;
17        count++;
18      }
19      else if(getButtonPress(buttonDown) == 1)
20      {
21        while(getButtonPress(buttonDown) == 1){}
22        data[count] = 2;
23        count++;
24      }
25      else if(getButtonPress(buttonLeft) == 1)
26      {
27        while(getButtonPress(buttonLeft) == 1){}
28        data[count] = 3;
29        count++;
30      }
31      else if(getButtonPress(buttonRight) == 1)
32      {
33        while(getButtonPress(buttonRight) == 1){}
34        data[count] = 4;
35        count++;
36      }
37    }
38    playSoundFile("Ready.rsf");     ← "Ready" 소리를 출력하기
39    motor[mopen] = 10;              ← mopen 모터를 10으로 출력하여 동전 열림 모터를 닫기
40    motor[mhold] = -10;             ← mhold 모터를 -10으로 출력하여 동전통을 잠그기
41    delay(1000);                    ← "Ready" 소리와 모터 회전을 위하여 1초 기다리기
42    motor[mopen] = 0;               ← mopen 모터를 정지하기
43    motor[mhold] = 0;               ← mhold 모터를 정지하기
44  }
```

**2단계** 동전을 올려놓으면 저금이 되도록 해 봅시다.

동전을 올려놓으면 컬러 센서로 동전을 인식하고, 동전을 저장하는 모터를 회전하여 동전통으로 떨어
트립니다.

### 🚩 해결 절차

**절차1** input_coin 멀티 태스크 함수를 만들고, main 함수에서 input_coin 함수를 호출합니다.

**절차2** input_coin 멀티 태스크 함수가 시작되면 동전이 있는지 컬러 센서로 확인하고, 동전이 있으면 mopen 모터를 회전
하여 동전을 떨어뜨립니다.

**절차1**

❶ input_coin 멀티 태스크 함수를 만들고, main 함수에서 startTask를 이용하여 input_coin 멀티 태
스크 함수를 호출합니다.

프로그램

```
46    task input_coin()          ← input_coin 멀티 태스크 함수를 선언하기
47    {
48
49    }
50
51    task main()
52    {
53      input_password();
54      startTask(input_coin);    ← input_coin 멀티 태스크 함수를 호출하기
55    }
```

절차2

❷ 앞에서 조사한 컬러 센서 경계값 30을 기준으로 cc 컬러 센서값이 30보다 크면 동전이 있는 것이므로 1초 기다렸다가 mopen 모터를 −10의 출력값으로 1초간 회전하여 동전을 떨어트리고, 다시 출력값을 10으로 1초간 회전하여 닫습니다.

프로그램

```
46    task input_coin()
47    {
48      while(1)                        ← 49~59행을 무한 반복하기
49      {
50        if(SensorValue[cc] > 30)      ← cc 컬러 센서값이 30보다 크면 51~58을 실행하기
51        {
52          delay(1000);                ← 1초 기다리기
53          motor[mopen] = -10;
54          delay(1000);
55          motor[mopen] = 10;
56          delay(1000);
57          motor[mopen] = 0;           ← mopen 모터를 정지하기
58        }
59      }
60    }
```

53~54: mopen 모터를 −10의 출력값으로 1초간 회전하여 동전을 떨어트리기
55~56: mopen 모터를 10의 출력값으로 1초간 회전하여 닫기

**3단계** 비밀번호를 입력하여 저금통을 열어 봅시다.

터치 버튼을 누르면 브릭의 상하좌우 버튼을 이용하여 4개의 비밀번호를 입력받고, 비밀번호가 맞으면 저금통을 뺄 수 있도록 잠금 모터를 열어 줍니다.

🔖 해결 절차

절차1 비밀번호 입력 버튼이 눌리는지 계속 확인합니다.

절차2 버튼이 눌리면 브릭의 상하좌우 버튼을 이용하여 비밀번호 4개를 입력받습니다.

절차3 입력받은 비밀번호와 처음 입력한 비밀번호를 비교하여 서로 일치하면 잠금 장치를 열어 줍니다.

절차1

❶ 입력받을 비밀번호를 저장할 정수형 전역 배열 in[4]를 선언합니다.

프로그램

```
6    int data[4];
7    int in[4];      ← 정수형 전역 배열 in[4]를 선언하기
```

❷ open_password 함수를 만들고, open_password 함수를 호출합니다.

프로그램

```
63   void open_password()       ← open_password 함수를 선언하기
64   {
65
66   }
67
68   task main()
69   {
70     input_password();
71     startTask(input_coin);
72     open_password();         ← open_password 함수를 호출하기
73   }
```

❸ open_password 함수 내에서 bs 터치 버튼이 눌리는지 계속 확인합니다.

프로그램

```
63   void open_password()
64   {
65     int count = 0;                  ← count 정수형 변수를 만들고 0으로 초기화하기
66     while(1)                        ← 67~71행을 무한 반복하기
67     {
68       if(SensorValue[bs] == 1)  ← bs 터치 센서가 눌리는지 계속 확인하기
69       {
70       }
71     }
72   }
```

절차2

❹ count값이 4보다 작은 동안 계속 브릭의 상하좌우 버튼을 입력받아 in 배열에 순서대로 저장합니다.
이때 브릭의 위쪽 버튼은 1, 아래쪽 버튼은 2, 왼쪽 버튼은 3, 오른쪽 버튼은 4를 in 배열에 저장하고,
버튼을 누를 때마다 count값을 1씩 증가합니다.

프로그램

```
63   void open_password()
64   {
65     int count = 0;
66     while(1)
67     {
68       if(SensorValue[bs] == 1)
69       {
70         while(count < 4)            ← count값이 4보다 작은 동안 71~96행을 반복하기
71         {
72           if(getButtonPress(buttonUp) == 1)          ┐ 브릭의 위쪽 버튼을 눌렀다 놓는
73           {                                          ┘ 지를 확인하기
74             while(getButtonPress(buttonUp) == 1){}
```

```
75          in[count] = 1;        ← in 배열의 count 위치에 1(위쪽)을 저장하기
76          count++;              ← count값을 1 증가하기
77        }
78      else if(getButtonPress(buttonDown) == 1)    ┐ 브릭의 아래쪽 버튼을 눌렀다
79      {                                            ┘ 놓는지를 확인하기
80        while(getButtonPress(buttonDown) == 1){}
81          in[count] = 2;        ← in 배열의 count 위치에 2(아래쪽)를 저장하기
82          count++;              ← count값을 1 증가하기
83        }
84      else if(getButtonPress(buttonLeft) == 1)    ┐ 브릭의 왼쪽 버튼을 눌렀다
85      {                                            ┘ 놓는지를 확인하기
86        while(getButtonPress(buttonLeft) == 1){}
87          in[count] = 3;        ← in 배열의 count 위치에 3(왼쪽)을 저장하기
88          count++;              ← count값을 1 증가하기
89        }
90      else if(getButtonPress(buttonRight) == 1)    ┐ 브릭의 오른쪽 버튼을 눌렀다
91      {                                            ┘ 놓는지를 확인하기
92        while(getButtonPress(buttonRight) == 1){}
93          in[count] = 4;        ← in 배열의 count 위치에 4(오른쪽)를 저장하기
94          count++;              ← count값을 1 증가하기
95        }
96      }
97    return;                     ← count값이 4보다 크면, 즉 비밀번호 4개를 모두 입력받으면
98   }                               open_password 함수를 끝내기
99  }
100 }
```

절차3

❺ check_password 함수를 만들고, main 함수에서 호출합니다.

**프로그램**

```
102 void check_password()      ← check_password 함수를 선언하기
103 {
104 }
105
106 task main()
107 {
108   input_password();
109   startTask(input_coin);
110   open_password();
111   check_password();          ← check_password 함수를 호출하기
112 }
```

❻ data 배열과 in 배열을 0번지부터 3번지까지 확인하여 하나라도 틀리면 err값을 1로 변경합니다.

**프로그램**

```
102 void check_password()
103 {
104   int n= 0, err = 0;  ← 0~3까지 증가하며 배열값을 확인할 변수 n과 배열값이 틀린지를 알려줄 err 변수 선언하기
105   for(n=0;n<4;n++)     ← n값이 0부터 3까지 총 4회 106~108행을 반복하기
106   {
107     if(data[n] != in[n]) err = 1; ← data[0~3]과 in[0~3]의 값이 서로 같지 않으면 err값을 1로
108   }                                  변경하기
109 }
```

❼ err값이 0이면(값이 모두 같으면) "Bravo" 소리를 출력하고, mhold 모터의 출력값을 10으로 하여 1초간 저금통을 엽니다. 그리고 err값이 1이면 "Error" 소리를 1초간 출력합니다.

프로그램

```
102    void check_password()
103    {
104      int n= 0, err = 0;
105      for(n=0;n<4;n++)
106      {
107        if(data[n] != in[n]) err = 1;
108      }
109
110      if(err == 0)                      ← err값이 0이면 111~116행을 실행하기
111      {
112        playSoundFile("Bravo.rsf");    ← "Bravo" 소리를 출력하기
113        motor[mhold] = 10;             ← mhold 모터의 출력값을 10으로 하여 동전통의 잠금 장치를 열어 주기
114        delay(1000);                   ← "Bravo" 소리 출력과 mhold 모터 회전을 위해 1초 기다리기
115        motor[mhold] = 0;              ← mhold 모터를 정지하기
116      }
117      else                             ← error값이 1이면 118~121행을 실행하기
118      {
119        playSoundFile("Error.rsf");  ⎫
120        delay(1000);                 ⎬ "error" 소리를 1초간 출력하기
121      }
122    }
```

❽ main 함수에서 값이 틀리면 다시 확인하는 작업을 반복하기 위해 while(1)문을 추가합니다.

프로그램

```
124    task main()
125    {
126      input_password();
127      startTask(input_coin);
128      while(1)                  ← 129~132행을 무한 반복하여 bs 터치 버튼을 누르면 비밀번호를 계속 다시 확인하기
129      {
130        open_password();
131        check_password();
132      }
133    }
```

---

**4단계** 저금통을 잠가 봅시다.

현재 잠금 모터가 열린 상태에서 터치 센서를 다시 누르면 잠금 모터를 이용하여 저금통을 잠급니다.

🏷️➕ 해결 절차

절차1 open 전역 변수를 만들고 0으로 초기화한 후, 비밀번호가 일치하여 잠금 장치가 열리면 open값을 1로 변경합니다.

절차2 터치 센서를 누를 때 open값이 1이면 잠금 장치를 닫고, open값이 0이면 비밀번호를 입력받습니다.

❶ 현재의 잠금 상태를 확인하는 정수형 전역 변수 open을 만들고, 0으로 초기화합니다.

프로그램

```
6   int data[4];
7   int in[4];
8   int open = 0;   ← 정수형 전역 변수 open을 만들고, 0으로 초기화하기
```

❷ check_password 함수에서 비밀번호가 서로 일치하면 잠금 장치를 열고, open값을 1로 변경하여 열린 상태를 기억합니다.

프로그램

```
103   void check_password()
104   {
105     int n= 0, err = 0;
106     for(n=0;n<4;n++)
107     {
108       if(data[n] != in[n]) err = 1;
109     }
110
111     if(err == 0)
112     {
113       playSoundFile("Bravo.rsf");
114       motor[mhold] = 10;
115       delay(1000);
116       motor[mhold] = 0;
117       open = 1;        ← open값을 1로 변경하여 현재 저금통이 열림을 기억하기
118     }
119     else
120     {
121       playSoundFile("Error.rsf");
122       delay(1000);
123     }
124   }
```

절차2

❸ open_password 함수를 수정하여 터치 센서를 누를 때 open값이 1이면 mhold 모터 출력값을 -10으로 1초간 회전하여 동전통을 잠그고, open값을 1로 변경합니다. 그리고 터치 센서를 누르면 비밀번호를 입력받던 부분을 터치 센서로 누르고, open값이 0이면 비밀번호를 입력받을 수 있게 프로그램을 수정합니다.

프로그램

```
64   void open_password()
65   {
66     int count = 0;
67     while(1)
68     {
69       if(SensorValue[bs] == 1 && open == 1)  ← bs 터치 센서가 눌리고 open값이 1이면
70       {                                          70~ 76행을 실행하기
71         playSoundFile("Ready.rsf");           ← "Ready" 소리를 출력하기
72         motor[mhold] = -10;                    ← mhold 모터를 -10의 출력값으로 적용하기
73         delay(1000);                           ← 1초 기다리기
```

```
74        motor[mhold] = 0;                        ← mhold 모터를 정지하기
75        open = 0;                                ← open값을 0으로 변경하기
76      }
77    if(SensorValue[bs] == 1 && open == 0)    ← bs 터치 센서가 눌리고 open값이 0인지
78    {                                                  확인하기
79      while(count < 4)
80      {
81        if(getButtonPress(buttonUp) == 1)
82        {
83          while(getButtonPress(buttonUp) == 1){}
84          in[count] = 1;
85          count++;
86        }
```

**실행하기** 원하는 대로 프로그램이 동작하는지 실행하여 확인해 봅시다.

프로그램 작성이 완료되면 프로그램을 실행하여 로봇이 제대로 동작하는지 확인합니다.

레고® 마인드스톰®

# EV3 로봇 창작 프로젝트

| | |
|---|---|
| 발 행 일 | 초판 1쇄 발행  2019년 07월 25일 |
| 지 은 이 | 김형기 |
| 발 행 인 | 신재석 |
| 발 행 처 | (주)삼양미디어 |
| 주    소 | 서울시 마포구 양화로 6길 9-28 |
| 전    화 | 02) 335-3030 |
| 팩    스 | 02) 335-2070 |
| 등록번호 | 제10-2285호 |
| | Copyright ⓒ 2019, samyangmedia |
| 홈페이지 | www.samyang**M**.com |
| I S B N | 978-89-5897-380-5 |
| 정    가 | 28,000원 |